浙江省"十四五"普通高等教育本科规划教材　　现代学前教育理论与实践丛书

学前教育研究方法

——理论与实务

王喜海　/　著

ZHEJIANG UNIVERSITY PRESS
浙江大学出版社
·杭州·

图书在版编目（CIP）数据

学前教育研究方法：理论与实务 / 王喜海著. —杭州：
浙江大学出版社，2021.7（2025.2重印）
ISBN 978-7-308-21339-4

Ⅰ. ①学… Ⅱ. ①王… Ⅲ. ①学前教育－研究方法
Ⅳ. ①G612

中国版本图书馆 CIP 数据核字（2021）第 085232 号

学前教育研究方法——理论与实务

王喜海　著

策划编辑	阮海潮（1020497465@qq.com）
责任编辑	阮海潮
责任校对	王元新
封面设计	春天书装
出版发行	浙江大学出版社
	（杭州市天目山路 148 号　邮政编码 310007）
	（网址：http://www.zjupress.com）
排　　版	杭州好友排版工作室
印　　刷	浙江新华印刷技术有限公司
开　　本	787mm×1092mm　1/16
印　　张	14.5
字　　数	297 千
版 印 次	2021 年 7 月第 1 版　2025 年 2 月第 5 次印刷
书　　号	ISBN 978-7-308-21339-4
定　　价	59.00 元

前　言

　　进入 21 世纪以来,培养高素质一线幼儿教师成为本科学前教育专业的人才培养目标。本科层次的高素质幼儿教师,应该具有良好的职业道德、健康的身心状况、扎实的教育理论和文化知识、多方面的专业技能。

　　就专业技能看,幼儿教师应该具有弹、唱、跳、说、画等艺术能力,创设和利用环境的能力,组织一日生活的能力,组织游戏活动的能力,设计和实施教学活动的能力,与幼儿、家长和同事进行沟通和合作的能力,观察和评价幼儿的能力,探索和研究教育问题的能力,促进自身专业发展的能力,等等。其中,"观察和评价幼儿""探索和研究教育问题""促进自身专业发展"等几个方面,都指向"科学研究能力"。科学研究能力的培养,需要设置专门的课程,"学前教育研究方法"由此应"需"而生。在一些高校的学前教育专业的培养方案中,"学前教育研究方法"不仅是必修课,还是一门学位课程。

　　近年来,顺应培养"卓越教师"的时代潮流,一些高校在着力培养本科层次的卓越幼儿教师,探索如何使其具有高尚的师德、高超的师能、突出的师艺。扎实的科学研究能力,是高超师能中不可缺少的组成部分,也是本科层次卓越幼儿教师的优势与核心竞争力。

　　本人承担学前教育专业本科生"学前教育研究方法"课程的教学任务有十几年了,作为教学参考用书,先后向学生推荐的教材有三四个版本。本科生对"学前教育研究方法"的学习,旨在了解学前教育研究的意义和作用,掌握学前教育研究的基本规范和主要方法,养成一定的科学研究意识和能力。为此,在学习内容上,除了了解学前教育研究的价值、类别、原则和基本过程外,还要掌握学前教育研究选题的确定,学前教育研究论文的撰写和文献法、观察法、问卷法、访谈法、实验法、实物分析法、行动研究等常用研究方法的基本规范。换言之,本科生对"学前教育研究方法"的学习,重在掌握学前教育研究的一些基本规范,包括确定选题的规范、撰写研究论文的规范,以及各种常用研究方法的使用过程、使用原则、使用条件和使用技巧等。

　　本科生在学习"学前教育研究方法"这门课程时,没有从事学前教育研究的经历,也没有接受过任何科学研究的学习和训练,还都是科学研究的门外汉。面对零基础的本科生,需要把有关学前教育研究理论解释得易于理解,也需要把有关学前教育研究方法介绍得易于实行。为此,在引导本科生学习过程中,本人尝试通过列举具体的研究情境和经典研究案例,让他们了解某种研究方法的使用规范,也分析某项研究的优点与不足;通过课后做"研究案例分析报告"和课前做"课前漫谈",让他们拓展和丰富研究经验;通过"翻转课堂",激发他们课前预习的积极性和课堂讨论的热情;通过模拟确定研究选题和撰写研究综述,让他们逐步进入毕业论文的研究过程,以"做中学"的形式,掌握确定研究选题的原则和撰写文献综述的思路和方法;通过校级、省级、国家级创新、创业项目,让他们学习完整地开展一个研究项目,在研究过程中初步养成一定的科学研究能力。

　　基于上述教学实践经验和体会,本人撰写了这本用于学前教育专业本科生的教材,并将之命名为《学前教育研究方法——理论与实务》。这本教材的撰写,参考了近年来广为使用的几本有关"学前教育研究方法"的教材的内容体系,也总结并呈现了本人多年讲义的内容。即便如此,各种谬误可能还充斥其中,请各位同行或使用这本书的本科生不吝批评、指正。

王喜海

2021 年 7 月 9 日

目　　录

第一章　学前教育研究概述

📖 **案例导入**

9月份开学季,某小班第一周某次饮水时,某男孩把杯子里剩余的水洒到了旁边一女孩身上。该女孩吓得"哇"一声大哭起来,教师马上去安慰她,并告诫该男孩"以后不许这么做"。到了第二周的点心时间,该男孩又把杯子里剩余的豆浆泼到旁边一男孩头上。被泼的男孩也哭了起来……这次教师注意到该男孩一边泼豆浆,还一边兴奋地大喊着:"你要发芽了!""你要开花了!"他为何会这样做?

有幼儿教师报告说,班里幼儿的生活自理能力有性别差异,女孩要强于男孩。我们在幼儿园也看到过类似场景:某中班午睡结束了,幼儿在带班教师组织下正在起床。全班女孩都自己穿好了衣服、叠好了小被子,但有两三个男孩在等候教师帮他们穿衣服,还有一个男孩尿床了,教师正在帮他撤掉小被子……在生活自理能力上是否存在性别差异? 如果真的存在这种差异,又是怎么造成的?

上述男孩对同伴的"攻击",男、女孩生活自理能力表现出的差异,都是学前教育实践中存在的问题或现象。如果这些问题或现象引起了我们的关注,并想搞清楚其产生的原因和发展规律,甚至还想提出解决问题对策的话,我们就有必要研究它们。如果要开展学前教育研究,就必须了解并掌握学前教育的基本研究规范和具体研究方法。

本章主要介绍学前教育研究的基本情况,包括学前教育研究的含义、特征、价值、基本类型、基本原则、基本步骤及主要方法。

📚 **学习目标**

1.了解学前教育研究的含义、特征、价值及主要方法;

2.理解学前教育的类型划分依据,识记有关概念并对有关观点做准确辨析;

3.掌握学前教育研究的基本原则、基本过程。

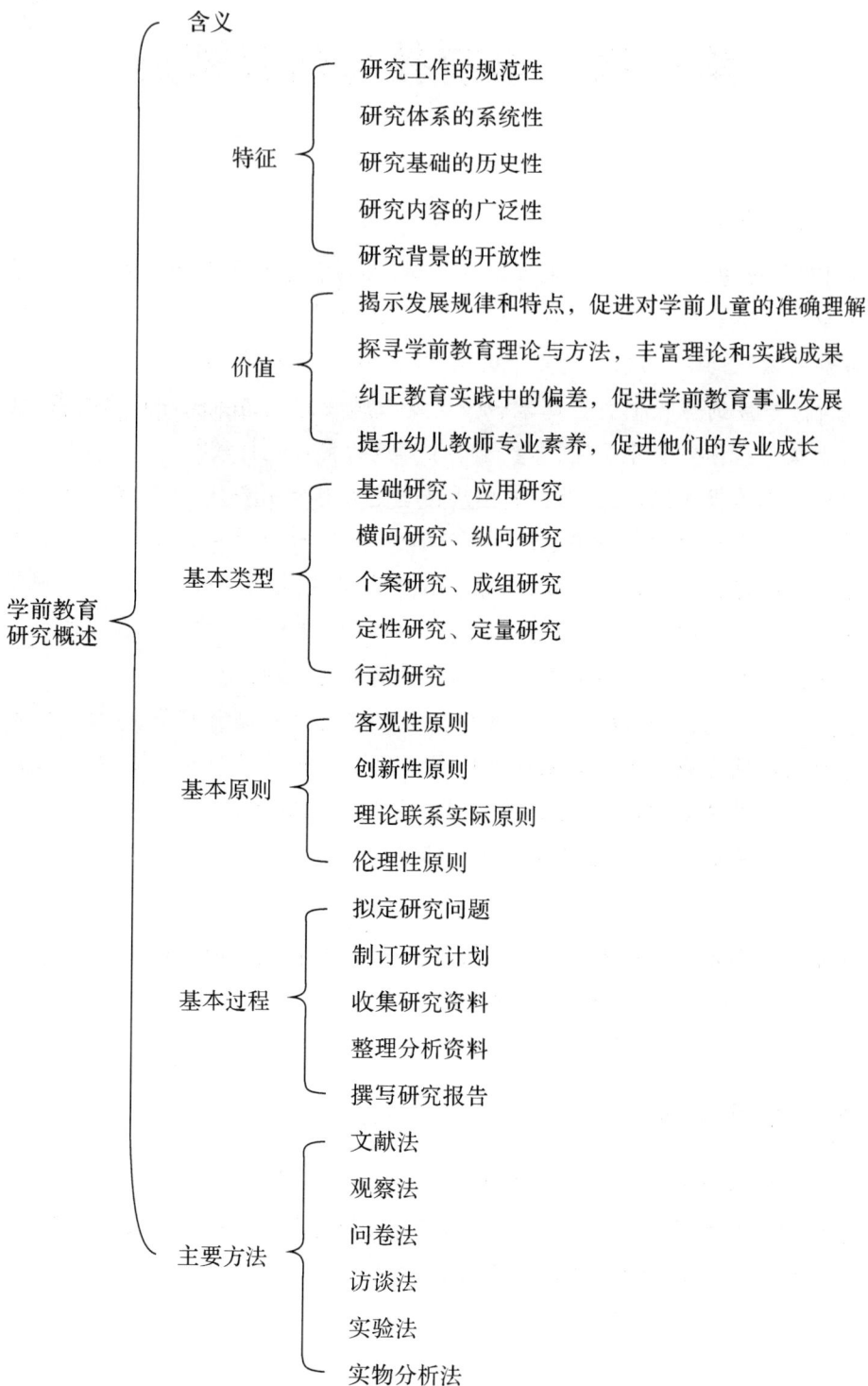

学习内容

学前教育研究概述
- 含义
- 特征
  - 研究工作的规范性
  - 研究体系的系统性
  - 研究基础的历史性
  - 研究内容的广泛性
  - 研究背景的开放性
- 价值
  - 揭示发展规律和特点，促进对学前儿童的准确理解
  - 探寻学前教育理论与方法，丰富理论和实践成果
  - 纠正教育实践中的偏差，促进学前教育事业发展
  - 提升幼儿教师专业素养，促进他们的专业成长
- 基本类型
  - 基础研究、应用研究
  - 横向研究、纵向研究
  - 个案研究、成组研究
  - 定性研究、定量研究
  - 行动研究
- 基本原则
  - 客观性原则
  - 创新性原则
  - 理论联系实际原则
  - 伦理性原则
- 基本过程
  - 拟定研究问题
  - 制订研究计划
  - 收集研究资料
  - 整理分析资料
  - 撰写研究报告
- 主要方法
  - 文献法
  - 观察法
  - 问卷法
  - 访谈法
  - 实验法
  - 实物分析法

一、学前教育研究的含义

研究是针对某个问题,通过某种方法系统搜集资料,寻求答案的过程。

科学研究是人们针对自然现象和社会现象有目的、有计划地运用科学方法,掌握、分析、概括客观事实,揭露其本质,探索其规律的实践过程。简言之,科学研究是用科学方法获取科学知识的实践过程。①

教育研究是科学研究的一个领域。教育研究是人们针对教育领域的现象和问题,有目的、有计划地运用科学研究方法,遵循一定的研究程序,搜集、整理和分析有关资料,揭示教育规律、促进问题解决的一种实践过程。

学前教育研究是教育研究的一个分支,其特殊性在于其研究的现象和问题源于学前教育阶段。所谓学前教育研究,指人们采用科学研究方法,遵循一定的研究规范,探讨学前教育阶段的各种现象和问题,揭示有关教育规律、促进有关问题解决的一种实践过程。

二、学前教育研究的特征

作为教育研究的一个分支,学前教育研究既有教育研究的共有特征,又有一些自身特征。学前教育研究具有以下主要特征。

(一)研究工作的规范性

任何科学研究工作都必须按照客观规律进行,遵循一定的行为规范。学前教育研究也不例外。学前教育研究的规范性体现为:其一,确定选题的规范。如选题要有价值性,在理论或实践方面具有一定的作用;要有创新性,不能重复他人的已有研究;要有可行性,具备相应的人力、物力、财力等条件。其二,搜集和整理资料的规范。例如面向幼儿进行访谈时,要一对一进行,不能采用集体访谈。幼儿有典型的模仿或从众行为。如果采用集体访谈,他们就会模仿同伴的答案,导致研究者无法了解他们自己的真实态度和想法。其三,具体研究操作的规范。为了保证观察研究的客观性,观察者要尽可能排除先入为主的印象。如通过观察法研究幼儿学习品质发展水平时,观察者要先观察他们在各种活动中的学习品质行为表现,再对照学习品质观察评价量表进行评分,根据分数评定其学习品质水平。相反,如果先让班级教师说说幼儿学习品质的优劣,再去观察,就可能因先入之见的影响,导致观察不客观。其四,研究论

_____
①王坚红.学前儿童发展与教育科学研究方法[M].北京:人民教育出版社,1991:6.

文撰写的规范。包括如何拟标题、撰写摘要、给定关键词、标注参考文献等,都有相应的规范要求。

(二)研究体系的系统性

学前教育研究具有一定的系统性。它处于教育研究这个大系统之中,同时它本身也是一个复杂的系统,在自身系统中存在一些小系统,包括"学前教育基本理论""学前课程与教学论""学前儿童发展与教育""学前教师教育"等。例如,在"学前教育基本理论"方面,涉及儿童观、儿童教育观、教师观、环境观、课程观、游戏观等研究。又如,在"学前课程与教学论"方面,涉及幼儿园教学方法、教学设计、园本课程开发、班本课程实施等研究。

系统性特征要求研究者在进行研究时要运用全面的、整体的眼光观察和分析问题,在各种因素的普遍联系中探索规律,充分认识研究活动的各个方面,并追求研究活动的整体功能。具体而言,在进行研究时,研究者既要关注某个问题本身的独特性,又要看到该问题与其他问题之间的关联,力求在系统的整体中把握问题。换言之,学前教育研究不是对某一个、某一类问题的零碎、片断、表面的认识,而是要对它进行系统、连贯、深入的探索和表达。

(三)研究基础的历史性

任何一项学前教育研究都是在既有研究基础上进行的。在开展某项研究时,研究者首先要了解前人的研究进展,批判地继承前人的研究成果,在前人已经达到的水平上不断进步,而新的研究成果又将成为引导或推进下一项研究工作的基础。例如,本科生要做毕业论文,最伤脑筋的是确定选题。为了保证选题具有一定新意,不重复他人的研究,就要去"中国知网"下载一定数量的硕士、博士学位论文或期刊论文。假如某个本科生想围绕留守儿童确定选题做毕业论文,就要通过文献研读,了解在这个方面都有哪些人做了研究,这些研究探讨了哪些具体问题,得出了什么结论或提出了什么建议等。做了这些前期文献研究,就基本能够把握住有关留守儿童研究的薄弱之处或不足之处,为下一步确定选题明确方向。

(四)研究内容的广泛性

学前教育研究的内容非常广泛,包括学前教育的本质、学前教育和社会发展各方面的关系、学前教育的目标和任务、学前教育的内容和方法、学前教育管理、幼小衔接、幼儿教师专业发展、中外学前教育的历史和现状等。内容的广泛性,给研究者提供了一个广阔的探索空间。就 H 师范大学往届本科毕业论文题目看,所涉及的具体现象和问题五花八门,各方面都有。如在教师专业发展方面,有人关注在职男幼儿教师的专业发展现状,有人调查学前教育专业男生的专业认同感或职业认同感现状;在学前教育的内容和方法方面,有人研究幼儿园美术活动中教师示范作品运用,有人研究幼儿园主题墙设计,有人研究传统游戏在幼儿园开展现状,有人研究幼儿教师早期阅读指导策略,内容非常丰富。

(五)研究背景的开放性

学前教育研究问题和社会的政治、经济、文化等因素密切相关,研究背景具有开放性。例如,学前教育课程内容往往是某一时期社会文化的反映;园所建设、幼儿教师的工资福利取决于地方的经济发展水平;对幼儿身心发展产生影响作用的,不只是幼儿园,还包括家庭、社区、大众传媒等。

来看一个具体问题——"入园难""入园贵"。这个问题在不同地方的表现不完全相同。就城市来看,在中西部地区,主要是进入教育质量高、收费低的公办园比较困难。究其原因,在于受制于这些地区的经济发展水平,公办园数量有限、学位不足,无法满足所有适龄儿童的入园需求。作为东部城市的杭州,在一些新兴城区,如在未来科技城板块,因"新杭州人"在短期内大量聚集,公办幼儿园学位紧张,不能满足需求,也出现了入公办园难的问题。这是受人口因素影响产生的问题。然而,在一些中部县区,有的甚至是国家级贫困县或省级贫困县,因政府部门比较重视学前教育,就采取措施增加园所数量、扩充学位,如鼓励相关组织或单位"集资办园"(如中心小学教师参与集资,获得股份,举办附属幼儿园),满足本地幼儿的入园需求;再如,利用小学的富余校舍和教师举办公办幼儿园,缓解学位紧张情况。这是因观念变化——重视学前教育了,就把学前教育办得更好,从而解决了"入园难"问题。

三、学前教育研究的价值

学前教育研究指向学前教育阶段的各种现象和问题。总体来看,学前教育研究的价值主要体现在以下几个方面。

(一)揭示发展规律和特点,促进对学前儿童的准确理解

学前教育的对象是0~6岁儿童,他们的身心发展表现出稳定的年龄特征,同一年龄段儿童也具有明显的个体差异。为了更好地理解学前儿童的身心发展特征,有效识别学前儿童的各种心理需要,就必须对他们身心发展的各种现象和问题进行研究。以往对学前儿童身心发展规律和特点进行研究的成果,体现在"学前心理学"和"学前卫生学"等课程中。但这些课程中的既有内容不足以让教育者能够认识学前儿童身心发展的各个具体方面。即便系统学习过这些课程的幼儿教师,面对学前儿童

的某个具体行为表现，也需要研究一番，才能加以解读。例如，某个小班幼儿动不动就"咬人"，排队时，想得到前面的位置，就咬已经站在他前面的同伴；游戏时，为了得到一个玩具，也会咬拿着玩具的同伴。这是典型的工具性攻击行为。对此，带班教师不难理解。但一个平时攻击性不强的小班幼儿，却连续两次把水或豆浆泼到同伴头上，每次都还大喊着："你要发芽了！""你要开花了！"他为何这样做，带班教师仅仅观察他这两次的具体表现，无法知道原因。询问他，也说不清楚。问了他的家长，才知道这种行为背后的原因——一种"种花"的游戏行为。在这个过程中，该教师已经在做观察和访谈研究了。

又如，随着"全面二孩"政策的实行，现在越来越多的家庭生育了"二宝"。这本来可以改善原来的家庭结构，解决以往独生子女成长环境中缺少儿童交往对象的问题。但在一些生育了二孩的家庭，老大却出了问题，在身心方面都有一些异常表现，如出现"变得爱摔东西""说一些以前没有出现过的脏话""变得沉默，不爱说话""和二孩争宠""攻击性行为增多，甚至打骂二孩""幼稚模仿二孩行为"等行为问题，出现"占有欲强烈，不愿分享""出现'孤僻'倾向""容易焦虑""情绪易冲动""胆小害怕退缩"等心理问题。这些身心异常是怎么产生的？有哪些影响因素？对此，需要研究者开展实地调查研究，把握二孩家庭老大的身心异常表现，揭示其产生原因后，再提出一些对策建议，促进这些家庭建立良好的同胞关系，促进家庭和谐幸福。

（二）探寻学前教育理论和方法，丰富理论和实践成果

学前教育研究的问题，既来源于教育理论，又来源于教育实践。一项学前教育研究完成时，其研究成果可能是新的概念、观点、理论，也可能是新的教育策略或方法。研究者已经提出来的学前教育理论和方法，为教师开展学前教育工作提供了理论依据和操作路径。如维果斯基提出的"最近发展区"理论，为教师提供了确定教学目标难易度的合理区间，使其更具有适宜性。再如，蒙台梭利提出的"敏感期"理论及幼儿各个发展阶段出现的敏感期，有助于教师有针对性地为幼儿营造环境、提供优质教育资源，促进他们某个方面知识经验的获得或行为习惯的养成。

实施科学的学前教育，不能停留于既有的理论和方法，还需要研究者根据时代发展需要，针对教育实践中存在的具体问题，提出新的科学理论和方法。例如，在学前儿童识字方面，因为一些幼儿园，尤其是民办园的识字教学过于"小学化"，让学前儿童识字量比较大，且以识字为目标——为了识字而识字，而没有根据学前儿童发展特点开展充分的前阅读、前书写活动。一些教育主管部门为了减轻学前儿童的学习负担，就禁止了幼儿园的识字教学。事实上，学前儿童从两三岁就有了识字能力，也有一定的识字需求，因而有必要对他们实施符合其经验基础和发展水平的识字教育。这意味着，需要通过研究提出适合学前儿童特点的、非小学化的识字方法。例如，在

幼儿园普遍重视早期阅读,拥有大量绘本资源的前提下,研究者可以开展基于绘本阅读的游戏识字法实验研究,摸索出一种科学的学前儿童识字方法,供幼儿教师和幼儿家长使用。

(三)纠正教育实践中的偏差,促进学前教育事业发展

近年来,在我国学前教育阶段存在各种偏差现象,如学前教育发展区域不均衡,部分地方存在"入园难""入园贵",幼儿园教育"小学化",幼儿教师性别结构失衡,民办园屡次曝出"虐童事件",一些家长对子女实施超前教育……这些偏差,有些属于学前教育发展的宏观问题,有些属于幼儿园教育或家庭教育的微观问题。

这些实践问题都有相应的具体表现,背后也都有各种影响因素在发挥作用,需要研究者进行深入的调查研究,摸查现状,揭示存在的问题,并思考解决问题的对策。只有通过科学的实证调查,才能客观地剖析问题,并提出合理的解决措施,从而促进学前教育在各个层面的发展。

例如,我国东部、中部、西部地区的学前教育发展存在不均衡现象,其背后是否受到经济发展水平的影响?有研究者对我国各地区的学前教育发展指数进行统计分析后发现,我国东部、中部、西部地区的学前教育发展水平呈现出了由高到低的变化趋势,其中东部地区的发展水平明显高于全国平均水平,但各省份间差异明显。就具体省份而言,上海、江苏、浙江、山东等东部经济发达省市属于学前教育发展的"发达地区"或"比较发达地区",但同样属于东部经济发达省份的广东省,却处于"学前教育发展一般地区"。① 其他研究者发现,经济发达地区的学前教育发展水平与其经济发展水平并不完全同步,上海、北京学前教育的发展与其经济发展较为匹配,广东、浙江的一些指标却低于全国平均水平。其中,就经费投入看,广东省的指标明显低于全国水平。② 这些研究表明,对于那些经济发达省份,如果是因经费投入不足影响了其学前教育综合发展水平,就有必要进一步增加和优化学前教育投入。

又如,有研究者对主流媒体报道的264起幼儿教师虐童事件进行了深入分析,发现其发生机理为:其一,惩治手段错综复杂,导致社会管控效能弱化;其二,幼儿教师寻求心理刺激、释放内心压力、追求业绩及一时情绪失控等心理因素,促使出现虐童举动;其三,虐童手段、方式的隐蔽性,助推虐童事件的激增;其四,幼儿教师的自身素质(如低学历、非学前教育专业、无教师资格证)及幼儿园等级水平(如公办或民办、"黑园")等主体因素,增加了虐童事件发生概率。为了防控幼儿教师的虐童行为,要采取的措施为:其一,从设置伤害标准、幼儿教师标准、单位(幼儿园)标准等入手形成

①刘占兰,高丙成.中国学前教育综合发展水平研究[J].教育研究,2013(4):30-37.
②叶平枝,张彩云.发达地区学前教育发展影响因素研究[J].教育研究,2015(7):23-33.

防控基本区分模式;其二,从设置幼师心理督导疏通机构、把幼童喜爱作为业绩提升条件、提供正式编制及提高待遇等入手建构幼儿教师福利模式;其三,从认定幼儿教师与单位(幼儿园)虐童的双主体责任、降低发生虐童行为幼儿园等级、适用从业禁止制度等入手界定责任主体适用条件。①

(四)提升幼儿教师专业素养,促进他们的专业成长

在学前教育研究活动中,幼儿教师的创新意识和创新能力得到培养,新的专业知识和专业能力(技能)得以形成,由此促进其整体的专业成长。

随着提升幼儿园教育质量的呼声越来越高,对幼儿教师专业素养的要求也越来越高。尤其是对本科及以上学历层次,前些年就在呼吁要将其培养成"研究型教师""专家型教师"。在这种情况下,研究意识和研究能力就成为幼儿教师必备的基本素养之一。近年来,顺应培养"卓越教师"的时代潮流,一些高校也在探索培养本科层次"师德高尚""师能高超""师艺突出"的幼儿教师。扎实的科学研究能力,是高超师能中不可缺少的组成部分,也是本科层次卓越幼儿教师的优势与核心竞争力。

在职前接受学前教师教育阶段,通过"学前教育研究方法"的学习,准幼儿教师掌握常用主要研究方法的基本规范,以及确定选题和撰写研究论文的基本规范,并在毕业论文研究工作或创新项目中加以演练,其研究意识和研究能力得到初步培养。入职以后,在研究日常教育实践中的问题、现象过程中,或在专项课题研究中,幼儿教师的科学研究能力得到进一步提升。

科学研究能力赋予幼儿教师一种创新能力,使其面对日常教育实践中的常规问题时,不会因循守旧、故步自封,不会停留于以往经验,而会通过研究寻求新的途径、策略和方法。对于教育实践中遇到的新问题,有创新能力的教师也会迎难而上,在有关行动研究中提升自己的技能。例如,在落实园本课程实践过程中,大家意识到班级才是课程实施的基本单位和主阵地,提出了实施班本课程的新要求。对一线幼儿教师来说,"班本课程"是新生事物,如何实施班本课程并没有现成经验可以借鉴。因此,部分幼儿教师产生畏难情绪,等着园长或同事分享经验。但有创新能力的幼儿教师,会自发搜集并研读文献,补充相关的理论知识,也会结合班级的日常课程实践,不断研究班本课程资源开发、班本活动主题确定、班本活动实施、班本活动评价等环节中遇到的问题,不断丰富自己的有关经验和提升有关能力。可见,科学研究能力是幼儿教师自我专业成长的根本保障。

---

①陈伟,熊波.幼师虐童的生发机理与犯罪防控模式——基于264起幼师虐童案的实证分析[J].山东大学学报(哲学社会科学版),2019(1):55-64.

四、学前教育研究的基本类型

按照不同的标准,可以对学前教育研究做相应的类型划分。

(一)基础研究与应用研究

按照研究目的指向的不同,可以把学前教育研究分为基础研究与应用研究。

1. 基础研究

所谓基础研究,也称理论研究,指那种研究目的具有普遍性,研究结果可以为现有学科知识体系增添新内容的研究。例如,《新中国 70 年儿童观的历史考察与反思》①、《试论自然教育与儿童中心主义》②、《幼儿教师角色意识与专业发展——仓桥惣三的幼儿教师观及启示》③、《我国学前教育课程观的发展趋势》④、《游戏:想象与规则发展的场域——维果茨基的游戏观透视》⑤等研究,涉及儿童观、儿童教育观、教师观、课程观、游戏观等学前教育的基本观念,就属于这类研究。

2. 应用研究

所谓应用研究,也称实践研究,是指那些以解决当下实际问题为研究目的的研究。例如,《家园共育培养小班幼儿自理能力的策略分析》⑥、《幼儿园班级环境创设的研究》⑦、《幼儿入园焦虑的成因及消除对策》⑧等研究,呈现的是解决学前教育实践问题的途径、策略与方法,就属于这类研究。

(二)横向研究与纵向研究

根据研究持续时间和研究对象所处状态的不同,可以把学前教育研究分为横向研究与纵向研究。

1. 横向研究

所谓横向研究,指研究者就某一教育现象或问题,在同一时间段内对某一年龄组

---

①陈乐乐. 新中国 70 年儿童观的历史考察与反思[J]. 南京师大学报(社会科学版),2019(3):41-49.

②文敬芳. 试论自然教育与儿童中心主义[J]. 学前教育研究,1994(3):6-7.

③李文英,唐钰滢. 幼儿教师角色意识与专业发展——仓桥惣三的幼儿教师观及启示[J]. 外国中小学教育,2016(6):43-47.

④韩玉婷. 我国学前教育课程观的发展趋势[J]. 课程教育研究,2019(6):24-25.

⑤席海燕. 游戏:想象与规则发展的场域——维果茨基的游戏观透视[J]. 学前教育研究,2015(4):9-14.

⑥喻莉莉. 家园共育培养小班幼儿自理能力的策略分析[J]. 华夏教师,2018(2):48-49.

⑦王富荣. 幼儿园班级环境创设的研究[D]. 福州:福建师范大学,2016.

⑧余翠花. 幼儿入园焦虑的成因及消除对策[J]. 幼儿教育(教育教学版),2006(7):20-21.

或几个年龄组的儿童行为表现进行考察和比较的研究。例如,《3～6 岁幼儿同伴冲突行为及解决对策研究》①、《我国东西部地区幼儿教师教育观的比较研究》②、《城市与农村 3～6 岁幼儿学习品质的比较分析——以大同市为例》③等研究,在同一时间段内,研究者要对不同的研究对象做横向比较,就属于这类研究。

2. 纵向研究

所谓纵向研究,也叫追踪研究,指在一个相对较长的时间里对某个学前教育现象或问题进行系统的定期研究。例如,《初生至三岁儿童智能发展的追踪研究》④、《学前幼儿同伴关系追踪研究》⑤、《小班幼儿坚持性发展的纵向追踪研究》⑥、《感统失调幼儿的个案追踪及干预研究》⑦等研究,随着时间发展,研究者要对同一个(组)研究对象进行持续性考察分析,就属于这类研究。

以上两类研究,其核心特征为:横向研究的对象不同,时间相同;纵向研究的对象相同,时间不同。

(三)个案研究与成组研究

根据研究对象数量的多少,可以把学前教育研究分为个案研究与成组研究。

1. 个案研究

所谓个案研究,指对一个或少数几个研究对象进行的研究。例如,《幼儿生活自理行为的个案研究》⑧、《幼儿任性行为的个案研究》⑨、《被拒绝幼儿同伴交往的个案研究》⑩等研究,涉及的研究对象比较少,仅有一个或少数几个,就属于这类研究。这类研究有助于对研究对象进行深入考察,但研究结果的代表性和普及性较差。

---

① 王雪冰.3～6 岁幼儿同伴冲突行为及解决对策研究[D]. 大连:辽宁师范大学,2018.
② 刘海红. 我国东西部地区幼儿教师教育观的比较研究[J]. 和田师范专科学校学报(汉文综合版),2015(4):28-34.
③ 刘永丽,张英琴. 城市与农村 3～6 岁幼儿学习品质的比较分析——以大同市为例[J]. 陕西学前师范学院学报,2019(11):87-93.
④ 茅于燕,周志芳. 初生至三岁儿童智能发展的追踪研究[C/OL]//全国第五届心理学学术会议论文摘选集. 北京:中国心理学会,1984[2020-05-09]. http://cpfd. cnki. com. cn/Area/CPFDCONFArticleList-ZGXG198406001-8. htm.
⑤ 刘少英. 学前幼儿同伴关系追踪研究[D]. 上海:华东师范大学,2009.
⑥ 彭杜宏,苏蕙,疏德明. 小班幼儿坚持性发展的纵向追踪研究[J]. 早期教育(教科研版),2017(11):12-16.
⑦ 徐慧裔. 感统失调幼儿的个案追踪及干预研究[EB/OL]. (2017-10-27)[2020-05-09]. http://tpd. xhedu. sh. cn/cms/app/info/doc/index. php/90010.
⑧ 高虹. 幼儿生活自理行为的个案研究[D]. 南京:南京师范大学,2010.
⑨ 蔡德芳. 幼儿任性行为的个案研究[J]. 家教世界,2013(11):35-36.
⑩ 韩丹华. 被拒绝幼儿同伴交往的个案研究[D]. 南京:南京师范大学,2016.

2. 成组研究

所谓成组研究,指研究者选择较多的研究对象组成若干被试组,对被试组中的每个个体都进行系统考察的研究。例如,《3～6 岁幼儿违规行为研究》①、《幼儿对幼儿园常规认知的研究》②、《3～6 岁幼儿在建构游戏中的合作行为观察研究》③等研究,需要同时面对几组研究对象,且每一组研究对象都要达到一定的人数要求,就属于这类研究。从统计学角度看,30～60 人,属于小样本组;60 人以上属于大样本组。因此,成组研究的每组被试至少要有 30 人。因样本数量较多,可以做统计分析,所以这类研究的科学性和代表性较强,但不便于对研究对象进行个别深入考察。

(四)定性研究与定量研究

根据研究方法性质的不同,可以把学前教育研究分为定性研究与定量研究。

1. 定性研究

所谓定性研究,指用文字来描述现象或问题的研究。它所处理的往往是观察和访谈得来的文字资料,通过归纳总结揭示不同事物、现象的意义及其特征,或者不同调查对象的态度、认识和经验。定性研究强调研究的自然情境和整体探究,常采用描述性分析,运用归纳法从特殊事物中归纳出一般原理、一般特征或特点。例如,《中班幼儿角色游戏中教师指导行为观察研究》④、《小班幼儿常规养成观察研究》⑤、《幼儿教师对"以游戏为基本活动"看法的访谈研究》⑥、《大班幼儿眼中的"好游戏"调查研究》⑦等本科毕业论文,研究者主要是通过对有关观察记录或受访对象观点的归纳总结,形成一些具有规律性的结论。

2. 定量研究

所谓定量研究,指用数字和量度来描述现象或问题的研究。它所处理的往往是问卷调查的数据、实验数据、访谈资料编码数据、时间取样观察法的数据等,通过统计分析揭示某种现象的存在状态和发展趋势。定量研究强调对研究的操纵和控制,常

---

①高志娟.3～6 岁幼儿违规行为研究[D].南京:南京师范大学,2011.

②何金玲,王喜海.幼儿对幼儿园常规认知的研究[J].教育导刊:下半月,2013(2):37-40.

③徐秋霞,王喜海.3～6 岁幼儿在建构游戏中的合作行为观察研究[J].教育导刊:下半月,2014(9):21-25.

④郭欢.中班幼儿角色游戏中教师指导行为观察研究[本科毕业论文][D].杭州:杭州师范大学,2014.

⑤陈静.小班幼儿常规养成观察研究[本科毕业论文][D].杭州:杭州师范大学,2019.

⑥王月雯.幼儿教师对"以游戏为基本活动"看法的访谈研究[本科毕业论文][D].杭州:杭州师范大学,2014.

⑦郑树仙.大班幼儿眼中的"好游戏"调查研究[本科毕业论文][D].杭州:杭州师范大学,2020.

采用统计分析,运用演绎法把一般原理推广到具体事例。例如,《2005 年中国九市七岁以下儿童体格发育调查》①、《3～6 岁儿童家庭亲子沟通现状调查》②、《幼儿的游戏行为及其与社会技能、学习行为的典型相关分析》③、《大班幼儿文字意识发展水平与其阅读能力的相关研究》④等研究,研究者要通过问卷调查、观察或测评等方式,获取研究对象的数据资料,通过对数据的统计分析,解读数据所代表的意义,形成一定看法,给出一定的建议,就属于这类研究。

(五)行动研究

行动研究是一线教师和教育管理人员、专职教育研究人员密切配合,针对教育实践过程中遇到的问题,运用各种可能的研究方法进行探讨,并以最终寻求问题解决、推动教育工作改进为宗旨的一种教育研究活动。⑤ 它是一种综合性教育研究活动,不同于观察法、问卷法、访谈法、实验法等单纯的研究方法,也不同于某一种具体研究类型,如上述基础研究、应用研究、定性研究、定量研究等。因为行动研究立足于改变现实,所以它不同于日常工作中的经验总结,必须遵循科学研究中既定的基本规范。

例如,在幼儿园各个班级都存在幼儿挑食、偏食的现象,教师可以尝试提出一些解决策略,在本班实际使用一下,看能否解决问题。某种解决策略,可能对一部分幼儿有用,使他们改变对待某种蔬菜的态度,开始愿意接受它,并从此不再拒绝食用,但不可能对所有幼儿都有效。如通过种植并品尝胡萝卜,可能某些幼儿开始愿意吃胡萝卜了,但总还有幼儿不愿意吃,需要老师再设想并尝试其他方法,如讲解胡萝卜的营养价值及其对维护健康的重要性等,看能否改变这些幼儿的拒绝态度。经过反复尝试,直到班里幼儿的各种挑食、偏食行为基本消失,教师就可以总结一下改变幼儿挑食、偏食行为的经验,跟其他同行分享了。这就是一个行动研究的例子。

五、学前教育研究的基本原则

学前教育研究的基本原则,指从事学前教育研究时必须遵循的一些基本要求。在学前教育研究的各个环节,从确定选题、设计研究方案、实施研究过程,到分析研究

①李辉,朱宗涵,张德英.2005 年中国九市七岁以下儿童体格发育调查[J].中华儿科杂志,2007(8):609-614.

②董文明,叶颖秀.3～6 岁儿童家庭亲子沟通现状调查[J].幼儿教育(教育科学版),2012(6):35-38.

③井卫英,陈会昌,孙玲.幼儿的游戏行为及其与社会技能、学习行为的典型相关分析[J].心理发展与教育,2002(2):12-16.

④邓美.大班幼儿文字意识发展水平与其阅读能力的相关研究[D].天津:天津师范大学,2017.

⑤刘晶波.学前教育研究方法[M].北京:人民教育出版社,2016:389.

数据和研究资料,得出研究结论,撰写研究报告,都有一些基本要求。具体而言,主要体现为以下四个方面。

(一)客观性原则

所谓客观性原则,指研究者要从研究对象的本来状态出发,力求客观地认识研究对象以及相关的各种事实,并借助适宜的研究方法与工具把它们客观地展示出来,再加以客观的分析与判断。为此,研究者要尽可能摒弃自己的主观性认识——包括先入之见、主观臆测与误解等。例如,研究幼儿的学习品质时,某研究者先让所在班教师给幼儿进行分类——分出"好""中""差",然后再对这三个类别的幼儿加以观察,通过案例分析其"多好"或"多差",从研究开始的第一个环节,就存在明显的"先入之见",违背了"客观性"原则。事实上,该研究者应该在该班随机挑选几个幼儿,然后再对其学习品质行为表现进行观察,通过对观察资料的分析,判断这些幼儿的学习品质是"好"还是"坏"。

(二)创新性原则

所谓创新性原则,指研究者在完成某项研究时在理论上有所创新,或在实践上有所突破。

科学研究的目的是为了解决问题。在解决问题时,研究者首先要了解之前的研究成果,把握研究现状和发展趋势,找出现有研究的不足之处或薄弱之处,从而确定本研究的切入点,以及相应的重点和难点,从而逐一击破。这样,就不是简单重复前人的研究,而是在一定程度上有所创新与突破。

例如,近年来,媒体报道过"'神童'肄业回家"[1]、"博士辞职做全职爸爸,要把 5 岁女儿培养成同声传译"[2]、"女孩读私塾 10 岁考上大专"[3]等一类的新闻,表明一些家长对子女实施了揠苗助长式教育。这种超前教育行为背后,反映出这些家长的儿童观或童年观有误区。揠苗助长的结果,使一些儿童跨越了原本该有的童年阶段。所以,一些研究者对"童年的消逝现象"深表忧虑。这种现象也促使一部分学者从儿童生活、儿童游戏、儿童学习、儿童文化等各个角度深入研究儿童,揭示儿童早期发展规律,提出科学的儿童观或童年观。这类研究,在理论上具有一定的创新性。

---

①央视新闻会客厅. 我的"神童"儿子为何肄业回家[EB/OL]. (2004-08-25)[2020-05-09]. http://news. sina. com. cn/e/2004-08-25/12124133691. shtml.

②央视共同关注. 博士甘当全职爸爸在家教育五岁神童[EB/OL]. (2004-12-15)[2020-05-09]. ht-tp://news. sina. com. cn/s/2004-12-15/15335228930. shtml.

③北京时间. 女孩读私塾 10 岁考上大专 父亲:在大学才能享受真正童年[EB/OL]. (2017-09-13)[2020-05-09]. http://www. sohu. com/a/191676766_697923.

再如,针对一些幼儿园的"小学化"识字教育,有研究者通过实验研究探索基于绘本阅读的游戏识字法。这种方法,既符合现在时代发展的潮流,也符合幼儿的发展特点,在识字教学方法方面具有一定的创新性。这类研究,在实践上具有一定突破。

(三)理论联系实际原则

所谓理论联系实际原则,指在研究过程中研究者要兼顾科学理论和实践的各自特征,努力实现学前教育理论与实践之间的结合。既不能脱离实践,闭门造车,单纯为了理论而进行所谓的理论研究,又不能只在实践层面打转转儿,拒绝理论的指导及对理论的检验、反思。

按照理论联系实际原则,首先要做到实践研究有理论指导。例如,有研究者以大班幼儿为对象做游戏识字实验研究,所做的是实践研究,但要在理论上能够解释为何选择大班幼儿为实验对象。为此,需要找到一条理论根据。在幼儿识字研究方面,20世纪二三十年代陈鹤琴曾经在幼儿园做过实验研究,并提出"对大班幼儿进行识字教育是必要的、可行的"一类观点。这个观点就为选择大班幼儿作被试提供了理论依据。

其次,要做到理论探讨关照实践问题。例如,在上述研究案例中,提到有研究者针对不当对待童年——采取揠苗助长的现象,揭示童年的起源过程,揭示童年的本质特征和存在价值,对童年观进行了系统探讨,就体现了这一要求。

(四)伦理性原则

所谓伦理性原则,指在研究过程中研究者必须遵循一定的道德规范和道义原则,注重对研究对象权益的尊重和保护。学前教育研究的对象,不仅包括成年人(如教师、家长),而且包括身心发展不成熟、处于发展过程中的0~6岁儿童,他们的身心健康更要加以保护。

具体而言,伦理性原则可以细分为:

其一,自愿原则。是否参与某项研究,要由被研究者自己决定,他们有权利拒绝参与某项研究或中途退出某项研究。例如,假定研究者要开展一项"基于微信朋友圈提升幼儿教师实践反思能力"的研究,即便这个研究结果对一线幼儿教师帮助很大,研究者在组建课题组时,也不能强行要求某位园长或教师一定要参与进来。研究者可以说明本项研究的意义,征求他(她)本人的意愿,若他(她)愿意参加,研究者自然高兴;若他(她)不愿意参加,或没有时间参加,研究者也不能强求。

其二,知情原则。对于研究的步骤、目的、风险或益处等,被研究者必须事先知情,尤其是对于一项研究可能造成的危险或危害,应该让被研究者事先知道;否则,违背知情的伦理性要求,研究成果可能不被承认。美国有个机构培育出了"黄金大米",

在实验阶段,湖南一所小学的 25 名小学生食用了这种大米,但他们本人及其家长(监护人)事先并不知道是转基因大米。实验结果在《美国临床营养学杂志》发表后,一些绿色和平组织认为这些学生被当成了实验用的"小白鼠",因而对这种做法进行了严厉批评。《美国临床营养学杂志》经过调查核实后,撤销了该研究小组已经发表的论文。①

其三,匿名原则。在未经被研究者同意的情况下,不能在研究报告或公开场合中透露其真实姓名和其他私人信息。通常,使用化名或代码指代被研究者,指代在研究报告或论文中必须出现的人物。

其四,保密原则。对被研究者的个人信息及研究数据,研究者有义务进行保密管理,未经允许不得将原始数据披露或出售。因此,在实施问卷调查或访谈研究时,研究者都要申明"所搜集资料仅供研究之用,绝不外泄,不会对您本人造成不良影响"。同时,也要确实尽到保密义务。

其五,公益原则。在研究过程中,无论是否有意,研究者不得对被研究者的身心造成伤害。如在上述研究案例中,作为转基因食品的"黄金大米",对食用者可能具有潜在危害,以人作为研究被试时,就要格外慎重。

六、学前教育研究的基本过程

根据科学研究的一般过程,学前教育研究的完整过程包括以下几个步骤。

(一)确定研究选题

研究工作的第一步就是确定选题。选题恰当与否,决定了一个研究是否具有理论价值与实践价值。确定研究选题是一项研究工作中最重要、最关键的一个步骤,需要研究者反复论证和琢磨。

例如,某位本科生在做毕业论文时,对幼儿教师激励幼儿的方式比较感兴趣,在教师指导下,确定实施《教师对幼儿的激励方式观察研究》,了解当前幼儿教师对幼儿的激励方式,分析其运用效果,同时总结经验、查找问题,并对如何解决问题提出对策和建议。这样,就确定了她的研究选题。②

(二)制订研究计划

确定了研究选题后,研究者接下来需要做的事情就是制订具有可行性的研究计

---

①佚名. 拿中国孩子当小白鼠,美"黄金大米"论文被撤稿[EB/OL]. (2015-08-05)[2020-05-09]. http://news. sohu. com/20150805/n418190781. shtml.

②张海婷. 教师对幼儿的激励方式观察研究[本科毕业论文][D]. 杭州:杭州师范大学,2014.

划,包括确定研究对象,选择研究方法和数据搜集、处理方式。一项研究的核心是搜集和分析资料。因此,对资料搜集的方法和分析工具的选择,研究者应给予特别重视。

为了顺利完成资料搜集工作,研究者要制订一个详细的计划,明确人员的任务分工、搜集资料的地点及具体时间安排、经费预算和分配等。

在上述研究案例中,研究计划的主要内容是确定"时间""地点""人物"三个方面,即:在什么时间实施这项观察研究? 在什么地点实施这项观察研究? 在这项观察研究中,观察哪些人? 本科生的毕业论文研究,一般是在毕业实习期间,在所实习的幼儿园完成资料搜集工作的。因此,在上述研究中,观察的时间就是实习期间,观察的地点就是所实习的幼儿园,观察的对象就是所在班的指导教师,记录他们在幼儿园一日生活各个场合中对幼儿激励的自然事件。

(三)搜集研究资料

按照研究计划中明确的目标、内容,在既定的时间和地点,选用事先确定的方法搜集研究资料,包括数据资料、文字资料、实物资料等。

在上述研究案例中,该生趁自己在幼儿园实习时,按照研究计划搜集了研究资料。该生利用事先设计好的观察记录表,采用非参与式观察方式,记录所在班级指导教师对幼儿激励的事件。在三周实习期间,该生记录了指导教师在教学活动、游戏活动和生活活动中对幼儿进行的激励事件 35 个。同时,邀请同期实习的同学在自己所在班级做同样的观察,又提供了有效激励事件 70 个。一共获得有效激励事件 105 个,拥有了较为充足的第一手研究资料。

(四)整理分析资料

整理研究资料指根据研究需要,对已经搜集到的各种资料进行汇总、归类,使之系统化和条理化。分析研究资料指通过对研究资料的归纳总结、统计分析,揭示其中蕴含的教育现象之间的关系,探索出一定的规律性特征。

在上述研究案例中,研究者对搜集到的 105 个激励事件,进行了分类编码和统计分析,总结出了常用的四种主要激励方式(物质激励、精神激励、给予行为权利激励和告知好的行为结果激励)的总体运用占比、在各种场合运用的情况及其效果及随幼儿年龄增长的运用变化趋势。

(五)形成研究结论

通过对研究资料的整理和分析,研究者可以得出一定的结论。至此,研究者已经基本全面而具体地把握了所研究的问题。

在上述研究案例中,研究者对幼儿教师激励幼儿方式的运用现状和运用问题进行了总结,得出了研究结论。

(六)撰写研究报告

撰写研究报告意味着一项研究工作接近尾声。研究报告是对研究成果的表述,是对研究的目的、方法与过程、结果与结论、建议等的概括与总结。

在上述研究案例中,研究者系统回顾了整个研究工作,按照"问题提出""研究方法""研究结果与分析""结论""建议"等组成部分,撰写了自己的毕业论文,完成了整个研究工作。

七、学前教育研究的主要方法

学前教育研究方法指研究者在探讨学前教育现象和问题时所采用的一系列研究方法的总称,体现为研究者在研究某一现象或问题时所采用的搜集研究资料的方式、手段或遵循的途径、程序和规则。

在学前教育研究中,常用的主要研究方法有文献法、观察法、问卷法、访谈法、实验法和实物分析法。在以后章节中还要详细介绍这些研究方法的含义,在此不再赘述。

思考与练习

1. 何谓学前教育研究? 它有哪些基本特征?

2. 结合日常教育现象,分析学前教育研究的价值。

3. 何谓基础研究与应用研究? 它们的主要区别是什么?

4. 何谓横向研究与纵向研究? 它们的主要区别是什么?

5. 何谓个案研究与成组研究? 它们的主要区别是什么?

6. 何谓定性研究与定量研究? 它们的主要区别是什么?

7. 何谓行动研究?

8. 结合一些研究案例,理解和掌握学前教育研究的基本原则。

9. 结合一个研究案例,了解学前教育研究的基本过程。

10. 在学前教育研究中采用的主要方法有哪些?

研究案例

张露莎.幼儿生活自理能力现状调查［本科毕业论文］［D］.杭州：杭州师范大学,2015.

1-1　幼儿生活自理
能力现状调查

第二章 学前教育研究选题

师生关于选题交流的 QQ 对话

生1：老师好！在我感兴趣的"学习品质"方面，我有几个想做的选题。

师：说来听听。

生1：一共有三个：一是公立幼儿园大班幼儿学习品质的现状研究；二是公立幼儿园大班学习品质的性别差异研究；三是城乡差别视角下公立幼儿园大班幼儿学习品质的比较分析。

师：听了你讲的三个选题，感觉都是硬拍着脑袋想出来的，似乎都有待再斟酌。一个选题同时兼有价值性、创新性、可行性和科学性时，才能做下去。就第一个选题看，它有何价值？有何创新？就第二个选题看，幼儿学习品质发展有性别差异吗？这个说法有什么依据，有何科学性？这个研究有什么意义，有何价值？有何创新？就第三个选题看，何谓"城乡差别视角"？为何要比较城乡大班幼儿的学习品质？有何价值？有何创新？

建议从研究的价值性、创新性、可行性、科学性四个方面，对你初步拟定的三个选题做个评断，看是否值得研究。

确定选题，不能想当然。要系统地看已有相关研究，把握研究现状和发展趋势，找准研究的不足之处或薄弱之处，从中确定自己研究的切入点。

生1：谢谢老师！我再考虑考虑。

生2：老师您好！我有三个论文选题的思路，请您帮忙把把关：

1. 大班幼儿在区角活动内的分享行为现状研究。我注意到幼儿之间的矛盾多由争抢引发，且在二胎时代家里有两个孩子难免会争抢，所以培养分享行为十分重要。查阅文献发现，虽然涉及分享行为的论文较多，但有关区角内分享行为的研究较少。因此，我想通过材料投放、主题布置等着手促进幼儿分享行为的发生。

2. 多媒体（信息技术）与幼儿园教学。题目还没有确定，选这个是因为疫情背景下中小学和大学的线上教学（网课）比较普遍。我认为有必要将信息技术更好地融入幼儿园教学中。已有研究很多会限定教学领域（如语言），但我还不确定如何展开研究。

3. 基于儿童视角的幼小衔接。幼小衔接是学前期的一个重要内容。我发现已有研究较多是现状调查,发现问题并提出对策。我想从儿童视角来研究,了解幼儿对幼小衔接的想法,从而更好地提出一些建议帮助幼儿做好幼小衔接。

师:就第一个选题看,有关幼儿分享行为的研究已经较多,缺乏创新性。就第二个选题看,目前只是大致的选题方向,虽然明确了选题来源,但所关注的还是"面",而非"点"。不确定研究的具体问题,就无法展开。第三个有点意思,但好像其他人已有论文发表,没必要重复已有研究。

生2:好的! 谢谢老师的建议。那,您觉得"幼小衔接视角下幼儿学习品质培养"这个选题怎么样?

师:不要拍着脑袋找问题! 做下预调查和文献研究再说。

生:好的老师(流汗)。

上述两个关于选题交流的师生 QQ 对话①体现了一定的选题规律:研究者基于个人兴趣开始关注某个方面的教育现象,且可能初步做了预调查和文献研究,并在此基础上选择了若干个拟研究的问题。某个研究问题能否成为学前教育研究的选题,要符合选题的基本原则,看其是否具有创新性、价值性、可行性及科学性。上述对话也说明,确定一个学前教育研究选题并非易事,需要研究者反复斟酌,也需要研究者征求多方(如指导教师和开题小组专家)意见,进行反复论证。

本章主要介绍学前教育研究选题的基本情况,包括学前教育研究选题的含义、类型、作用、范围、来源、原则、过程及学前教育研究开题报告的组成部分及撰写要求。

学习目标

1. 了解确立学前教育研究选题的含义、类型与作用;
2. 掌握学前教育研究选题的范围、来源、原则与过程,并尝试确定毕业论文选题;
3. 了解并掌握学前教育研究开题报告的组成部分及撰写要求。

---

①这是本人指导学生确定选题时的亲身经历。——著者

学习内容

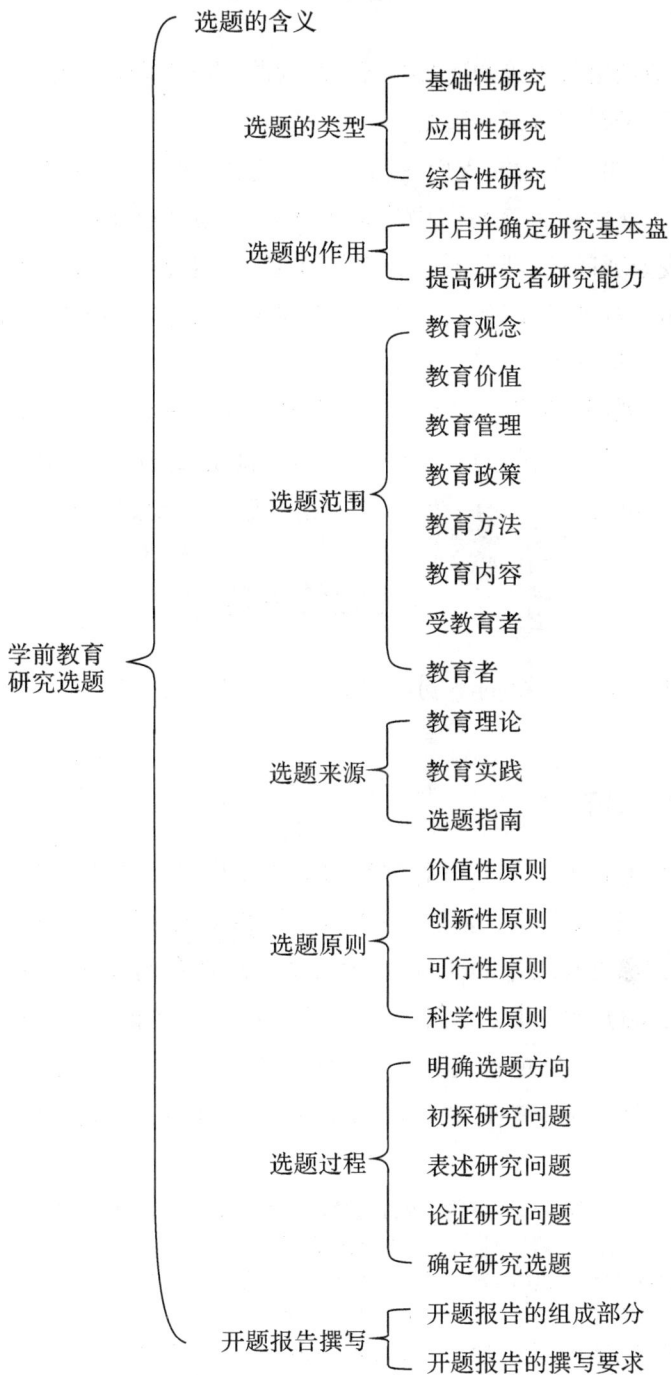

一、选题的含义

所谓选题,即选定与明确阐述所要研究的问题。[①] 科学研究始于问题。发现并提出有意义的问题,是科学研究的起点。

问题是客观事物的矛盾在人们头脑中的反映,体现了人们对客观事物或现象认识的不足。所以,在学前教育研究中确定的选题,一定是人们还不了解的现象或问题。对于有些现象或问题,即便研究者自身有困惑,但通过查阅文献后发现,已经有其他研究者揭示了其现状、问题及成因或发展规律与特点,并提出了解决对策,就没必要作为一个新的选题了。

因此,确定选题时,研究者需要对有关现象和问题进行初步调查,需要研读有关文献,需要跟有关人员进行研讨,经过反复思考、验证、论证,寻找到一个人们尚未解决的问题,并把它陈述为一个合乎规范的命题形式,才算确定一个选题。

二、选题的类型

根据研究问题所属领域的不同,可以把学前教育研究的选题划分为三种基本类型。[②][③]

(一)基础性研究

所谓基础性研究,指以揭示教育现象的本质和规律,形成和发展新知识、新理论为目的而确定的学前教育研究选题。这类研究旨在发现新的理论或重新评价原有理论,具有高度的抽象性及理论的体系性、效益的长期性和研究的连续性。如《论儿童教育的本质》[④]、《幼儿教育本质的规定性及其意义》[⑤]、《知识经济时代幼儿教育目标的新取向》[⑥]、《论学前教育的价值》[⑦]、《生命教育视野下对学前教育价值的审视》[⑧]等研究论文,主要是探讨学前教育的本质、学前教育的目标、学前教育的价值等方面的

---

①王坚红.学前儿童发展与教育科学研究方法[M].北京:人民教育出版社,1991:10.

②裴娣娜.教育研究方法导论[M].合肥:安徽教育出版社,1996:78-79.

③刘晶波.学前教育研究方法[M].北京:人民教育出版社,2016:34-36.

④刘晓东.论儿童教育的本质[J].学前教育研究,1998(4):22-24.

⑤程秀兰.幼儿教育本质的规定性及其意义[J].学前教育研究,2014(9):3-13.

⑥袁爱玲.知识经济时代幼儿教育目标的新取向[J].华南师范大学学报(社会科学版),2001(1):64-68.

⑦庞丽娟,胡娟,洪秀敏.论学前教育的价值[J].学前教育研究,2003(1):7-10.

⑧康丹.生命教育视野下对学前教育价值的审视[J].贵州师范学院学报,2010(9):76-79.

问题,就属于这类研究选题。

(二)应用性研究

所谓应用性研究,指针对某一具体的实际应用目标而进行科学实验和技术性研究的学前教育研究选题。这类研究往往具有实际应用价值,直接解决具体的实践问题,是理论联系实际的关键环节,作用是让基础研究成果向实践转化。例如,《培养幼儿良好饮食习惯的策略研究》①、《3～5 岁幼儿自控力培养策略研究》②、《幼儿入园分离焦虑预防措施有效性研究——以福州市两所幼儿园为例》③、《宁夏幼儿园园本课程开发模式研究》④、《支架式教学在幼儿园科学教育活动中的运用研究》⑤、《游戏训练法对提高幼儿体能的实验研究》⑥等研究论文,所探讨的是某种教育实践活动的具体路径、策略与方法,就属于这类研究选题。

(三)综合性研究

所谓综合性研究,指在一个学前教育研究选题中,兼有基础性和应用性,既可以形成和发展教育科学理论,又可以把教育理论转化为教育的手段、方法和策略。例如,《多元智能理论在幼儿教育中的运用》⑦、《主体间性视野下的幼儿教育研究》⑧、《基于鹰架理论的幼儿园故事教学策略研究》⑨、《3～6 岁幼儿跑步动作发展特征及教学策略分析》⑩、《幼儿大肌肉动作发展特征及教学指导策略研究》⑪等,其研究内容既包括理论成分,又包括与理论对应的策略与方法,就属于这类研究选题。

三、选题的作用

选题的意义,不仅体现在一项研究工作中,也体现在研究者身上。选题主要有以

①包艳秋.培养幼儿良好饮食习惯的策略研究[J].新课程:上旬,2015(8):231.

②韩舰莹.3～5 岁幼儿自控力培养策略研究[J].新课程(小学),2017(5):4.

③管琳,王先达.幼儿入园分离焦虑预防措施有效性研究——以福州市两所幼儿园为例[J].内蒙古师范大学学报(教育科学版),2017(2):36-43.

④朱虹.宁夏幼儿园园本课程开发模式研究[D].银川:宁夏大学,2005.

⑤周艳玲.支架式教学在幼儿园科学教育活动中的运用研究[J].基础教育研究,2014(24):61-62.

⑥方辉.游戏训练法对提高幼儿体能的实验研究[J].运动精品(学术版),2016(5):121-123.

⑦冯秀明.多元智能理论在幼儿教育中的运用[D].呼和浩特:内蒙古师范大学,2010.

⑧庄旖.主体间性视野下的幼儿教育研究[D].海口:海南师范大学,2012.

⑨万中.基于鹰架理论的幼儿园故事教学策略研究[D].成都:四川师范大学,2015.

⑩范雪,罗冬梅,陈皆播,等.3～6 岁幼儿跑步动作发展特征及教学策略分析[J].体育科学,2017(11):40-47.

⑪宁科.幼儿大肌肉动作发展特征及教学指导策略研究[D].北京:北京体育大学,2017.

下两个方面的作用。

(一)开启并确定研究基本盘

选题是一项研究工作的首要环节,它不仅开启研究过程,也基本确定了整个研究的基本盘。一旦研究的问题或现象被确定下来又以命题形式被描述出来,就确定了一项科学研究的基本方向,具体的研究目标、研究内容、研究方法和研究过程也随之被明确。

例如,有本科生对幼儿上兴趣班现象感兴趣,想做实证调查,把自己的毕业论文选题确定为"幼儿上兴趣班现状调查研究"。在该研究中,研究目的是呈现城市幼儿上兴趣班的现状,揭示存在的问题并提出教育建议;研究内容则包括城市幼儿上兴趣班的时间、地点、种类、花费、效果等;研究方法采用问卷法;研究过程包括编制问卷、向幼儿家长发放问卷、回收问卷并对数据做统计分析、解读数据的意义、得出基本看法并撰写研究论文。

另一本科生也对幼儿上兴趣班现象感兴趣,但他想了解的是不同家庭背景幼儿在上兴趣班时是否有差异,因此确定的毕业论文选题为"家庭背景对幼儿参加兴趣班的影响"。这个选题与上一个选题都属于对幼儿上兴趣班这种现象的研究,但所研究的具体问题有明显差异。这个选题决定了其研究目的不是单纯呈现幼儿上兴趣班现状,而要呈现家庭背景因素——家长的学历、收入、职业等,对幼儿上兴趣班的影响现状;其研究内容也不是单纯呈现幼儿上兴趣班的时间、地点、种类、花费、效果等,而是要分析不同的家庭背景因素如何影响这些方面;其研究方法同样可以采用问卷法;其研究过程同样包括设计问卷、发放问卷、回收问卷并加以统计分析、撰写研究论文等。但在编制问卷时,一定要有家长人口学变量(家庭背景因素)的题目,在统计分析数据时,也一定要在家长各人口学变量上对幼儿上兴趣班的各个方面做差异性检验,解读出家庭背景对幼儿上兴趣班的实际影响。

可见,即便是对同一现象的研究,所确定的选题不同时,其研究目的、研究内容、研究方法与过程就会不同。

(二)提高研究者研究能力

在确定选题过程中,研究者的研究意识、创新能力、研究方法规范运用能力都会得到提升,同时其学术视野也得到拓展,从而全面提高研究能力。

有无研究意识,或者研究意识的强弱,直接影响选题工作。有研究意识,尤其是研究意识强的人,能够从日常观察、文献阅读、课堂听讲、媒体报道、影视节目中找到值得研究的现象或问题。如有本科生发现现在大城市家长普遍给子女购置了平板电脑,而且家长的主要目的是给子女提供一个学习工具,确定了"幼儿利用平板电脑进行学习的现状调查"这个选题;有本科生在阅读文献时发现国外学者在研究适宜性教学问题并提出了有关评价标准,就想研究当前我国幼儿教师的日常教学适宜性问题,确定了"当前幼儿教师适宜性教学行为观察研究"这个选题;有本科生在课堂听讲时,对于师生讨论过的幼儿生活自理能力性别差异现象感兴趣,想做有关实证调查,就确定了"幼儿生活自理能力现状调查"这个选题;有本科生关注了媒体报道的某幼儿园组织幼儿"集体婚礼"事件,敏感地意识到幼儿对"结婚"的认识可能与成人不同,就确定了"幼儿眼中的'结婚'是什么"这个选题;有本科生观看亲子真人秀节目《爸爸去哪儿》时,想到现实生活中很多爸爸没有参与亲职教育,就确定了"城市爸爸参与亲职教育的现状调查"这个选题。因此,在确定毕业论文选题时,需要每个本科生去关注社会现实、文献资料、媒体报道、影视节目中与学前教育相关的现象,并用专业眼光加以审视,寻找到一个值得研究的问题。在此过程中,研究意识得到进一步提升。

即便有一定的研究意识,且敏锐地捕捉到了一定的现象或问题确定了毕业论文选题,本科生也常常发现自己想做的选题,前几届同学已经做过了,不得不重新再找选题。在寻找不一样的选题过程中,其创新能力也得到培养。

有本科生拟从现实生活中自己感兴趣的现象确定选题,但针对该现象要研究什么具体问题以及如何展开研究,拿捏不准。如某本科生对幼儿的闲暇生活安排产生了兴趣,想做有关研究。在正式确定选题前,进行了大量的文献阅读,了解了闲暇生活的含义、特点、类型、价值,把握住了研究发展趋势,就决定从幼儿角度调查其闲暇生活现状,确定了"城市幼儿闲暇生活现状调查研究"这个选题。在此过程中,该本科生的学术视野得到了拓展。

初步明确要研究的现象或问题时,研究者还要考虑能够采用什么方法搜集到第一手研究资料,确保自己的研究能够实施。如有本科生确定的毕业论文选题是"幼儿园办园理念研究",因每所幼儿园只有一个办园理念,采用常规的问卷法和访谈法均不太可行,后在指导教师建议下采用了实物分析法,通过浏览幼儿园网站获取其办园理念的文字资料,对这些文字形式的实物资料进行系统分析完成研究。在这个过程中,该本科生研究方法的规范运用能力也能得到一定提升。

四、选题范围

学前教育研究的选题非常广泛。就学前教育专业本科生毕业论文的实际选题看,涉及学前教育的方方面面,包括学前教育观念、学前教育政策、幼儿园班级管理、幼儿园课程、幼儿园教学、幼儿园游戏与玩具、家长教育观念和教育方式、幼儿身心发展、幼儿教师专业成长等各个具体方面。①

综合来看,学前教育研究的选题范围,包括以下几个主要方面:②

(一)教育观念

教育观念方面的研究是对儿童观、儿童教育观、教师观、课程观、教学观、游戏观、环境观等学前教育基本观念进行的研究。这些研究着力于揭示事物的本质属性,以及人们有关认识的变化过程,多数属于在哲学层面进行的教育研究。如《民国时期的儿童观研究——基于 1927—1937 年报刊的文本分析》③、《卢梭的儿童教育观及其现代价值》④、《当代美国幼儿教师观及其影响探析》⑤、《二十年来"幼儿园教学"变了没有——与朱丽梅博士商榷》⑥、《大班幼儿与家长游戏观的调查研究——以南昌市为例》⑦、《生态学视野下的蒙台梭利环境探析》⑧等研究,就分别涉及上述学前教育基本观念。

(二)教育价值

教育价值方面的研究主要涉及学前教育功能,探讨学前教育对个体发展和社会发展的影响作用,如学前教育对学前儿童身心发展起到了什么作用,或对政治、经济、文化、人口、家庭等社会因素的发展起到什么作用等。如《提升农村学前教育品质,促进美丽乡村发展》⑨、《县域学前教育资源配置的公平研究——以湖北省宜城县为例》⑩、《我国学前教育经费投入—产出效率分析及政策建议》⑪、《我国学前教育投入对经济增长的贡献率研究》⑫、《学前教育民俗文化课程研究》⑬、《"全面二孩"政策对

---

①参见本章选题案例。

②刘晶波. 学前教育研究方法[M]. 北京:人民教育出版社,2016:36-38.

③刘硕. 民国时期的儿童观研究——基于 1927—1937 年报刊的文本分析[D]. 南京:南京师范大学,2019.

④刘敏. 卢梭的儿童教育观及其现代价值[D]. 曲阜:曲阜师范大学,2007.

⑤闫美玲. 当代美国幼儿教师观及其影响探析[D]. 长春:东北师范大学,2008.

⑥王喜海. 二十年来"幼儿园教学"变了没有——与朱丽梅博士商榷[J]. 教育导刊:下半月,2006(5):7-10.

⑦王维. 大班幼儿与家长游戏观的调查研究——以南昌市为例[D]. 南昌:江西师范大学,2018.

⑧梁奇. 生态学视野下的蒙台梭利环境探析[D]. 西安:陕西师范大学,2009.

⑨吴佳莉. 提升农村学前教育品质,促进美丽乡村发展[J]. 教育研究,2018(7):89-91.

⑩何婷婷. 县域学前教育资源配置的公平研究——以湖北省宜城县为例[D]. 武汉:华中师范大学,2013.

⑪郭燕芬,柏维春. 我国学前教育经费投入—产出效率分析及政策建议[J]. 学前教育研究,2017(2):3-16.

⑫郑文虎. 我国学前教育投入对经济增长的贡献率研究[D]. 重庆:西南大学,2019.

⑬赵海燕. 学前教育民俗文化课程研究[D]. 重庆:西南大学,2012.

天津市学前教育的影响研究》①等研究,就分别涉及学前教育对政治、经济、文化、人口等社会因素的作用。

(三)教育管理

教育管理方面的研究涉及各级各类教育的组织与管理,大到怎样管理幼儿园或班级,小到如何组织一日生活、如何组织具体的教育活动,如一次建构游戏活动、一次音乐教学活动等。具体而言,《幼儿园集团化管理模式研究》②、《幼儿园常规班级管理方法和原则探究》③、《幼儿园班级微信群的有效管理》④、《幼儿园一日活动的困境及突破路径研究》⑤、《如何有效组织幼儿园教学活动的导入环节》⑥、《幼儿园歌唱活动组织策略研究》⑦等研究,就涉及各种层面的教育管理或组织问题。

(四)教育政策

教育政策方面的研究涉及党和政府制定的学前教育事业发展规划、颁布的法规、政策带来的重大影响或实施成效等,如学前教育管理体制改革研究、"学前教育三年行动计划"实施成效研究。具体而言,《普惠性学前教育政策的执行偏差:表现、原因及对策分析》⑧、《公平与优质:学前教育免费政策国际比较研究》⑨、《我国学前教育立法研究的回顾与展望》⑩、《美国学前教育政策及对中国的启示》⑪、《"学前教育三年行动计划"成效分析与政策建议》⑫等研究,就是从各个角度切入做的教育政策研究。

(五)教育内容

教育内容方面的研究主要涉及学前教育各个层面的知识、经验、技能、技巧等,如课程安排和教材编写研究、不同历史时期的幼儿教育教材比较研究等。具体而言,《论语言领域核心经验与幼儿园语言教育的关系》⑬、《乡土资源在幼儿园数学教育中

---

① 郑雁阳. "全面二孩"政策对天津市学前教育的影响研究[D]. 天津:天津理工大学,2019.

② 曹莎. 幼儿园集团化管理模式研究[D]. 杭州:浙江师范大学,2019.

③ 贺秀云. 幼儿园常规班级管理方法和原则探究[J]. 教育现代化,2016(38):389-390.

④ 陈华丽. 幼儿园班级微信群的有效管理[J]. 幼儿教育研究,2019(2):60-62.

⑤ 马媛. 幼儿园一日活动的困境及突破路径研究[D]. 黄石:湖北师范大学,2016.

⑥ 段晓娅. 如何有效组织幼儿园教学活动的导入环节[J]. 读写算(教研版),2012(11):245.

⑦ 罗思慧. 幼儿园歌唱活动组织策略研究[J]. 新课程:上旬,2017(7):76.

⑧ 刘颖. 普惠性学前教育政策的执行偏差:表现、原因及对策分析[J]. 教育发展研究,2016(6):18-24.

⑨ 钱雨. 公平与优质:学前教育免费政策国际比较研究[J]. 外国中小学教育,2019(7):1-11.

⑩ 程晨,虞永平. 我国学前教育立法研究的回顾与展望[J]. 教育学术月刊,2019(9):25-30.

⑪ 段苏颖. 美国学前教育政策及对中国的启示[J]. 西部学刊,2019(10):81-84.

⑫ 郑铭. "学前教育三年行动计划"成效分析与政策建议[J]. 学前教育研究,2014(8):34-43.

⑬ 刘宝根. 论语言领域核心经验与幼儿园语言教育的关系[J]. 幼儿教育(教育科学版),2019(1):14-18.

的应用》①、《民间游戏在幼儿园教育中的应用》②、《幼儿园常规教育的新思路及方法》③、《基于核心素养的幼儿园音乐教育研究》④、《学前儿童 STEAM 教育实施的关键要素》⑤等研究,就是从各个角度对教育内容所做的探讨。

(六)教育方法

教育方法方面的研究涉及实施学前教育时需要借助的教育技术、教育手段和教育方法,研究内容多样,如如何干预幼儿的攻击性行为、如何培养幼儿活泼开朗的性格、如何培养幼儿阅读兴趣、如何在幼儿园开展多媒体教学等。具体而言,《故事教学:幼儿园诚信教育的重要途径》⑥、《家园合作培养幼儿早期阅读能力初探》⑦、《角色游戏中幼儿数学教育的路径探索》⑧等研究,就与某个具体教育方面的技术、手段、途径、方法有关。

(七)受教育者

受教育者方面的研究,在学前教育中主要涉及学前儿童身心发展规律、特点及影响因素。如《大班幼儿数概念发展的现状研究》⑨、《农村留守与非留守幼儿会话能力研究》⑩、《3～6 岁儿童器械操控能力发展研究》⑪、《4～5 岁幼儿焦虑的类型及其社会适应特征——基于潜在剖面分析》⑫、《学前儿童动作技能与身体素质水平的典型相关分析》⑬等研究,就是围绕学前儿童身心发展的某个方面切入进行研究,探讨有关发展规律、特点,存在的问题及影响因素等。

(八)教育者

教育者方面的研究,在学前教育研究中主要涉及有关各级教育管理人员、幼儿园

---

①魏华丽. 乡土资源在幼儿园数学教育中的应用[J]. 教育教学论坛,2018(6):255-256.

②吴晓丹. 民间游戏在幼儿园教育中的应用[J]. 中国教育技术装备,2012(30):100-101.

③石伟峰. 幼儿园常规教育的新思路及方法[J]. 赤峰学院学报(汉文哲学社会科学版),2008(6):149-150.

④高园园. 基于核心素养的幼儿园音乐教育研究[J]. 北方音乐,2019(18):209-210.

⑤董钰萍. 学前儿童 STEAM 教育实施的关键要素[N]. 宁波日报,2019-09-05(A9).

⑥胡旭红. 故事教学:幼儿园诚信教育的重要途径[J]. 佳木斯职业学院学报,2015(10):161-163.

⑦孙秀雪. 家园合作培养幼儿早期阅读能力初探[J]. 新课程:上旬,2017(7):224.

⑧王蕊. 角色游戏中幼儿数学教育的路径探索[J]. 课程教育研究,2019(35):4-5.

⑨于海丽. 大班幼儿数概念发展的现状研究[D]. 沈阳:沈阳师范大学,2019.

⑩梁金梅. 农村留守与非留守幼儿会话能力研究[D]. 重庆:重庆师范大学,2019.

⑪黄嘉琪. 3～6 岁儿童器械操控能力发展研究[D]. 上海:华东师范大学,2019.

⑫谢庆斌,胡芳,李燕. 4～5 岁幼儿焦虑的类型及其社会适应特征——基于潜在剖面分析[J]. 学前教育研究,2019(7):45-53.

⑬王欢,胡水清,李一辰,等. 学前儿童动作技能与身体素质水平的典型相关分析[J]. 中国体育科技,2019(6):46-51.

教师和保育员、幼儿家长等各类教育人员。具体而言,学前教育研究中关注的主要是幼儿教师和幼儿家长这两个群体。如《影响幼儿园新入职教师职业发展的因素分析》①、《乡镇中心幼儿园教师专业发展个案研究》②、《新时代下男性幼儿教师发展研究》③、《农村幼儿教师专业发展困境及其出路》④、《3~6岁幼儿家长亲职教育需求的调查研究》⑤、《家长对学龄前儿童体格发育的认知状况与相关行为调查》⑥、《幼儿家长早期识字教育常见误区及对策探讨》⑦等研究,就是针对幼儿教师、幼儿家长进行的。

五、选题来源

对一个刚刚从事学前教育研究的"新手"而言,比较困惑的是从何处找到研究问题。从学前教育选题的基本类型看,要么是基础性的理论研究,要么是应用性的实践研究,要么是兼具基础性和应用性的综合研究。这意味着教育理论和教育实践是学前教育选题的基本来源。另外,各级科研管理部门发布的选题指南,其中通常也有关于学前教育的选题,实际上也提供了一种来源。

(一)教育理论

研读学前教育的理论文献,可以从中识别本学科建设需要研究的问题,发现与其他学科交叉生成的研究问题,或者发现已有理论观点的偏颇、薄弱、过时之处,从而寻找到值得研究的问题。

1.从学前教育学科建设需要中识别问题

作为教育学的一个学科分支,学前教育学理论体系相对薄弱,需要通过理论研究使它不断丰满、壮大。从西方近现代儿童教育的历史看,夸美纽斯、裴斯泰洛齐、卢梭、福禄培尔、杜威、蒙台梭利等人提出的教育主张,都以他们对儿童的某种认识为基础。所以,对儿童的研究,是儿童教育研究的基础,如果在某个方面对儿童有了新的

---

① 邓维琼. 影响幼儿园新入职教师职业发展的因素分析[J]. 新课程研究,2019(7):115-117.
② 张文莉. 乡镇中心幼儿园教师专业发展个案研究[D]. 喀什:喀什大学,2019.
③ 辛均庚,袁丽瑶. 新时代下男性幼儿教师发展研究[J]. 黔南民族师范学院学报,2019(1):68-73.
④ 郭丽娟,谢醒瑶,贾瑞棋. 农村幼儿教师专业发展困境及其出路[J]. 现代教育科学(高教研究),2019(8):88-92.
⑤ 郭莉萍. 3~6岁幼儿家长亲职教育需求的调查研究[J]. 文教资料,2019(11):189-191.
⑥ 梅慧,张斌,张艳,等. 家长对学龄前儿童体格发育的认知状况与相关行为调查[J]. 中国社会医学杂志,2018(8):368-372.
⑦ 叶秀丹,黄秀兰. 幼儿家长早期识字教育常见误区及对策探讨[J]. 新课程研究:上旬刊,2012(12):161-164.

认识，自然而然地也就能提出关于那个方面的儿童教育主张。因此，按照"儿童—儿童教育"的逻辑理路从事学前教育的理论研究，是亟待学前教育研究者要做的事情。正因为如此，近年来，国内有诸多学者正在从儿童文化、儿童游戏、儿童生活、儿童艺术、儿童哲学等方面开展研究，为学前教育学科发展做着夯实基础的工作。如《儿童文化与儿童教育》①、《游戏精神与幼儿教育》②、《儿童的艺术与艺术教育》③、《儿童的生活与教育》④等系列研究，就是直接体现。

这也启示我们，可以从儿童的某个方面切入研究，在把握发展规律与特点基础上建构学前教育的理论观点。一些本科生所做的毕业论文研究，通过对幼儿的实际访谈或观察，搜集第一手研究资料，对资料归纳总结、统计分析后得出幼儿某个方面的发展规律与特点，并据此提出相应的教育建议。如《幼儿对幼儿园常规的认知研究》⑤、《3～6 岁幼儿对"性"概念认知的研究》⑥、《3～6 岁幼儿玩具偏好研究》⑦、《3～6 幼儿在建构游戏中的合作行为观察研究》⑧等，就属于这种研究。虽然这些研究没有提出对本学科发展有推动作用的教育理论，但也提出了具有针对性、操作性的教育建议，为教育实践提供了学理依据。

2. 从与其他学科之间的交叉点寻找问题

教育学跟其他学科可以形成交叉学科，如教育哲学、教育社会学、教育人类学、教育生态学等。不同学科的交叉和融合，往往会涌现大量值得研究的跨学科问题。在具体做研究时，可以用其他学科的理论视角来研究学前教育问题。例如，在《学前教育公平的理论基础》一文中，研究者从伦理学、法学、经济学三个学科视角出发，指出"学前教育的伦理学公平即受教育权利公平，法学公平即机会与规则公平，而经济学公平则是强调起点与结果公平的统一"，由此认为学前教育公平的实现，"需要政府的有效介入，通过采取相应的经济、法律与政策手段予以保障"。⑨ 这种从伦理学、法学、经济学等学科角度进行的解读，深化了人们对学前教育公平的理论认识。

又如，在《学前教育社会学》一书中，研究者运用社会学的研究方法与研究视野来描述学前教育问题，揭示了学前教育与宏观、中观、微观社会的复杂关联，阐明了学前

---

①刘晓东. 儿童文化与儿童教育［M］. 北京：教育科学出版社，2006.

②黄进. 游戏精神与幼儿教育［M］. 南京：江苏教育出版社，2006.

③边霞. 儿童的艺术与艺术教育［M］. 南京：江苏教育出版社，2006.

④侯莉敏. 儿童的生活与教育［M］. 北京：教育科学出版社，2009.

⑤何金玲. 幼儿对幼儿园常规的认知研究［本科毕业论文］［D］. 杭州：杭州师范大学，2013.

⑥石玉芳. 3～6 岁幼儿对"性"概念认知的研究［本科毕业论文］［D］. 杭州：杭州师范大学，2014.

⑦王余雪. 3～6 岁幼儿玩具偏好研究［本科毕业论文］［D］. 杭州：杭州师范大学，2014.

⑧徐秋霞. 3～6 幼儿在建构游戏中的合作行为观察研究［本科毕业论文］［D］. 杭州：杭州师范大学，2014.

⑨姚伟，邢春娥. 学前教育公平的理论基础［J］. 学前教育研究，2008(1)：15-19.

教育对社会的深刻依附性。① 从"社会结构与学前教育"这一点看,社会的经济因素、政治制度、文化观念、人口结构都对学前教育的发展起到一定的影响和制约作用。再从"社会变迁与学前教育"这一点看,机构的变迁、家庭的变迁、社区的变迁,都会对学前教育的发展产生影响,使之也产生相应的变化。这种从社会学视角对学前教育所做的研究,丰富了学前教育基础理论。

3. 从现有学前教育理论的争议、薄弱、过时之处提出问题

在学前教育研究中,存在"公说公有理,婆说婆有理"的现象。从这些有争议的观点中,研究者可以寻找到值得研究的问题。此时,研究者可以站在一个观点的反面提出自己的看法。如《幼儿园男女分厕不好》②、《父母一定要教孩子学会分享吗》③、《男孩子也一定要做家务吗?》④等,就是反向思考做研究的例子。另外,对于人们已经提出的那些针锋相对的观点,研究者也可以从中提出新的理论观点。如有研究者针对"早期识字之争"开展了《早期识字量与小学语文成绩的相关性研究》⑤,从师幼谁为中心之争中探讨《"教师主导"辨析——兼论幼儿教师在教育活动中的角色和作用》⑥。这两个例子,就不是简单地赞成一个或者反对一个,而是跳出二元对立的思维,从实证的角度或辩证法的角度提出一个新的看法。

任何一个领域的研究,都存在一定的空白处或薄弱点。对现有学前教育理论加以分析,发现其不足之处或薄弱之处,也就寻找到了一个新的问题。例如,《非连续性教育理论:现代幼儿教育的新视野》⑦、《整合课程背景下幼儿园游戏开展的新视野——幼儿园游戏与教学整合的实践研究》⑧、《DAP——学前教育领域中的新概念》⑨等,都属于探讨新思想或新观念的研究。

随着时代的发展,学前教育理论或观点也应与时俱进,否则就可能因"过时"而跟

---

①王海英. 学前教育社会学[M]. 南京:江苏教育出版社,2009.

②佚名. 幼儿园男女分厕不好[EB/OL]. (2008-08-05)[2020-05-09]. http://www. 520wawa. com/teacher/616/info_12867. htm.

③佚名. 父母一定要教孩子学会分享吗[EB/OL]. (2019-05-23)[202-05-09]. http://www. qbaobei. com/chengzhang/1359660. html.

④晏红. 男孩子也一定要做家务吗?[J]. 少年儿童研究,2017(9):59-60.

⑤刘晋斌,肖晶. 学前识字量与小学语文成绩的相关性研究[J]. 上海教育科研,2007(3):62-63.

⑥张博. "教师主导"辨析——兼论幼儿教师在教育活动中的角色和作用[J]. 学前教育研究,2002(2):30-32.

⑦张更立,郑庆文,郑科红. 非连续性教育理论:现代幼儿教育的新视野[J]. 内蒙古师范大学学报(教育科学版),2003(4):80-82.

⑧罗颖琳. 整合课程背景下幼儿园游戏开展的新视野——幼儿园游戏与教学整合的实践研究[J]. 学前课程研究,2008(4):16-18.

⑨刘焱. DAP——学前教育领域中的新概念[J]. 学前教育研究,1994(6):4-7.

不上时代发展的步伐。因此,研究者可以随着时代背景的变化,对学前教育的已有观点进行新的探讨。如《知识经济时代赋予幼儿教育目标的新内涵》①、《略论新时期高师学前教育本科的培养目标与课程设置》②、《从学习取向到成长取向:中国学前教育变革的方向》③等,就属于这类研究的实例。

(二)教育实践

教育实践中涌现的各种问题,也是学前教育研究选题的基本来源。教育实践层面的选题来源,包括以下几种:

1. 社会生活中出现的学前教育热点问题

学前教育问题牵动着社会神经,一些相关事件往往会成为社会热点,其中蕴含着值得研究的问题。如火爆一时的亲子真人秀类节目《爸爸去哪儿》《爸爸回来了》,当时引起全民热议,有关研究者由此思考亲子关系、父职教育、教养方式等方面的问题,并加以深入探讨。如《〈爸爸去哪儿〉(第一季)中父子冲突起因和应对方式研究》④、《爸爸去哪儿? 父亲育儿投入及其对中国青少年发展的影响》⑤、《父母教养方式在话语中的体现——以〈爸爸去哪儿〉中两位父亲的信为例》⑥等,就属于这类研究。又如,"虐童事件"被媒体报道后,一时也成为社会舆论漩涡的中心。一些研究者就针对"虐童事件"的产生原因、防范措施、治理路径等问题展开研究。如《教育伦理视域下幼儿园"虐待儿童"频发的原因与对策探究》⑦、《英国幼教虐童事件的防范与惩戒机制探析》⑧、《幼儿园教师虐童问题治理路径探析——以日本经验为借鉴》⑨等,就属于这类研究。一些本科生也关注了"虐童事件""集体婚礼""性侵儿童"等事件,加以思考后确定了自己的研究选题。

---

①袁爱玲.知识经济时代赋予幼儿教育目标的新内涵[J].学前教育研究,1999(4):8-10.

②曾因.略论新时期高师学前教育本科的培养目标与课程设置[J].中国高教研究,2004(4):82-83.

③刘晓东.从学习取向到成长取向:中国学前教育变革的方向[J].学前教育研究,2006(4):16-20.

④王霞.《爸爸去哪儿》(第一季)中父子冲突起因和应对方式研究[D].南京:南京师范大学,2017.

⑤许琪,王金水.爸爸去哪儿? 父亲育儿投入及其对中国青少年发展的影响[J].社会发展研究,2019(2):68-85,243-244.

⑥杨雪燕,赵思奇.父母教养方式在话语中的体现——以《爸爸去哪儿》中两位父亲的信为例[J].北京科技大学学报(社会科学版),2016(3):21-28.

⑦邓洋,樊勇.教育伦理视域下幼儿园"虐待儿童"频发的原因与对策探究[J].阴山学刊,2019(10):93-96.

⑧苗学杰,姜媛媛.英国幼教虐童事件的防范与惩戒机制探析[J].比较教育研究,2019(11):105-112.

⑨裴培.幼儿园教师虐童问题治理路径探析——以日本经验为借鉴[J].陕西学前师范学院学报,2020(4):99-104.

2. 学前教育实践中涌现的现象和问题

在学前教育实践中涌现诸多迫切需要予以关注的现象和加以解决的问题,研究者可以从中选择自己感兴趣的或自己认为非常重要的加以研究。如《我国学前融合教育发展的现实困境与路径选择》①、《农村学前教育的发展困境及其治理策略研究》②、《幼儿教育小学化倾向的现状与对策》③、《幼儿园大班"幼儿流失"现状及原因研究》④等,都是针对近年来在学前教育阶段普遍存在的问题进行的研究。

一些本科生针对教育实践中自己感兴趣的现象或问题确定的选题,如"3~6岁儿童亲子阅读现状调查""幼儿园手指游戏的应用现状调查""小班数学渗透教育现状研究""中韩幼儿入学准备的对比研究""幼儿园教育'小学化'现状的观察分析""幽默型幼儿教师的特点研究""当前园本课程资源开发现状分析""家长对男幼师认同感的调查""家庭教养方式与幼儿和谐发展的关系研究""家庭教育中隔代教育的问题研究""揠苗助长背后家长焦虑情绪调查研究""杭州市'422'家庭教养现状的个案研究"等,涉及幼儿园教育和幼儿家庭教育的方方面面。

3. 学前教育方针、政策及发展规划中涉及的问题

学前教育实践受到国家有关教育方针、教育政策及发展规划的指导。新政策和规划的出台,必然带来学前教育实践的新变化,从而产生值得研究的新问题。例如,为了加快学前教育发展,有效缓解"入园难"问题,根据国务院2010年颁布的《关于当前发展学前教育的若干意见》的精神,国家教育部和各省(区、市)开始编制并实施学前教育三年行动计划。从2010年开始,学前教育三年行动计划实施了若干轮,学前教育的发展目标和建设任务有无如期实现,学前教育优质资源有无增加,幼儿教师培养培训工作有无加强,小区配套幼儿园的规范管理有无加强,幼儿园保教质量有无提升等,是体现学前教育三年行动计划实施成效的主要指标。与这些主要指标相关的问题,都值得加以研究。如《学前教育三年行动计划实施一年回顾,学前教育普及目标有望提前实现》⑤、《〈学前教育三年行动计划〉下的新建乡镇幼儿园发展现状研

---

①孟莎莎. 我国学前融合教育发展的现实困境与路径选择[J]. 当代教育理论与实践,2019(3):18-22.

②邵海璐. 农村学前教育的发展困境及其治理策略研究[D]. 蚌埠:安徽财经大学,2017.

③刘朝清. 幼儿教育小学化倾向的现状与对策[J]. 基础教育研究,2017(12):87-88.

④汪金. 幼儿园大班"幼儿流失"现状及原因研究[D]. 沈阳:沈阳师范大学,2019.

⑤刘占兰. 学前教育三年行动计划实施一年回顾,学前教育普及目标有望提前实现[N]. 中国教育报,2012-04-29(1).

究》①、《甘肃省学前教育三年行动计划中政府投入研究》②、《学前教育三年行动计划幼教师资补充研究——以甘肃省为例》③、《新时代学前教育科学发展的瓶颈与对策——基于北京市二期学前教育三年行动计划的调查分析》④等研究，就是直接体现。

又如，2012年教育部颁布了《3～6岁儿童学习与发展指南》，其中提倡"要重视幼儿学习品质的培养"，由此使学前教育工作者认识到幼儿学习品质的重要性，积极投入到学习品质研究和实践中去。随后，一些研究者围绕幼儿学习品质培养问题展开了各项研究，如《幼儿学习品质结构及其发展特点的研究》⑤、《家长教养方式对小班幼儿学习品质的影响：自我效能感的中介和家长参与的调节》⑥、《家庭社会经济地位与幼儿学习品质的关系：家庭学习环境的中介作用》⑦、《幼儿园自主游戏中幼儿学习品质培养研究》⑧、《区域活动中幼儿学习品质培养策略研究——以 S 幼儿园为例》⑨等，对幼儿学习品质发展特点、影响因素及培养策略，进行相应探讨。

一些本科生确定的"单独二胎政策下家长的二胎生育意愿及其影响因素分析""幼儿园教师资格证国考试点调查研究""幼儿教师学习品质观调查研究""二孩时代大孩的反常表现及教育应对"等选题，也都是在新政策、文件导向下做研究的实例。

(三)选题指南

除了从上述教育理论和教育实践两个方面确定选题外，研究者也可以直接参考各级课题管理部门发布的选题指南，寻找到值得研究的选题。

国家（教育部）和各省（区、市）的教育科学研究领导机构和学术团体，每年或每隔几年都会组织课题申报，其中有些部门会发布课题指南，其中就有关于学前教育重大或急需研究问题的条目。如在《全国教育科学"十二五"规划2011年度课题指南》中，

①杨瑞.《学前教育三年行动计划》下的新建乡镇幼儿园发展现状研究[D].兰州：西北师范大学，2014.

②师慧.甘肃省学前教育三年行动计划中政府投入研究[D].兰州：西北师范大学，2014.

③张婉莹.学前教育三年行动计划幼教师资补充研究——以甘肃省为例[D].兰州：西北师范大学，2014.

④洪秀敏，姜丽云.新时代学前教育科学发展的瓶颈与对策——基于北京市二期学前教育三年行动计划的调查分析[J].中国教育学刊，2018(7)：1-6.

⑤温赫柏.幼儿学习品质结构及其发展特点的研究[D].沈阳：沈阳师范大学，2018.

⑥林朝湃，叶平枝.家长教养方式对小班幼儿学习品质的影响：自我效能感的中介和家长参与的调节[J].学前教育研究，2020(1)：30-41.

⑦冯丽娜.家庭社会经济地位与幼儿学习品质的关系：家庭学习环境的中介作用[J].学前教育研究，2020(4)：62-72.

⑧郝娟.幼儿园自主游戏中幼儿学习品质培养研究[D].济南：山东师范大学，2019.

⑨隋丽敏.区域活动中幼儿学习品质培养策略研究——以 S 幼儿园为例[D].大庆：东北石油大学，2019.

基础教育一般课题中有关学前教育的选题有:新建小区配套幼儿园建设模式研究;幼儿教师职业准入标准研究;幼儿教师供给保障机制研究;学前保教结合研究;幼儿教学资源开发研究;幼儿游戏教学研究;超常儿童早期教育追踪研究;幼儿亲子教育研究;学前教育质量评估研究;托幼一体化研究;幼小衔接研究等。① 该年度所罗列具体选题较多,对此有研究兴趣且具有一定前期研究基础的研究者可以参与申报。一些教育科学研究领导机构即便没有发布详细的选题指南,也会对选题领域或方向给出提示,便于研究者确定选题。

六、选题原则

在学前教育领域,存在数不清的需要解决的问题,但并非所有问题都可以作为研究课题。研究者感兴趣的一个学前教育现象或问题,是否能够确定为选题,要看其价值性、创新性、可行性及科学性。②③④

(一)价值性原则

所谓价值性原则,又称意义性原则,指一项学前教育研究的选题能够满足自身学科发展需要或满足教育实践的需要,从而具有一定的理论价值或实践价值,抑或两者兼有。

1. 理论价值

所谓理论价值,又称学术价值,指学前教育研究的选题能够满足学前教育学科自身发展的需要,能在理论上有所突破和建树,或有重要补充和完善。在判断理论价值时,研究者要思考的是:该选题是否为理论层面亟待研究的关键问题? 该选题能否在学前教育理论层面提出一定的新观点或新认识? 该选题能否补充或完善有关学前教育理论? 该选题能否厘清学前教育的观念误区? 围绕这些问题的思考和研究,如果提出了新的观点和认识,哪怕是取得了微小的突破,也表明这个选题具有一定的理论价值。例如,超前教育或揠苗助长教育的出现,表明有些家长看待儿童或童年的观念是有误区的。如果研究者针对"童年的起源和价值""童年的本质特点"等方面进行研

①全国教育科学领导小组办公室. 全国教育科学"十二五"规划 2011 年度课题指南[EB/OL].(2011-05-30)[2020-05-12]. http://onsgep. moe. edu. cn/edoas2/website7/level3. jsp? infoid=1335254573498201&id=1338348236705366&location=null.

②王坚红. 学前儿童发展与教育学科研究方法[M]. 北京:人民教育出版社,1991:10.

③郭力平. 学前儿童心理发展研究方法[M]. 上海:上海教育出版社,2002:30-31.

④刘晶波. 学前教育研究方法[M]. 北京:人民教育出版社,2016:43-47.

究,给出一定的说法,就具有非常明显的理论价值。①

2. 实践价值

所谓实践价值,又称应用价值,指学前教育研究的选题能够解决教育实践中涌现的问题,促进教育实践的发展。在判断实践价值时,研究者要思考的是:该选题是否符合学前教育事业发展的需要?该选题能否改进某个方面的学前教育实践?该选题能否为某个方面的学前教育实践提供具体的途径、方法与策略?围绕这类问题的思考和探讨,主要目的是为学前实践问题的解决提供新的途径、策略和方法。例如,当前一些幼儿园的识字教学有比较突出的"小学化"特点,有悖幼儿教育规律和幼儿发展特点。如果研究者通过实验研究提出一种基于绘本阅读的游戏识字法,就能够给广大幼儿教师提供一种非小学化的、适合幼儿发展特点的识字方法。② 这就在一定程度上推动了幼儿识字教育,因此具有明显的实践价值。

通常,一个选题可能只具有理论价值或实践价值,只突出某个方面。当然,也有兼具理论价值和实践价值的选题。

(二)创新性原则

所谓创新性原则,指一项学前教育选题相对已有选题有所创新,有新意和时代感。创新性是科学研究的本质特征。因此,学前教育研究的选题不能重复已有研究,不能人云亦云。学前教育选题的创新,主要体现为研究内容、研究方法或视角等不同于已有研究。

1. 内容创新

学前教育研究的选题,应关注学前教育领域中刚刚涌现的新问题,或者虽然被人提出但尚未进行研究的问题。例如,某本科生同学关注了幼儿上兴趣班的现状,并在做毕业论文时确定了这个选题。这种调查研究虽然涉及幼儿上兴趣班的方方面面,但可能比较空泛,也缺乏应有的深度。鉴于此,其他本科生在研究内容的选取上,做了两种创新:其一,不是面面俱到地涉及所有类型的兴趣班,而是只针对幼儿所上的外语兴趣班做调查研究。当前,在一些大城市,家长比较热衷给幼儿选报英语兴趣班,通过培训机构、家教或网课等各种形式让幼儿学习口语、听力或词汇。这是一种新趋势,可以作为调查研究的主要考察点。其二,从家庭背景角度考察幼儿上兴趣班的现状,确定探讨"家庭背景对幼儿参加兴趣班的影响",考察家长的收入、学历、职业等因素是如何影响其子女兴趣班学习的。这也不是泛泛的一般性调查研究,具有明

①王喜海. 回归童年的儿童教育[M].南京:江苏凤凰教育出版社,2016.
②郑嘉慧. 大班幼儿游戏识字法实验研究[D].杭州:杭州师范大学,2020.

显的新意。

2. 方法或研究视角创新

任何学前教育研究,都是借助一定方法或视角进行的。对同一问题的研究,采用另外一种不同的研究方法,可能会得出不同的结论。如在《0~3 婴幼儿父母早期教养观念研究》中,研究者可以采取传统的问卷法和访谈法。若采用这些传统方法,就需要有一定数量的调查对象来接受访谈或填答问卷。对于一个在读本科生,很难找到足够数量的调查对象,传统研究方法的可行性存在问题。因此,就要采用其他的研究方法,如采用实物分析法——收集到能够体现"80 后"父母早期教养观念的文字材料,通过归纳总结这些文字材料,把握他们的早期教养观念。在实际做研究时,该本科生利用"杭州 19 楼论坛孩爸妈聊天室"获取了这样的文字材料,用实物分析法完成了这项研究。① 这在研究方法的使用上,体现了一种创新。

对学前教育问题的研究,若能采用其他学科视角,就会对学前教育的理论或实践问题形成新的认识。如前所述,从伦理学、法学、经济学等学科视角探讨学前教育公平问题,或从社会学视角研究学前教育问题,就是这种例子。

(三)可行性原则

所谓可行性原则,指研究者要具备开展一项学前教育研究的主客观条件,换言之,要具备从事一项学前教育研究的人力、物力、财力与时间等保障条件。在确定学前教育研究选题时,研究者应该根据自己的主客观条件选择自己可以胜任的研究问题进行研究,否则,即使选择了一个价值突出的研究问题,因缺乏相关条件保障,也难以开展。

1. 主观条件

主观条件即人力,主要指研究者自身素质,如知识结构和理论修养、研究能力和研究经验、个人爱好和研究兴趣等。例如,有本科生在做毕业论文时,在选题阶段想研究幼儿中医养生问题,指导老师在把关时,建议她再换一个选题,理由是该生虽然对中医养生感兴趣,但是缺乏相关的知识储备,也没有相关养生实际经验,就主观条件看,不足以支撑她开展此项研究。后来,该生换了一个跟幼儿园教育实践相关的选题完成了毕业论文工作。这个例子说明能否研究某个方面的问题,仅有研究兴趣是不够的,还需要具备相应的知识储备和实践经验,尤其是相关的研究经历或经验。

2. 客观条件

客观条件即物力、财力和时间,主要包括研究资料和设备、研究经费、研究时间及

---

①叶恩惠.0~3 岁婴幼儿父母早期教养观念研究——以"杭州 19 楼论坛孩爸妈聊天室"中的父母为研究对象[本科毕业论文][D].杭州:杭州师范大学,2013.

有关部门和个人的支持与配合等。对于本科生的毕业论文研究，一般采用观察法、问卷法或访谈法来做，因研究的范围和对象有限，所需经费一般不多，这个条件容易满足。因此，主要应在研究资料和研究时间方面做好充分准备。在准备研究资料时，需要在学校图书馆查阅专著、期刊等印刷型文献和通过数据库系统搜集电子文献，尽可能多地占有相关研究资料。同时，要统筹好搜集第一手研究资料的时间。如把系统开展面向幼儿、幼儿教师和幼儿家长的观察、访谈、问卷调查或实验等研究工作，跟到幼儿园的见实习结合起来，由此做好研究工作的时间安排和准备，以及争取有关人员的支持和配合。

(四)科学性原则

所谓科学性原则，指一项学前教育研究的选题要有明确的理论依据或事实依据。

1. 理论依据

学前教育研究的选题，应以一定的科学思想为指导，相关学科的理论为依据。马克思主义哲学的辩证法、唯物论、唯物史观既是世界观，又是方法论。社会科学研究"必须以马克思主义为唯一的指导思想"[1]。随着社会的发展，我们进一步认识到"马克思主义始终是我们党和国家的指导思想，是我们认识世界、把握规律、追求真理、改造世界的强大思想武器"[2]。学前教育研究属于社会科学研究，理应以马克思主义为指导思想。同时，一项学前教育研究，也要选择相关学科的理论或本学科理论成果作为理论依据。如《从社会文化学视角透视家长对幼儿英语学习的期望》[3]、《高师院校学前教育男生专业认同的影响因素分析——以人类发展生态学为视角》[4]、《教育生态学视域下国外学前教育过程质量评价特征及其启示》[5]、《建构主义视域下幼儿园科学教育活动研究》[6]、《后现代主义课程观及其对幼儿园课程的启示》[7]、《基于多元智能理论的幼儿园室外游戏场地设计研究》[8]等研究，就有明确的理论依据。

①宋福僧.马克思主义是社会科学研究唯一正确的指导思想[J].甘肃社会科学,1983(2):3-10,31.
②习近平.在纪念马克思诞辰200周年大会上的讲话[EB/OL].(2018-05-04)[2020-05-16].http://www.xinhuanet.com/politics/2018-05/04/c_1122783997.htm.
③程斐婷.从社会文化学视角透视家长对幼儿英语学习的期望[D].金华:浙江师范大学,2009.
④傅小芳.高师院校学前教育男生专业认同的影响因素分析——以人类发展生态学为视角[J].贵州师范学院学报,2013(8):69-72.
⑤马雪,张晓梅.教育生态学视域下国外学前教育过程质量评价特征及其启示[J].教育探索,2019(10):117-120.
⑥王晓芬.建构主义视域下幼儿园科学教育活动研究[D].福州:福建师范大学,2015.
⑦汪钰洁.后现代主义课程观及其对幼儿园课程的启示[J].现代教育科学,2018(5):122-126.
⑧吕艳飞.基于多元智能理论的幼儿园室外游戏场地设计研究[D].天津:天津职业技术师范大学,2019.

2. 事实依据

学前教育研究的选题,也应以一定的事实为依据。学前教育研究的问题来源于学前教育实践的方方面面,要满足客观的学前教育实践的需要。换言之,学前教育研究的问题要以一定的事实为依据,具有实践基础。因此,在确定学前教育选题时,研究者要把自己感兴趣的现象或问题还原为学前教育实践,找到对应的事实表现。一些本科生在确定毕业论文选题时,往往绞尽脑汁,"构思"出一系列想研究的现象和问题。此时,要做的事情,就是搞清楚这些设想出来的问题中,哪些是真问题,哪些是假问题。如果是真问题,就有与之对应的客观教育实践现象,就是可以研究的;反之,如果是假问题,就无法在教育实践中找到与之对应的教育现象或问题表现,就无法加以研究。

本科生实际能完成的毕业论文选题,一般指向于幼儿园教育或家庭教育的实践层面,都有与之对应的客观事实。如"中班幼儿角色游戏中教师指导行为观察研究""幼儿园手指游戏的应用现状调查""儿童选秀节目背后的文化价值观研究""关于食品广告与幼儿饮食行为关系的调查研究""3～6岁儿童亲子阅读现状调查研究""父系育儿现状调查研究""揠苗助长背后家长焦虑情绪现状调查研究"等,就是这类例子。

七、选题过程

确定一个学前教育研究的选题,一般要经历以下几个步骤。

(一)明确选题方向

选题伊始,研究者要通盘梳理自己感兴趣的理论问题或实践问题,确定自己的选题类型。本科生的毕业论文选题多属于面向教育实践的应用性研究。确定研究基本类型后,研究者要把自己实际感兴趣的问题,向社会现实或教育实践还原,找到与之对应的现象或事实表现,由此界定研究现象,明确研究问题的范围。如分析该研究问题究竟属于"教育观念""教育价值""教育管理""教育政策""教育方法""教育内容""受教育者""教育者"中的哪一个方面或哪几个方面。

如在毕业论文选题《城市幼儿闲暇生活现状调查研究》①中,某本科生感兴趣的是城市幼儿在节假日干什么,幼儿的假日生活是否有意义,是否符合幼儿的自身需要。聚焦有关社会现实,可以确定这是一个有关"受教育者"及其"教育内容",即幼儿节假日生活的研究,这样就大致明确了选题方向。

————————————

① 见本章开题报告案例。

(二)初探研究问题

明确了选题类型和大致方向后,研究者需要对有关社会现象或教育实践做预调查,同时也需要查阅大量相关文献,把握研究进展,确定自己研究的切入点,从而使所研究的问题具体化、明确化。

如在确定上述选题时,该生趁在幼儿园实习之际,对幼儿及其家长进行了访谈,了解其节假日生活的一般情况及存在的问题。同时,在文献研读时,发现其他研究者通常把"假日生活"称为"闲暇生活",由此用其为关键词查阅了幼儿闲暇生活相关文献,了解相关研究现状和发展趋势,把握研究的薄弱之处。经过文献研究,该生发现从幼儿角度所做的闲暇生活实证研究还较少,因此确定把调查城市幼儿闲暇生活现状作为其毕业论文研究的切入点。

(三)表述研究问题

确定了研究的方向和切入点后,一项学前教育研究的问题就初步得以确定。此时,研究者需要用规范的命题形式表述这个研究问题。

问题的表述要做到准确、规范、简洁。一个表述准确的题目,能够体现研究的实施范围、主要内容和研究方式(方法)。如"小学教育和学前教育本科生专业认同感比较研究——以 H 师范大学为例""幼儿园手指游戏的应用现状调查""图标在幼儿园集体教学中的运用现状调查"等题目表述,就较为规范。但"音乐对自闭症儿童的影响研究""《三字经》与现代蒙童教育""幼儿行为个案研究""幼儿教师奖励策略的研究调查"等题目表述,存在研究范围、研究内容、研究方式不明确的问题。

一个表述规范的题目,往往用词明确,含义确切。为此,体现研究内容的词汇必须使用学术概念,不宜采用民间定义或口语词汇。如"男幼师""学前教师"就属于人们日常交流时使用的口语词汇,而非学术术语。"H 市在职男幼师现状调查及对策研究""虐童事件背后的学前教师职业伦理判断与分析"等题目表述,就存在指称研究对象的用词不规范问题。

一个表述简洁的题目,往往用词凝练,不存在表述累赘、语义重复现象。一般来说,要把主标题控制在 20 个字以内,如果字数较多,可添加副标题。如"3～6 岁幼儿对疾病概念认知的研究""H 市公办幼儿园编外教师流动现状研究""幼儿园精神环境创设的个案研究——以 H 市××幼儿园为例",就符合此项要求。但在"关于幼儿兴趣班现状调查与问题解决对策"中,调查研究包含了呈现现状、揭示问题及提出对策等内容,既然明确了是"调查研究",再出现"问题解决对策"这些字眼,属于表述累赘。

在上面提到的例子中,该生在查阅文献后,用"闲暇生活"替代了原来使用的口语词汇"假日生活",把题目表述为"城市幼儿闲暇生活现状调查",就符合准确、规范、简洁的要求。

(四)论证研究问题

在进行了上述探讨后,研究者接下来要系统论证研究问题,对研究的主要环节,包括研究目的、研究内容、研究方法与过程、研究结果等进行预先设计,拿出初步的研究方案。

在上述例子中,该生根据自己的研究切入点,进一步明确了其研究目的、研究内容、研究方法和研究步骤等各个研究环节的内容后,在征求指导教师意见基础上初步制订了研究方案,并撰写开题报告,参加本专业组织的开题报告会,听取开题专家的意见。

(五)确定研究选题

通过开题论证,获取多方建议后,研究者需要进一步修正研究方案,明确研究问题,并最终确定研究的选题。

在上述例子中,在开题论证时,专家建议该生进一步明确调查城市幼儿闲暇生活的主要维度,使之尽可能全面地呈现有关现状,并建议把访谈法作为辅助研究方法,对城市幼儿及家长做些访谈研究,以弥补问卷调查资料的不足。该生就根据这些建议修改了研究方案,确定了自己的选题。

八、开题报告撰写

在开题报告中,呈现了一项学前教育研究的全貌,包括题目、选题背景与意义、研究基本内容、研究方法及措施、研究工作步骤与进度、主要参考文献等主要组成部分。下面以 H 师范大学本科学前教育专业开题报告为例,说明其基本组成部分与撰写要求。

(一)题目

题目即开题报告的标题。

题目的表述要做到准确、规范、简洁。具体要求见前面"研究问题表述"部分,在此不做赘述。

(二)选题背景与意义

包括选题背景、研究意义、研究目的、国内外研究综述等四个部分。

选题背景包括理论背景和实践背景。在理论背景部分,要界定跟研究问题直接相关的基本概念,呈现其定义。接着,言简意赅地介绍相关理论进展和实践现状,尤其是存在的问题,从这两个方面说明实施该研究的必要性。

研究意义包括理论意义和现实意义。研究意义又称选题价值。现实意义又称实践意义。需要研究者对自身研究在理论层面和实践层面做恰如其分的分析,如实描述其所具有的研究意义。学前教育专业本科毕业论文选题一般属于应用性研究,只分析其所具有的现实(实践)意义即可。

介绍了选题背景和研究意义后,可以在此基础上提出研究目的。如在上述例子中,该生提出的研究目的为"本研究拟通过实证调查,呈现城市幼儿闲暇生活的现状,揭示存在的问题及产生原因,并提出有关对策建议"。

为了全面呈现与本研究相关的现状和发展趋势,研究者需要做"国内外研究综述"。为此,需要研究者系统搜集并研读有关研究资料,了解相关研究的发展趋势,尤其是要把握相关研究的薄弱之处或不足之处,由此才能确定本研究的切入点,保证本研究具有一定的创新性。在上述例子中,该生在"国内外研究综述"部分,除了按维度呈现幼儿闲暇生活的研究现状,又在这部分的最后分析了"幼儿闲暇生活研究的发展趋势"。

(三)研究的基本内容和拟解决的主要问题

包括研究的基本内容和拟解决的主要问题两部分。

研究的基本内容,即一项学前教育研究的基本组成部分。这些基本组成部分跟研究类型和具体研究现象有关。例如,对于一项调查研究而言,呈现现状、揭示问题及成因、提出对策就是其基本的组成部分,这些都是其研究内容。在研究现状部分,究竟要呈现几部分内容,则跟研究现象或问题直接有关。如在上述例子中,"学习""体育""社交""娱乐"等是幼儿闲暇生活的基本内容,该生因而从这四个维度去调查有关现状。又如,对于一项观察研究而言,研究者可能只是按照有关维度呈现几个方面的研究内容,由此揭示某个事物的现状,但可能并不提出什么研究建议。

为了在研究过程中做到有的放矢,还要明确要解决的主要问题是什么。在有些开题报告中,要求明确研究的重点或难点,也属于这个方面的内容。

(四)研究方法及措施

包括研究方法、技术路线、可行性分析等三部分。

研究方法指研究者在一项学前教育研究中所采用的搜集研究资料的方法,通常包括文献法、观察法、问卷法、访谈法等。对于研究方法的介绍,不仅要呈现其具体名称,还要简要介绍在本研究中是如何运用这种方法的。

技术路线指研究者在每一个研究步骤运用了哪些具体的研究方法,又如何对这些研究步骤做统筹安排,使之形成环环相扣、有机联系的研究体系,从而保证研究目的能够得以实现。这一部分,实际是要呈现研究者的研究思路,可以用文字描述,也可以用图表来辅助文字描述,使研究思路更直观地呈现出来。

可行性分析,指研究者在运用一定研究方法,实施一定研究步骤时,如何在人力、物力、财力等方面做好预先安排和准备,尤其是如何针对研究重点和难点做好统筹安排,并逐一解决所遇到的问题的。

(五)研究工作步骤与进度

一项学前教育本科生的毕业论文研究工作,其主要步骤包括确定选题、制订研究方案、按照研究方案搜集研究资料、整理分析研究资料并撰写研究论文、提交研究论文并参加答辩等。

在开题报告中,要对上述研究步骤做好时间安排,明确每一步要完成的研究任务及取得的研究成果,确保整个研究工作能够按照预定进度如期完成。

(六)主要参考文献

在研究报告中,还要罗列研究者已经搜集到的主要中外文参考文献。对于学前教育专业本科生,为了拓宽学术视野,要求其在完成本科毕业论文过程中必须搜集并研读一定数量的外文文献。如 H 师范大学就要求,必须搜集研读两篇以上的外文文献,对其中一篇还要翻译成中文,且这些外文文献被实际参考引用。

在开题报告中,封面上还有"学院""专业班级""学生姓名""学号""指导教师""职称"等信息栏,这些由研究者填写;在后面还有"指导教师意见""开题报告会审核意见"等栏目,这些由指导教师和开题报告会审核小组填写。

思考与练习

1.何谓选题? 它有哪些类型,有哪些作用?

2.针对本校往届学前教育专业本科毕业论文的题目,分析其选题的范围和来源。

3.何谓选题的价值性原则? 它的基本要求是什么?

4.何谓选题的创新性原则? 它的基本要求是什么?

5.何谓选题的可行性原则? 它的基本要求是什么?

6.何谓选题的科学性原则? 它的基本要求是什么?

7.学前教育研究的选题过程包括哪几个步骤? 每个步骤的主要任务是什么? 如何完成?

8.根据所学学前教育研究选题类型、来源、原则与过程等基本知识,尝试提出自已的毕业论文选题。

9.学前教育专业本科生毕业论文的开题报告有哪些组成部分？每一部分的撰写要求是什么？

选题案例

杭州师范大学2011级学前教育专业毕业论文选题（部分）。

2-1　杭州师范大学2011级学前教育专业毕业论文选题（部分）

开题报告案例

陈梦霞."城市幼儿闲暇生活现状调查研究"开题报告［R］.杭州：杭州师范大学,2017.

2-2　"城市幼儿闲暇生活现状调查研究"开题报告

第三章　文献法

📖 **案例导入**

有本科生在幼儿园实习时,注意到在户外自主游戏时段,总是有一些幼儿在闲逛,不参与游戏,或者更愿意与小伙伴打闹玩耍,因而对这一现象产生了研究兴趣。在最初进行文献检索时,该本科生以"幼儿""不当行为"为检索关键词,以"篇名"为检索项目,在"中国知网"的"中国知识资源总库"进行跨库检索,结果只获得一篇论文《4~5岁幼儿课堂不当行为观察研究》,却没有发现这个方面有关户外自主游戏的研究。指导教师建议她重新思考指称上述研究现象的概念,更换关键词再次查找文献。在继续查阅文献时,该本科生意识到自己所关注的幼儿那些"不当行为",实际属于"消极行为",只是幼儿游戏行为中相对"积极行为"的一种类型。当她再次以"消极行为""幼儿""游戏"等为检索关键词,以"主题""关键词""篇名"等为检索项目,在"中国知网"有关数据库中反复检索文献时,就获得了一定数量的前人研究成果。

有本科生为搜集不到跟自己研究选题有关的外文文献而苦恼,跟指导教师说:"老师,您能给我提供一篇相关的外文论文吗?"

有本科生在系统搜集了一定数量的文献后,在撰写文献综述时,逐篇罗列论文作者的观点,而没有对文献做整体深度加工。因此,到了对有关研究现状做整体把握,判断其研究发展趋势时,往往无法指出该方面研究的不足之处或薄弱之处,为此伤透了脑筋。

上述情况在本科生做文献研究时并非个例,说明他们尚未掌握文献法的一些基本规范与方法。因检索文献的关键词选择不当,有本科生认为自己的选题触及了一个全新的研究领域,为此兴奋不已,同时也为缺乏前人的研究基础而苦恼。因没有掌握外文文献检索方法和技巧,有本科生费时多天还找不到一篇与自己研究直接相关的外文论文。因没有掌握文献综述的写作要领,有本科生在撰写文献综述时进入困境。为了避免在进行文献研究时遭遇上述问题或困难,就必须全面了解并掌握文献法的使用规范。

本章主要介绍文献法的基本规范,包括文献法的含义,优缺点、作用,文献类型,文献检索的原则、过程、途径与方法,文献整理的主要任务,以及文献综述的组成部分及撰写思路。

学习目标

1. 了解文献、文献法、文献综述的含义,文献法的优缺点、作用及文献类型;

2. 掌握文献检索的原则、过程、途径、方法和文献整理的主要任务;

3. 掌握文献综述的组成部分及撰写思路,并能够在作业或毕业论文中加以具体运用。

学习内容

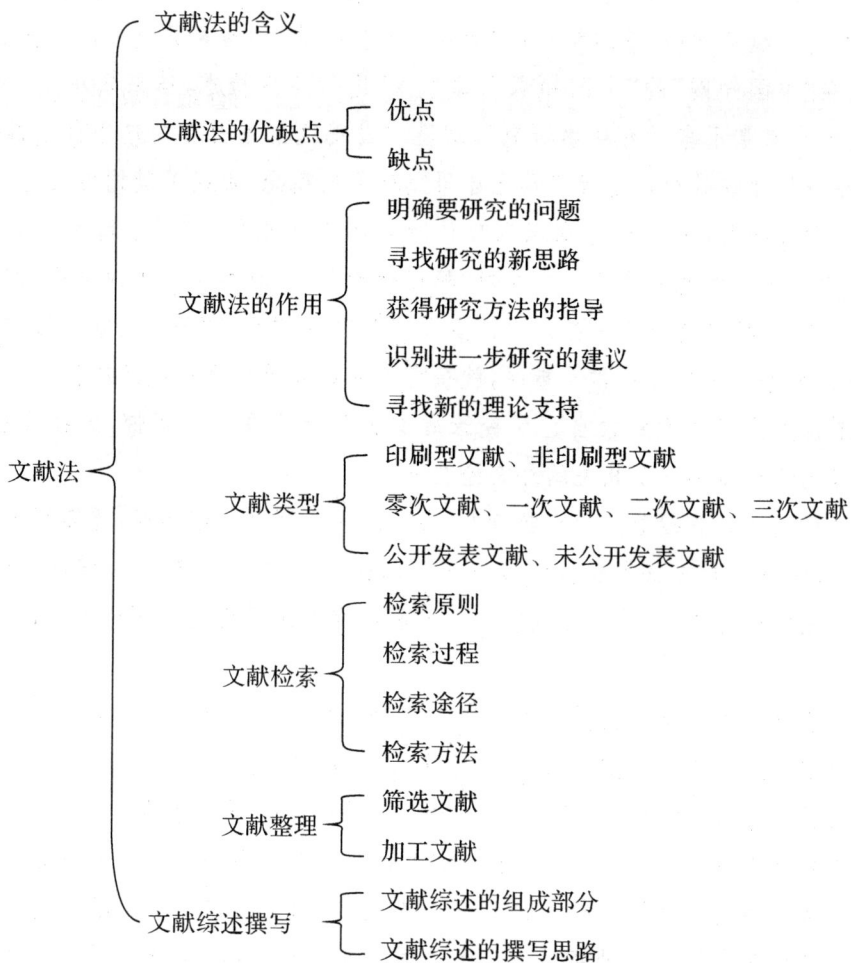

文献法
- 文献法的含义
- 文献法的优缺点
  - 优点
  - 缺点
- 文献法的作用
  - 明确要研究的问题
  - 寻找研究的新思路
  - 获得研究方法的指导
  - 识别进一步研究的建议
  - 寻找新的理论支持
- 文献类型
  - 印刷型文献、非印刷型文献
  - 零次文献、一次文献、二次文献、三次文献
  - 公开发表文献、未公开发表文献
- 文献检索
  - 检索原则
  - 检索过程
  - 检索途径
  - 检索方法
- 文献整理
  - 筛选文献
  - 加工文献
- 文献综述撰写
  - 文献综述的组成部分
  - 文献综述的撰写思路

一、文献法的含义

文献指用文字、图形、符号、音频、视频等技术手段记录人类知识的载体。换言之,文献也可理解为固定在一定载体上的知识。

文献法指通过检索、整理、分析已有的相关文献,了解教育事实、探索教育规律的研究方法。①

二、文献法的优缺点

无论是自然科学研究,还是社会科学研究,都要运用文献法。根据美国科学基金委员会、美国凯斯工学院基金委员会、日本国家统计局的调查统计数据,就选定课题、搜集整理文献、实施研究、撰写论文等研究工作所花时间占完成一项完整的研究项目所花时间来看,在自然科学研究中分别为 7.7%、30.2%、52.8%、9.3%,在社会科学研究中分别为 7.7%、52.9%、32.1%、9.3%。②③ 文献研究所花时间占一项自然科学研究的三分之一,占一项社会科学研究的二分之一。在学前教育研究中,任何一项研究自然也离不开文献法。

得到广泛运用的文献法,既有一些优点,又有一些缺点。

(一)文献法的优点

文献法有以下几个优点:

1. 易于实行,费用较低

现在高校或地方图书馆都有丰富的藏书,各类书籍、报刊杂志应有尽有,线上数据库也提供各类电子文献。通过购买、借阅、复印、抄录、下载等方式,研究者可以快速得到所需文献,非常便捷,且费用相对不高。对文献资料的研究分析,不需要复杂的程序或特殊的设备,利用研究者的大脑就可以随时随地进行。现在借助文献分析软件进行的文献研究,有台常规的电脑就可以了。

2. 较为真实、可靠

文献研究具有间接性、无反应性特点。在文献研究中,研究者面对的是各种形式的文献资料,不需要直接跟人打交道,不会引起研究对象的情绪性反应,也就不会因

---

①陶保平. 学前教育科研方法[M]. 修订版. 上海:华东师范大学出版社,2006:162.
②裴娣娜. 教育研究方法导论[M]. 合肥:安徽教育出版社,1995:90-91.
③刘晶波. 学前教育研究方法[M]. 北京:人民教育出版社,2016:56-57.

此影响研究资料的真实性①。

同时,利用文献法做研究时,研究者通过数据资料把握的样本容量往往较大,甚至不受限制。如通过教育部每年编订的《中国教育统计年鉴》,研究者可以获得全国历年的学前教育数据,如幼儿毛入园率、各级各类幼儿园园所数量、幼儿教师队伍结构等,远比研究者自己做抽样调查的范围广、样本大。这样就更加能够保障研究结果的可靠性。

3. 能够突破时间、空间限制

受制于人力、物力和财力,用问卷法、访谈法、观察法、实验法等方法做研究时只能在一定时间、一定地域对一定的研究对象实施。但用文献法做研究时,只要能够获得相关文献,研究者能够突破时空条件限制,研究内容可以涉及古今中外,既可做横向比较,也可以做纵向分析,还可以做长期的趋势分析。

(二)文献法的缺点

文献法有以下几个缺点:

1. 价值和质量难以完全保证

文献常常来源于他人,原作者描述的事实是否真实,表达的观点是否客观,研究者往往难以判断。不能排除有些文献中存在夸大、伪造事实的情况,也不能排除原作者所表达的观点中存在主观偏见。因此,有些文献的价值和质量难以完全保证。

2. 具体性、生动性较为缺乏

源于他人的文献资料,虽然对事实和问题也有描述,但这些描述往往经过作者的选择、加工,失去了原有的具体性、生动性,不能完全等同于事实和问题本身。虽然研究者可以凭借自身的知识经验、想象力和推理能力,把文献资料还原成事实,但其准确性、可靠性因人(研究者)而异。因此,研究者很难把源于不同原作者的文献资料做具体比较研究。

3. 所需文献不一定能够获得

对于近年来已经公开发表的各种类型文献,研究者搜集起来难度不大。但政府部门、企事业单位、社会团体的规章制度、工作计划、总结报告、统计报表等内部文件档案,因涉及机密,一般不公开外借;个人的书信、日记或第一手研究资料(如观察记录、调查数据、访谈资料),因涉及隐私或知识产权,一般也不随意外借;年代久远的文献可能没有保存或保存不完整;国外的文献检索不便,获取不易。这些情况都导致研

---

① 如在观察研究中,因观察者在场,观察对象会做出不同以往的举动,形成的"观察者效应"会影响观察结果的真实姓。

究者难以把所需文献查全找齐。

三、文献法的作用

在一项学前教育研究中,文献研究往往贯穿全程。通过文献研究,研究者可以全面了解前人的相关研究工作——研究了什么问题、使用了什么方法、得出了什么结论,提出了什么建议等,从而尽快明确研究方向,确定研究的切入点,明确研究目的和内容,选择适宜的研究方法,提出具有针对性的研究建议等。这样,可以使自己的研究建立在已有研究基础上,既保证研究具有一定的理论依据和事实依据,不走弯路,又保证研究具有一定的创新性,避免不必要的重复劳动。

在研究的不同阶段,文献法起到不同的作用,具体体现为:①

(一)明确要研究的问题

在选题阶段,研究者无法确定究竟要研究什么问题或现象时,可以围绕个人比较感兴趣的方面,搜集一些文献,泛泛地研读这些文献,以便把握研究现状,找到研究的薄弱之处或不足之处,尽快明确研究的切入点,确定所要研究的问题。

例如,某本科生对家庭教育方面的研究比较感兴趣,想从中确定一个问题作为自己毕业论文的选题。她敏感地发现,在"二孩政策"落地之后,很多媒体在报道一个独特的现象——有些家庭生了"二宝"之后,"大宝"出现了反常表现,这是一个新的家庭教育问题。因此,该生征求指导教师的意见,看能否针对这个问题做研究。指导教师也认为,这是个值得关注的问题,同时建议她去浏览有关文献,看是否有其他研究者已经做了调查研究。该生系统检索有关文献后发现,已经有一些研究在探讨二孩家庭大孩的心理问题或异常行为了,但这些研究多数属于个案分析,还不够深入、系统。因此,就准备对二孩家庭大孩的身心异常表现做现状调查,由此初步确定了自己要研究的问题。

(二)寻找研究的新思路

研究问题初步明确以后,研究者必须围绕研究问题广泛搜集和查阅相关文献,全面了解前人在这一研究领域的研究进展——在该领域,主要的前沿问题或热点问题是什么? 在哪些具体方面做了研究,用什么方法做的研究,取得了什么成果? 还有哪些具体方面可以进行研究? 对同一个具体方面,还可以采用哪些方法进行研究? 对这些方面加以梳理后,研究者就能够把握自己的研究内容、研究方法及预期成果,从

---

① 刘晶波.学前教育研究方法[M].北京:人民教育出版社,2016:58-59.

而确定研究的新思路。

例如,某本科生最初确定的选题是调查幼儿园的性教育实施现状,但检索、阅读文献后发现,已经有不止一个人做过同类研究,如果自己也做这种一般性调查的话,就不具有创新性。在浏览往届同学毕业论文题目时,该生发现有人做了《小班数学渗透教育现状研究》[①],受到启发:幼儿园的性教育,除了幼儿教师有目的有计划实施的那部分——这些主要是通过集体教学进行的,还有在一日生活中随机对幼儿实施的性教育。因此,她就决定调查幼儿园渗透性性教育实施现状。研究思路调整以后,创新点也发现了,研究就可以继续进行下去了。

(三)获得研究方法的指导

对于同一内容,或同一类型的研究,当研究者无法确定选哪种研究方法时,可以通过文献查阅得到指导。通过文献查阅了解相关研究进展时,研究者不仅要关注前人的研究结论,而且要全面分析其研究方法与过程,掌握有关研究规范,加以借鉴;同时,研究者也要能够看出该研究在方法运用方面的问题或不规范之处,从而加以避免。一句话,通过文献查阅,研究者能够选出适合自己研究问题的研究方法。

例如,有研究生在做游戏识字法实验研究时,需要编制一份《幼儿识字兴趣和识字能力教师评定问卷》,但对编制问卷的流程把握不准。指导教师给她提供了几篇相关硕士论文,其中都有编制问卷的研究内容。该生研读了这些文献后,基本搞清楚了问卷的编制过程,就先草拟问卷后进行预调查,第一次回收足量问卷后进行探索性因素分析,删除了一些题目,对问卷进行了修正。然后,第二次发放并回收了足量的问卷,进行了验证性因素分析,检验了问卷的信度和效度,完成了教师评定问卷的编制过程,获得了必需的实验研究工具。

同样,在做一项研究时,如果本科生对于要使用的某种方法把握不准,不太了解其具体操作流程和规范,就可以先找几篇运用了这种研究方法的比较规范的研究报告或研究论文来看一看,就基本可以掌握这种方法了。

(四)识别进一步研究的建议

一项研究完成以后,尤其是在硕士、博士论文研究中,研究者通常会对该研究进行回顾反思,会自行指出这个研究存在的一些不足之处;同时,通常也会进行研究展望,指出后续可以研究的问题有哪些。对于"研究反思"和"研究展望"部分进行文献查阅,研究者可以快速获得在某个领域进一步开展研究的建议。

例如,某本科生在做毕业论文时,想做一项跟游戏有关的研究,但刚开始时确定

①荣艳.小班数学渗透教育现状研究[本科毕业论文][D].杭州:杭州师范大学,2013.

不了究竟该研究哪个具体问题。在研读文献时，看了一篇《谁来评？评什么？怎么评？——幼儿园游戏评价研究综述》的论文。^① 在该篇论文中，研究者指出了幼儿园游戏评价研究的几个不足之处：其一，所关注的幼儿园游戏评价主体较为单一；其二，所关注的幼儿园游戏评价内容较为片面；其三，所提出的幼儿园游戏评价方式、方法较缺乏可操作性。这些不足之处，恰恰是有待继续研究的问题。尤其是第一点，说明当前幼儿园的游戏评价者主要是幼儿教师，没有充分让幼儿参与游戏评价，这意味着可以去研究幼儿游戏评价问题。受此启发，该生把毕业论文选题确定为《让幼儿成为游戏评价者——幼儿评价游戏的组织策略研究》。

(五)寻找新的理论支持

任何一项研究都要做到"理论联系实际"，哪怕是进行"实践研究"，也要有一定的理论作为基础或参照。进行研究所需要的理论并不是研究者自己预先设想出来的，而是在研究过程中通过文献查阅获得的。在研究开始前，研究者可以通过研读文献，找到支撑自己研究的理论；在研究过程中，也可以通过对自己第一手资料的统计分析、归纳概括，提出一些观点，独自提出一定的理论，或者把自己的观点与所阅读文献中的某些观点联系起来，形成一定的理论。由此提出的理论，不仅是自己的研究成果，也可以为后续研究提供理论支持。

例如，假定研究者要做一项幼儿识字实验研究，选择哪个年龄班来做这个实验呢，必须有一定的理论依据。例如，如果研究者以 3~4 岁小班幼儿作为实验被试是否合适呢？依据是什么呢？对幼儿识字所做的文献研究显示，一些研究者已经从生理发展和认知发展角度指出，2~3 岁幼儿已经具备了识字的身心发展基础，这就为研究者以小班幼儿为实验对象提供了理论依据。

四、文献类型

可以按照不同的标准，对文献做类型划分。

(一)印刷型文献与非印刷型文献

根据信息载体的不同，可以把文献分为印刷型文献与非印刷型文献。

1. 印刷型文献

所谓印刷型文献，指以纸质材料为载体，以印刷为记录手段保存信息的文献类

①赵婧,王喜海.谁来评？评什么？怎么评？——幼儿园游戏评价研究综述[J].早期教育(教科研版),2016(7/8):3-6.

型。具体包括：

(1)书籍，包括专著、教科书、参考工具书等。其中参考工具书指辞海、字典、百科全书、教育大辞典等。

(2)报纸，常见的有《中国教育报》《教师报》《光明日报》《文汇报》等。

(3)期刊，常见的学前教育期刊包括《学前教育研究》《幼儿教育》《早期教育》《学前教育》《教育导刊：下半月》《幼教园地》《上海托幼》等。

(4)档案资料，常见的有教育年鉴、教育法令集、教育统计等。

2. 非印刷型文献

所谓非印刷型文献，指以纸张以外的其他介质保存信息的文献类型。具体包括：

(1)存储在磁盘、光盘和互联网上的机读文献。

(2)存储在缩微胶卷、平片、卡片上的缩微文献。

(3)存储在幻灯片、电影胶卷、唱片、录音(录像)带上的音像文献等。

(二)零次文献、一次文献、二次文献与三次文献

根据内容加工程度，可以把文献分为四类。

1. 零次文献

所谓零次文献，指未经过任何加工的原始文献。主要包括：形成一次文献之前，未经记录、未形成文字的知识信息，如歌谣、山歌、谈话等；未正式发表或出版的原始文献，如信函、日记、手稿、笔记、记录等。

2. 一次文献

所谓一次文献，也称一级文献，指以本人研究成果为基本素材而创作或撰写的文献。主要包括专著、论文、研究报告、会议文件、档案资料等。

一次文献是做好研究的第一手资料，对研究工作非常有价值。

3. 二次文献

所谓二次文献，也称二级文献，指对一次文献加工、提炼和压缩而形成的系统化、条理化文献，是关于文献的文献。主要包括辞典、年鉴、书目、文摘、题录、索引、提要等。

这类文献是重要的检索工具，可以作为查找一次文献的线索，以便尽快查到对研究有用的资料。

4. 三次文献

所谓三次文献，也称三级文献，指在二级文献所提供线索基础上，对一级文献进行分类概括后，经过加工、整理而成的带有个人观点的参考性文献资料。主要包括专

题述评、进展报告、数据手册、学科年度总结等。

(三)公开发表文献与未公开发表文献

根据文献公开化程度,可以分为公开发表文献与未公开发表文献。

公开发表文献可以在相关杂志或书籍中呈现。

未公开发表文献主要指没有正式在公开文献中发表的国家文件、学校档案或私人文献等。

五、文献检索

文献检索是查找研究所需文献的过程。文献检索过程费时耗力,为了迅速、准确地从众多文献中获取所需文献,研究者需要了解文献检索的基本原则、一般过程、基本途径及方法、技巧。

(一)检索原则

文献检索的基本原则可概括为六个字:"全""准""真""高""勤""思"。

1. 全——全面查找

所谓全,意思是要全面检索文献。为此,研究者要放宽视野,所查文献要涉及古今中外,要涉及临近或相关学科的研究,要查阅各种类型、各种层级的文献。

2. 准——准确率高

所谓准,意思是所检索的文献与研究者自身选题直接相关,属于同一个研究领域,甚至是对同一问题所做研究的成果。为此,通过数据库检索文献时,研究者要确定准确的检索关键词。

3. 真——真实可靠

所谓真,意思是要检索那些真实可靠的文献。为此,要尽可能多搜集一次文献(第一手资料),少搜集二次文献、三次文献。

4. 高——水平较高

所谓高,意思是要检索那些具有较高水平的文献。为此,研究者要尽可能多搜集国家级出版社出版的专著、核心期刊发表的论文、国家级报纸刊发的文章。

5. 勤——勤于积累

所谓勤,意思是对检索到的文献勤于积累。为此,研究者平时要注意做好读书笔记、摘要、札记、卡片等,编制文献目录,逐步建立自己的资料库。

6. 思——多加思考

所谓思,意思是对检索到的文献多加思考。为此,研究者要浏览搜集到的每一份文献,对其进行比较、分析、归纳、总结,把握已经获得的文献概貌,并着力搜集那些当前研究急需但拥有较少的文献。

(二)检索过程

在正式开始检索文献前,研究者要解决两个核心问题:检索什么文献? 通过什么途径和方法获得这些文献? 由此,决定了文献检索一般有以下三个阶段:

1. 确定检索关键词,明确检索要求与范围

在开始检索文献前,研究者首先要明确检索什么文献。为此,在初步确定选题基础上,研究者要对选题做全面分析,找出与研究问题相关的关键词,也就是检索文献的关键词。在确定关键词时,可以先对选题的研究内容进行归纳总结,找到与其对应的关键词。例如,在"幼儿上兴趣班现状调查研究"这个选题中,"兴趣班"就是关键词。再如,在"幼儿自发性学习与教师引导性学习对比研究"这个选题中,关键词则不止一个,"自发性学习"与"引导性学习"都是关键词。这意味着,检索文献的关键词不一定仅有一个,究竟有几个,要视选题包含的主要研究内容而定。

检索文献的关键词确定以后,研究者还要明确文献检索的范围,包括时间跨度、地域、载体类型等。

2. 明确采用的检索途径与方法

在开始检索文献前,研究者要根据所检索文献的载体类型,明确具体的检索途径与检索方法。对印刷型文献的书籍,可以采用计算机检索方式,根据作者名、文献名、书号等文献外部特征,在图书馆网站搜索栏目中进行检索,确定储藏位置,找到该文献;对非印刷型文献,同样可以根据作者名、文献名、书号等在相应数据库中进行检索下载。

3. 根据关键词,检索研究所需文献

在互联网时代,根据确定的关键词在数据库中检索到一定数量的文献,并非难事,关键是如何检索到与研究者自身研究直接相关且水平较高的文献。研究者按照关键词初次检索文献后,如果发现检索到的文献数量庞大,就需要通过二次检索减少文献数量。如以"兴趣班"为关键词,以"篇名"为检索项,在"中国知网"的"知识资源总库"可以跨库检索到文献 500 多篇。此时,可以"幼儿"为关键词在结果中进行二次检索,获得的"幼儿兴趣班"相关文献仅有 10 多篇了,篇数大幅下降,但文献的相关性大大提高。如果经过初次检索和二次检索所获得的文献篇数仍然较多,可以只保留那些核心期刊发表的论文。

(三)检索途径

文献检索的基本途径有手工检索和计算机检索。

1. 手工检索

所谓手工检索,指研究者借助图书目录、文摘、教育论文索引等检索工具而查找到所需文献的一种途径。例如,借助图书馆的卡片式目录,确定一本专著的索书号,再根据索书号在对应藏室书架上找到该书。又如,借助中国人民大学书报资料中心出版的复印报刊资料《幼儿教育导读(教育科学)》中的"索引",可以查找到所需的学前教育研究论文。

2. 计算机检索

所谓计算机检索,指研究者借助计算机(电脑)及有关数据库、检索软件等构成的检索系统中查找到所需文献的一种途径。

在高校图书馆或地方图书馆一般可以通过书刊目录和数据库两个系统查找文献。利用书刊目录系统的搜索引擎,可以查找该馆收藏的各种印刷型文献的书籍、期刊和报纸。利用数据库系统,可以查找各个互联网数据库中的电子资源,包括图书、期刊论文、学位论文、报纸文章、学术视频等。如在"中国知网"的各个数据库,研究者可以查找到期刊论文、学位论文、会议论文和报纸文章。在"超星电子图书"数据库,研究者可以按照书名、作者、主题词等任一检索项,根据给定的关键词(如留守儿童)查找到有关电子书。

同时,研究者还可以利用互联网通过计算机查找文献。例如,利用百度、搜狗等网络搜索引擎查找文献。又如,通过教育类网站,如中华人民共和国教育部网站、人民教育出版社网站、中国科研和计算机网、中国学前教育研究会网站、浙江学前教育网等,查找研究所需文献。再如,通过一些教育类 APP 或微信公众号等自媒体,如"宝宝巴士""常青藤爸爸""幼教资料平台""中国教育在线"等,查找符合研究需要的文献。

(四)检索方法

文献检索是一项需要付出大量时间和精力的工作,应注意方法与技巧。

在学前教育研究中,就地域和语种看,既需要中文文献,又需要外文文献。就外语掌握情况看,学前教育专业本科生以熟练掌握英语为主,因此查阅的外文文献以英语国家的研究成果居多。

1. 中文文献检索方法

通常来说,检索中文文献时,可采用以下几种方法:①

（1）顺查法

所谓顺查法,指研究者按照时间顺序,由远及近地利用检索系统进行文献检索的方法。例如,研究者要做一项有关留守儿童的研究,需要查阅近十年的文献,可以在"中国知网"的期刊全文数据库中,以"留守儿童"为关键词,从 2009 年 1 月开始,到 2019 年 12 月截止,查阅有关论文文献。

（2）倒查法

所谓倒查法,又称逆查法,指研究者逆着时间顺序,由近及远地利用检索系统进行文献检索的方法。同样,研究者要做一项有关留守儿童的研究,需要查阅近十年的文献,可以在"中国知网"的期刊全文数据库中,以"留守儿童"为关键词,从 2019 年 12 月开始,到 2009 年 1 月截止,查阅有关论文文献。

（3）引文查找法

所谓引文查找法,又称跟踪法,指研究者以文献中所列的引用文献、附录的参考文献为线索进行文献检索的方法。例如,研究者在翻阅《学前教育研究》杂志某期某篇论文时,在其参考文献中看到了一篇相关论文,但之前并未检索到,就可以根据它的外部信息——作者姓名、论文标题、期刊名称及年期信息等,利用数据库查阅并搜集该篇论文。

（4）综合查找法

所谓综合查找法,指研究者结合多种文献检索方法查找到所需文献的方法。例如,在利用顺查法获取《早期教育（教科研）》某期的某篇论文后,再通过其参考文献掌握了另外一篇中文期刊论文的作者姓名、论文标题、发表期刊名称、年期等外部特征,借助这些线索就可以获取该期刊论文的原文了。这个过程中就使用了顺查法和引文查找法两种方法。

（5）即期积累法

所谓即期积累法,指研究者在研究过程中随时关注并查找与自己研究选题相关的文献资料,遇到有用的论文或著作,就下载或购买,不断丰富所拥有文献资料的检索方法。

2. 外文文献检索方法

检索外文文献时,除了可以采用上述中文文献检索方法外,研究者还要掌握以下

小策略或小技巧：①

(1)接受专门培训

高校图书馆或地方图书馆对于如何使用外文数据库，会有专门的文字说明或讲座，研究者可以查看这些使用说明，或听取这些专项讲座了解使用方法。

(2)查阅专业外文网站

研究者可以利用国内的搜索引擎(如百度)进行初步检索，把看到的外文题名、作者姓名、摘要或关键词等信息做简要记录，然后再到专业的外文网站(如"全美幼教协会"网站)或外文数据库[如 ERC(Education Research Complete，教育学全文数据库)、Springer Link(外文电子期刊)等]查找具体内容。

(3)看国内文献，查找线索

研究者可以先看国内中文文献，再从这些中文文献中查找外文参考文献，获得必要线索，再去有关外文数据库中检索到该篇文献。

(4)看外文论文的参考文献

研究者还可以直接从已经搜集到的外文文献所列参考文献中查找相关外文文献的基本信息，获得必要线索，从而获得更多的外文文献。

(5)查看代表性的外文期刊

研究者可以专门浏览学前教育领域的外文代表性期刊的现刊或过刊，如《幼儿研究季刊》(*Early Childhood Research Quarterly*)、《早期教育与发展》(*Early Education and Development*)等，看是否有相关的研究论文。

六、文献整理

文献整理是对文献进行的阅读、筛选和加工。为了从已经获得的数量庞大的文献中选择出真实、可靠且水平较高的文献，研究者必须对已经初步获得的文献做一番去粗取精、去伪存真、由表及里的加工工作。

文献整理是在文献检索基础上进行的，包括以下两个方面的任务：

(一)筛选文献

研究者对于已经获得的文献，要加以阅读，并在阅读过程中进行鉴别和选择，完成筛选工作。因这个阶段研究者手头拥有的文献种类多样、数量较多，故在阅读时一般采用粗读方式，快速掌握每篇文献的基本内容和观点，并借助自身大脑对其进行鉴别和筛选。

---

①刘晶波.学前教育研究方法[M].北京：人民教育出版社，2016：86.

1. 鉴别文献

在鉴别文献真实性时,要看文献的原作者身份、文献的创作目的和文献的实际来源;在鉴别文献可靠性时,要看文献反映的事实、呈现的数据和给出的结论。在鉴别基础上,去除那些真实性和可靠性存在问题的文献,从而去伪存真。

2. 选择文献

剔除明显虚假的文献后,研究者还要对剩余文献加以选择。此时,研究者要去除相互重复的、较为陈旧的或孤证类文献资料,保留那些全面、准确、真实和水平较高的文献资料,从而去粗取精。

(二)加工文献

对已经筛选出来的文献,研究者要逐篇进行精读,并在此基础上对其进行分类,撰写研究案例分析报告和文献综述。

1. 分类编排

对于经过筛选而保留下来的文献,研究者要进行分类编排。首先,研究者要按文献呈现的内容和观点及相互间的逻辑关系对所有文献进行大致分类。例如,在"城市幼儿闲暇生活现状调查研究"中,研究者根据研究内容的指向,把有关文献分为"关于闲暇概念的研究""关于闲暇活动特点的研究""关于闲暇活动类型的研究""关于闲暇生活价值的研究""关于闲暇生活问题的研究"。其次,要提取每篇文献的外部特征,包括作者、题目、类型、出处、时间等著作权信息,编制成目录索引,为下一步深入加工文献做好准备。

2. 撰写研究案例分析报告

在深入研读每篇文献后,研究者可提取其基本内容,撰写研究案例分析报告,完成对文献的个别加工。在撰写研究案例分析报告时,研究者要把每篇文献的主要研究内容加以抽取和记录,包括以下几个方面:

(1)研究目的。该研究的理论背景和实践背景是什么? 研究者针对什么现象或问题进行了研究? 其意图是什么?

(2)研究内容。该研究围绕哪几个方面展开的? 每个方面探讨的具体问题是什么?

(3)研究方法。该研究的对象(被试)如何选取? 采用了哪些研究方法? 每一种方法如何运用? 研究过程如何展开?

(4)研究结论。该研究有什么发现,给出了什么结论?

(5)研究建议。该研究基于自身的研究结论,提出了什么建议或解决问题的对策?

以上五个方面是撰写研究案例分析报告的主要框架;但在撰写具体的研究案例分析报告时,不能完全拘泥于以上五个方面。如有的研究者没有明确提出研究建议或对策,就不必做这个方面的分析和记录。

3. 撰写文献综述

在对每篇文献都撰写了研究案例分析报告以后,研究者可以对手头的文献做深度加工——撰写文献综述,呈现某个方面研究的现状和发展趋势。

七、文献综述撰写

文献综述,又称研究综述,是研究者在广泛、深入地阅读某个方面文献基础上,概述其主要研究内容并评述有关观点,指出其研究不足或薄弱之处,从而呈现研究现状与发展趋势的一种研究报告。

文献综述可以学术论文的形式在期刊上公开发表。如《我国小班化教学研究综述》[①]、《谁来评? 评什么? 怎么评? ——幼儿园游戏评价研究综述》[②]就是在期刊上发表过的文献综述。

文献综述也出现在学位论文(包括本科生的毕业论文)开题报告中、硕博士毕业论文中及各级各类课题的申请书中,以"国内外研究现状述评""国内外研究综述""国内外相关研究现状""国内外研究现状分析""文献综述"一类的标题指称,以一个不可缺少的部分存在,说明或论证一项研究的历史背景、前人的研究进展及发展趋势。

(一)文献综述的组成部分

就篇章架构而言,文献综述类的学术论文也由标题、摘要、关键词、正文、参考文献等部分组成,其格式规范也等同于一般研究论文。在正文部分,文献综述类学术论文也由导论、本论、结论三个部分组成,这个方面也等同于一般研究论文。[③] 但需要指出的是,在文献综述类学术论文中,本论部分的核心内容是要呈现某个方面研究的主要内容及具体观点,结论部分则要指明某个方面研究的不足之处或薄弱之处。参见《谁来评? 评什么? 怎么评? ——幼儿园游戏评价研究综述》这篇论文。

(二)文献综述的撰写思路

在完成本科毕业论文时,很多高校都要求搜集一定数量的中外文文献,并撰写文

---

①杨中枢. 我国小班化教学研究综述[J]. 教育研究,2012(4):103-107.

②赵婧,王喜海. 谁来评? 评什么? 怎么评? ——幼儿园游戏评价研究综述[J]. 早期教育(教科研版),2016(7/8):3-6.

③参见本书第十章"学前教育研究论文撰写"中的相关内容。

献综述。以 H 师范大学为例,文献综述是毕业论文系列材料中的一个重要组成部分,是作为一份单独材料①提交的。

撰写文献综述的重点是梳理所研究领域的研究现状,把握基本的研究内容及主要研究方法,找到研究的不足之处或薄弱之处。虽说文无定法,但在撰写文献综述时,还是有几种思路或方法可以借鉴的。

1. 按照三个层次呈现基本内容

这里所谓的三个层次,意思是说清楚三个主要方面,并在文献综述中呈现出来。

(1)交代文献搜集的途径及获得的主要文献。在搜集途径方面,可以采用手工检索的方式,查阅、收集有关论著,包括专著、硕(博)士论文、期刊论文和报纸文章等;也可以在有关数据库——如"中国知网""万方""维普"等中文数据库检索电子书、期刊论文、硕(博)士论文、报纸文章、会议论文等。在这一方面,要清楚交代查阅文献的途径和每种途径获得的文献数量。还可以通过统计图或统计表,按年度呈现相关文献的数量,直观呈现研究进展。

(2)全面概述研究现状,指出主要的研究内容及具体观点。在文献综述中,核心内容是呈现某个领域的研究现状。为此,研究者需要对自己搜集到的一段时间内的大量研究文献进行归纳总结,找出其研究维度,把握其究竟有几个方面的研究内容,以及在每个具体研究内容方面,不同的研究者分别提出了什么观点,还要分析这些观点的异同。在撰写这部分时,要"述""评"结合,既要描述某个方面的研究进展和发展趋势,也要比较观点异同,并做出评价。

对于初次撰写文献综述的研究者来说,难点在于同时要把握的文献数量太多,不知从何处入手进行文献分析。文献分析是一个耗时多且又非常琐碎的工作,需要研究者逐篇研读论著,把握其研究目的、研究方法、研究内容、研究结论、研究建议等基本内容。对于期刊论文和学位论文,研究者可以先阅读其摘要,以便在较短的时间内快速把握其基本内容。每篇文献研读之后,研究者需要做的工作是按照维度,把来自不同篇章的相关内容放在一起进行归纳总结,比较异同,进行一一述评。

例如,在《我国小班化教学研究综述》中,研究者把这个方面的"热点问题"作为文献梳理的维度,从"有关实施小班化教学的意义研究""有关小班化教学的理论基础研究""小班化教学的实施策略研究"等三个方面对研究现状进行了述评。此处的"热点问题"也就是这个方面的主要研究内容。这意味着只要抓住了主要的研究内容,也就找到了进行文献梳理的维度。

(3)评析已有研究,指出存在的不足之处或薄弱之处。撰写文献综述,不仅要全

①类似于期刊上发表的文献综述类学术论文。

面呈现研究的主要内容,还要对每个维度的研究内容进行分析,指出其存在的不足之处或薄弱之处。前人研究的"不足之处"或"薄弱之处",恰恰是后续研究者可以有所作为的地方。由此,研究者能够把握研究的发展趋势,并找到选题的切入点。

对于本科生来说,从哪几个方面指出现有研究的不足之处,以及怎么分析这些不足,是相对困难的事情。就第一个问题而言,可以按照主要研究内容——也就是文献梳理的维度,逐一寻找其不足之处。也就是说,如果在研究现状分析时涉及五个方面,就可以从这五个方面逐一分析其不足。就第二个问题而言,需要全面分析每个主要研究内容,比较有关研究者提出的相同观点和不同观点,特别是寻找相互冲突的观点,或者较少有人关注的研究内容,这些地方一般属于研究的不足之处或薄弱之处,其直接表现是研究内容不全——需要研究的内容还较少有人涉猎,或还没有达成共识,意味着需要继续加以探讨。

例如,在《我国小班化教学研究综述》中,研究者指出这个方面研究存在的主要问题为:第一,本土化理论研究相对较少;第二,高度的理论概括不足;第三,结合具体情境的行动研究较少。这些问题就是针对以上提到的每个"研究热点"进行具体分析的,分别指出了每个热点方面所存在的不足之处。这种做法,可以加以借鉴。

2. 按照国外、国内文献分开论述

撰写文献综述时,研究者所把握的文献,既有国内文献,也有国外文献。鉴于这种情况,可以按照"国内文献""国外文献"两个部分呈现文献综述的内容——"一、国内的相关研究""二、国外的相关研究"。无论是"国内相关研究",还是"国外相关研究",研究者均要对有关文献进行归纳总结,找出主要的研究维度,再呈现主要观点,且要对研究观点和发展趋势进行述评,也要指出其不足之处或有待进一步研究的问题。

对于本科生而言,在完成毕业论文时,所掌握的外文文献有限,在数量上与中文文献有巨大差距。因为这种突出的"不对等",如果按照这种思路撰写文献综述,其最终文字成果呈现的也是一种"不对等"的样子,在篇章架构上显得"不美"。因此,本科生撰写文献综述时,要尽可能避开这种方式。

3. 按照主要概念或问题展开论述

在这种撰写文献综述的思路中,主要是呈现研究的基本内容及发展趋势。在归纳总结文献资料时,比较困难的事情在于如何找出其研究维度。经验表明,可以把主要概念或问题作为梳理研究维度的线索,这样可以快速找出某个研究领域存在的研究维度。事实上,任何一个研究维度都可以用一个概念或问题加以描述。因此,若找出了一个研究领域的主要概念或问题,就能够条理清楚地梳理有关研究现状。在按照主要概念或问题梳理研究内容时,同样需要通过述评指出相关研究现状和发展趋势,以及存在的不足之处和有待进一步研究的问题。

例如,在"幼儿自发性学习与教师引导性学习比较研究"中所涉及的主要概念有两个——自发性学习与引导性学习,同时该研究是要做"比较研究",因此在进行文献综述时,其文献梳理维度为:一、有关幼儿自发性学习的研究;二、有关教师引导性学习的研究;三、有关幼儿自发性学习与教师引导性学习的比较研究。研究者需要围绕这三个方面系统述评已有研究内容。

再如,研究者系统搜集了有关幼儿园游戏评价的文献,并加以研读后发现,这些文献涉及幼儿园游戏评价的方方面面,好像有千头万绪,一时难以理出头绪来。但就幼儿园游戏评价要素看,主要包括"评价者""评价内容""评价方法"这三个主要方面,是否可以按照这三个评价要素梳理有关文献呢? 按照这种思路,再来阅读文献,就可以发现,这些文献也主要是围绕这三个方面进行探讨的。因此,研究者就把题目定为《谁来评? 评什么? 怎么评? ——幼儿园游戏评价研究综述》,并撰写出了这篇文献综述。

以上三种撰写文献综述的思路,对于熟练的研究者而言,可以根据个人习惯或兴趣灵活选用。对于初学做研究的本科生而言,建议使用第一种思路。

思考与练习

1. 何谓文献? 何谓文献法?

2. 文献法有哪些优点? 有哪些缺点?

3. 在研究的不同阶段,文献法起到的作用是什么?

4. 怎么对文献进行类型划分? 每种类型包括的具体文献有哪些?

5. 文献检索的基本原则有哪些?

6. 文献检索过程包括几个阶段?

7. 文献检索途径有几种? 每种途径如何运用?

8. 中外文文献的检索方法有哪些? 检索外文文献的策略或技巧有哪些?

9. 文献整理工作包括哪几个方面? 每个方面的具体任务是什么?

10. 何谓文献综述? 它由哪几个组成部分? 有几种撰写思路?

11. 根据初步确定的毕业论文选题,通过"中国知网"数据库检索一定数量的期刊论文(15 篇以上),尝试按照某种文献撰写思路撰写一篇文献综述。

研究案例

赵婧,王喜海. 谁来评? 评什么? 怎么评? ——幼儿园游戏评价研究综述[J]. 早期教育(教科研版),2016(7/8):3-6.

第四章 观察法

案例导入

有本科生在对幼儿学习品质做观察研究时,先让幼儿所在班级教师对幼儿学习品质水平做了好、中、差的分类,再由教师从这三个类别中各提名两个幼儿(一男一女)作为自己实际的观察对象。根据该研究者所做观察记录,的确能说明学习品质"好"的幼儿,其学习品质行为表现是多么的好,学习品质"差"的幼儿,其学习品质行为表现又是多么的差。

有本科生对幼儿的合作行为产生了研究兴趣,想通过对幼儿在一日生活中的合作行为做自然观察,把握其发展特点与规律。经过一段时间的预观察,该生发现,虽然在日常生活活动、教学活动、游戏活动中,尤其是在游戏活动中,幼儿也表现出了一些合作行为,但每天能够捕捉到的次数屈指可数。而且,因为这些合作行为是在不同情境中出现的,比较松散,难以从中概括出一定的规律性认识。指导教师知道后,建议该生采用实验室观察法,在人为创设的雪花片建构游戏情境中系统观察幼儿的合作行为表现。

本科生做毕业论文时,往往也在进行毕业实习。有本科生的选题是对幼儿在户外自主游戏中的消极行为做观察研究,了解其行为表现并揭示其成因。该生趁每天组织本班幼儿户外活动时,对其消极行为做自然观察。如果不做主班教师,就用手机拍摄幼儿的行为表现,或用纸笔做快速记录;如果当天做主班教师,来不及记录幼儿的行为表现,就下班后赶快补记。

这些案例都跟观察记录有关。在第一个案例中,给幼儿学习品质分等级并提名的做法,导致在正式观察前观察者已经形成了对观察对象的先入之见,由此影响了观察结果的客观性。在第二个例子中,观察者经过对研究方法的选择调整,采用实验室观察法(时间取样观察法)完成了资料搜集工作。在第三个案例中,观察者根据观察情境和记录条件,灵活采用了多种记录手段和方法,保证能够搜集到足够丰富的观察资料。

本章主要介绍观察法的基本规范,包括观察法的含义、构成要素、特征、优缺点、类型、过程、使用规范及记录的手段与方法。

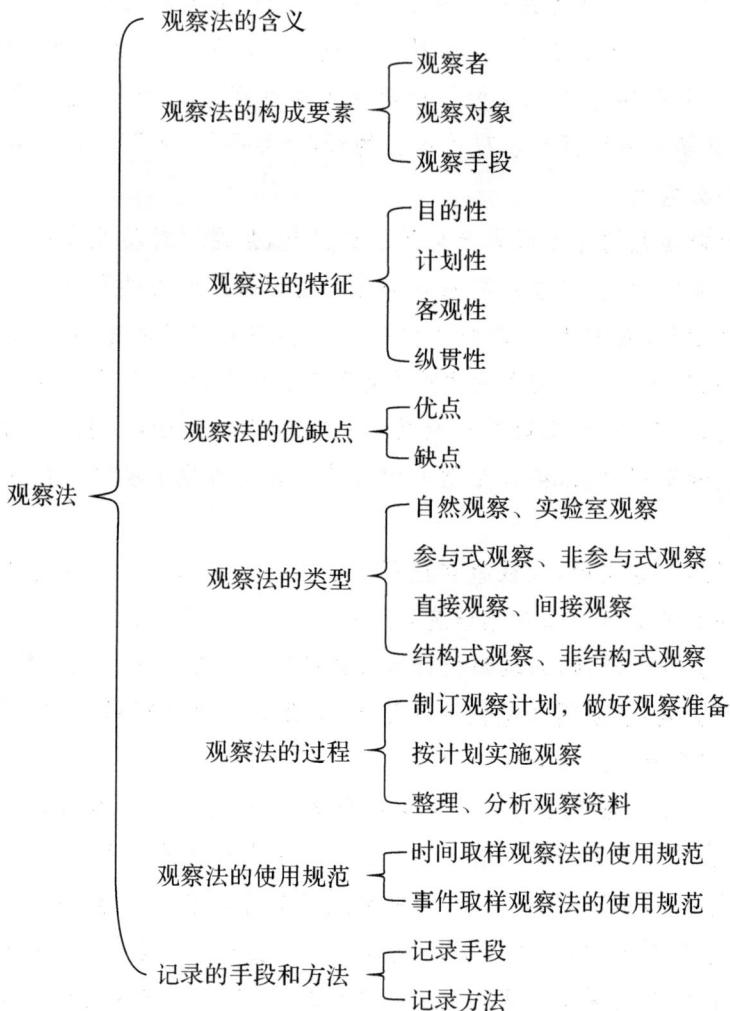

学习目标

1. 了解观察法的含义、构成要素、特征、优缺点、类型和过程；
2. 掌握时间取样观察法和事件取样观察法的使用规范；
3. 掌握记录的手段与方法。

学习内容

观察法
- 观察法的含义
- 观察法的构成要素
  - 观察者
  - 观察对象
  - 观察手段
- 观察法的特征
  - 目的性
  - 计划性
  - 客观性
  - 纵贯性
- 观察法的优缺点
  - 优点
  - 缺点
- 观察法的类型
  - 自然观察、实验室观察
  - 参与式观察、非参与式观察
  - 直接观察、间接观察
  - 结构式观察、非结构式观察
- 观察法的过程
  - 制订观察计划，做好观察准备
  - 按计划实施观察
  - 整理、分析观察资料
- 观察法的使用规范
  - 时间取样观察法的使用规范
  - 事件取样观察法的使用规范
- 记录的手段和方法
  - 记录手段
  - 记录方法

一、观察法的含义

观察是一种心理过程。观察是有目的有计划的比较持久的知觉过程,是知觉的高级形态。观察不仅是人的感觉器官直接感知事物的过程,而且是大脑积极思维的过程。例如,某人一大早出门时,看到路面上湿漉漉的、草地上湿漉漉的,树叶上还挂着水珠,又回想起昨天夜里似乎有明显的风雨声、雨点拍打窗户和雨棚的沙沙声,立即就做出判断——昨晚下了一场雨。在这个过程中,不仅看到了路面、草地、树木上的水迹,听到了风雨声,这是感觉过程,而且还对这些感觉信息进行了归纳,得出了"下过雨了"的判断,这就是知觉过程了。所以,观察不是单纯地"看"(感觉),同时也是自发地"想"(知觉、思维)的过程。

观察是人们获得外部世界信息的基本方法,也是学前教育研究的一个重要手段。当把"观察"作为搜集研究资料的一种方法时,它就成了所谓的"观察法"。

观察法指通过感官或借助一定仪器,有目的、有计划地对观察对象进行系统、连续的观察,并进行及时、准确、详细的记录,从而获取事实材料的一种研究方法。

二、观察法的构成要素

观察法包含三个基本要素:观察者、观察对象和观察手段。

(一)观察者

观察者即实施观察的人。观察者实施观察时,要尽可能做到敏锐、仔细、准确;要具备一定的理论基础或理论视野,能够从多个角度看问题;要具有使用各种现代观察技术手段的能力,确保观察的精确性、系统性和全面性。

就本科生所做观察研究看,基本上是自己进行观察,亲自去看、去听,记录时借助智能手机拍摄视频,并辅以简单的纸笔记录。因此,在这种观察研究中,需要对所研究的现象和问题在理论上有所准备或有所了解。例如,要观察幼儿在游戏中的学习品质表现,观察者就要对"学习品质"有基本了解,知道常规的学习品质项目有哪些,每种学习品质项目的实际行为指标有哪些,甚至要了解每种行为指标包括哪些不同的行为水平。如果对这些基本内容一点都不了解,就无法对幼儿的学习品质进行实质观察。

(二)观察对象

观察对象既包括被观察的人,又包括其所从事的活动及其环境。在观察过程中,观察者要把握的信息包括：其一，环境的信息，包括观察对象所处的物质环境和精神环境两个方面；其二，人的信息，具体指观察对象的特征，如年龄、性别等；其三，相互关系信息，包括观察对象与他人、环境之间的相互关系等；其四，活动的信息，包括具体的活动类型、活动过程及活动特征等。

例如，观察者在某个班级雪花片建构游戏过程中观察幼儿的学习品质表现时，所要观察的对象不仅指玩雪花片的幼儿以及他们与同伴的互动过程，还包括教师提供的雪花片材料和创设的游戏氛围，以及幼儿的搭建过程及搭建作品。

(三)观察手段

在实施观察时，观察者自身就是研究工具，传统的观察研究，其主要手段是观察者的眼睛和耳朵，依靠眼看、耳听、手记进行观察记录。现在，在实施观察时，更多地会借助各种摄像器材，如摄像机、数码相机和智能手机，采取"录像"方式进行观察记录。此外，视频监控系统、单向观察室，也是现在常用的观察手段。

三、观察法的特征

学前教育研究中运用的观察法，属于科学观察。科学观察不同于日常生活中的随意观察，它具有以下典型特征：

(一)目的性

日常生活中的观察通常是随机性的即时观察，遇到什么看什么，逮着什么听什么。通过这种观察，通常是为了获取外部环境的信息，并在对这些信息做判断后，进一步做出行动决策。例如，过马路时，人们要看红绿灯，要看其他参与交通的行人和车辆情况，再决定自己是否立即穿过马路及过马路的速度等。但在科学观察中，观察者事先必须具有明确的观察目的。例如，某位观察者想通过观察了解幼儿教师在集体教学中的导课方式，这就是其观察的目的。在实地观察幼儿园集体教学时，该观察者要着重观察教学的导入环节，并进行及时、准确的记录。

(二)计划性

日常生活中的观察，往往不对观察过程事先做计划。但在科学观察中，观察者对观察对象及其具体行为、观察时间、观察地点等，事先要做好周密、可操作的计划。在上述案例中，观察者在明确观察目的后，还需要制订一个观察计划——预先确定观察哪些幼儿教师、去什么幼儿园观察、在哪些年龄班和哪些领域的集体教学中观察等。

(三)客观性

日常生活中的观察,观察对象出于某些原因可能会矫饰自身行为,观察者也常常根据自身经验对观察对象的行为表现做主观判断,导致观察结果的客观性难以保证。但在科学观察中,要求在"真实状态"中实施观察。一般情况下,受外界影响、干预或控制时,观察对象的行为表现往往异于常态。如当观察者初次在幼儿园某个班级出现时,该班幼儿会表现得有点亢奋,甚至为了得到"客人老师"的表扬,会更加积极地参与活动;该班老师在组织班级活动时,会对幼儿更有耐心和爱心,会更加倾向于采用受认可的教育策略或教学方法。师生的这些表现,均与常态不同,不是真实的状态。如果要通过观察了解真实的"师幼互动",就要连续多天在该班出现,等教师和幼儿表现出真实状态时,再实施观察记录。同时,在科学观察中,要事先对观察者进行培训,使其掌握观察工具的使用要求及相关规范,也使其意识到自己的个人偏好和主观偏见,加强自我反省和控制,尽可能如实记录观察结果。

(四)纵贯性

日常生活中的观察,往往是偶发的,不做后续跟进。但在科学观察中,观察者可以对观察对象进行长期的反复观察或跟踪观察,从而了解其行为的动态演变过程,据此揭示其发展规律和特点。例如,为了了解幼儿学习品质的发展规律和发展特点,可以对某个小班全体幼儿进行连续三年的观察研究,从小班到中班,直至他们大班毕业。这就是采用观察法对研究对象进行了追踪研究。

四、观察法的优缺点

观察法既有优点,又有缺点。

(一)观察法的优点

观察法的优点是简便易行,资料较客观、可靠。在观察研究中,收集资料的过程是在自然情境下进行的,不改变观察对象的状态,不干预观察对象的行为进程。同时,在观察研究中,观察者自身就是研究工具,只要视力和听力正常,又有一定的文化水平,都可以凭借眼看、耳听、手记实施观察研究。观察所需的其他研究手段,如摄像机、智能手机、单向观察室等,也是常用的研究设备。尤其是,现在智能手机非常普及,它已经具有摄像机的功能,使用起来非常便捷,使更多的人具备了实施观察研究的条件。这些都决定了实施观察研究是比较容易的。在观察过程中,观察者能够从活动现场直接获取鲜活的第一手资料,比问卷调查、访谈获取的研究资料更为客观、可靠。

(二)观察法的缺点

观察法具有以下不足之处：①

1. 受观察对象限制

观察法适用于对观察对象外部行为及行为之间外部联系的研究，不适用于对内部心理过程或行为内部联系的研究。尤其是对于一些比较隐蔽、没有明显的外部行为表现的事物，就难以用观察法进行研究。

例如，通过观察法研究幼儿学习品质时，对于"好奇心与兴趣""坚持性""专注性""想象与创造"等项目，都可以通过幼儿的外在行为表现或作品加以把握，比较容易进行观察；但对于"反思与解释"这个学习品质项目，如果不通过"访谈法"加以辅助——通过与幼儿就他(她)已经搭建好的作品进行交流，就无法加以把握。

2. 受观察者自身限制

视觉和听觉是实施观察研究时要运用的主要感觉器官。人类的感觉器官具有一定的生理限度，难以觉察超过这个限度的信息，具有不精确性。例如，不借助特定设备，观察者的眼睛就看不到红外光。观察者一旦掌握了观察工具、熟练了观察程序后，就可能凭借对前面观察对象的接触经验，来记录后面观察对象的反应，使观察结果越来越缺乏准确性，出现"观察者放任"现象。另外，在整个观察过程中，观察者的自身生活经验、对儿童发展的理解、看待自己和他人的态度、固有的偏见和成见等，都会影响观察结果，使其难以绝对客观化。②

3. 受观察情境限制

观察受时间和空间限制，观察者不能随时随地进行观察研究。例如，观察者要观察幼儿在一日生活中的合作行为表现，在不借助远程监控系统的情况下，就必须到某个幼儿班级才能实施，坐在高校办公室里是无法实施这种自然观察的。这种情况是受到地点(空间)限制的表现。即便到了某个幼儿班级，在一日生活中对幼儿合作行为做自然观察，观察者能够实际看到的合作行为次数可能并不多，因为观察者无法控制幼儿何时会表现出合作行为，只能"守株待兔"——被动地等待这种行为出现，并做记录。因此，实施这种观察时，需要观察者有足够的时间。如果没有时间，或者错过了时间(幼儿的合作行为发生时，观察者没有看到)，就无法实施此次观察了。

---

①刘晶波. 学前教育研究方法[M]. 北京：人民教育出版社，2016：147-148.
②格朗兰德 G，詹姆斯 M. 聚焦式观察：儿童观察、评价与幼儿园课程[M]. 梁慧娟，译. 北京：教育科学出版社，2017：42.

4. 受观察范围限制

在实施观察时,观察者在同一时期内所观察的对象不多,所以观察获得的通常是小样本,其研究结果的代表性通常是不够的。例如,如果观察者深入一个班级去观察幼儿参与区域游戏的情况,就会觉得力不从心:班里有 30 几个小朋友,该观察哪一个好呢? 所以,只能缩小观察范围,在一定的时间内(如 10 分钟),只在某个区域(如角色扮演区)进行定点观察。这样一来,进入一个区域的小朋友,通常只有 5~6 个,观察者就感到力所能及了。

5. 受无关变量干扰

在自然状态下实施的观察,对无关变量没有任何控制,观察对象的行为表现就可能受到影响和干扰,使观察者实际看到的并非常态的真实过程。这也会影响观察结果的客观性。例如,前面提到观察者在场时,观察对象为了应对观察者或者迎合观察者,他们会做出异乎寻常的举动,其行为表现就不是原来的自然模样,就"失真"了。因此,如果观察者一开始与观察对象接触,就记录他们行为表现的话,所获得的观察资料通常是不客观的。

五、观察法的类型

在教育研究,包括学前教育研究中,人们提到的观察方法五花八门,类型多样,令人目不暇接。这种情况在其他研究方法中是没有的。经常被提及的观察方法的类型如下:

(一)自然观察与实验室观察

根据观察的情境条件,分为自然观察与实验室观察。

1. 自然观察

自然观察指观察者在完全自然的状态下,对观察对象的行为表现做观察记录。由于没有对观察对象所处环境施加任何控制,观察者只能等待目标行为的出现,但可能出现等待很长时间也没有观察到目标行为的情况。如观察者在小班幼儿的角色游戏中对其合作行为做自然观察,可能在整个游戏过程中都看不到一次合作行为发生。自然观察虽然保证了观察资料的客观性,但较为费时耗力,效率不高。

2. 实验室观察

实验室观察指观察者在一定的控制条件下,引发观察对象表现出一些目标行为,并对这些行为做结构化观察和记录。例如,通过控制每个幼儿的雪花片数量,如每个幼儿只有 10 片(包括红、黄、蓝、绿等 4 种颜色),任何一种颜色的雪花片数量都不充足,由此引发他们在玩雪花片游戏时的合作行为。这样观察者就可以在短时间内记录到大量合作行为表现。在这种观察中,虽然观察者人为控制了一定的条件,但观察对象是否表现某种合作行为及其实际频次,都是自然发生的,观察者不再加以控制、引导,因此所记录的结果依然是真实、可靠的。

(二)参与式观察与非参与式观察

根据观察者参与观察对象的活动与否,分为参与式观察与非参与式观察。

1. 参与式观察

参与式观察指观察者不同程度地参与了观察对象的活动,并在共同活动过程中对观察对象实施观察。例如,教师在组织"美发店"角色游戏过程中,扮演顾客参与幼儿的游戏,同时观察每个幼儿的行为表现,按照观察量表对其角色游戏水平进行评定和记录。

2. 非参与式观察

非参与式观察指观察者不介入观察对象的活动,不干预其行为表现,作为"局外人""旁观者"身份,对观察对象的行为做观察记录。例如,某中班幼儿在沙池中自由游戏时,有观察者在一旁观察他们的社会性合作行为,并在记录表上做记录。

(三)直接观察与间接观察

根据观察是否通过中介,分为直接观察与间接观察。

1. 直接观察

直接观察指观察者借助自身的感觉器官,在现场直接对观察对象进行观察和记录。如观察幼儿在户外自主游戏中的消极行为、幼儿教师在中班角色游戏中指导行为、幼儿园集体教学中的导课方式等,观察者就可以在活动现场,用眼睛看、耳朵听,直接感知研究对象的行为表现,并做记录。

2. 间接观察

间接观察指观察者以一定的科学仪器或其他技术手段为中介,对观察对象进行考察,并以适当的方式记录观察信息。这类观察突破了人类感官的局限,扩展了观察的深度和广度。例如,研究野生大熊猫的科学家,通过把具有红外摄像功能的照相机固定在大熊猫经常出没的地方,进行长时间的拍摄,就可能捕捉到它们的活动场景,搜集到一定的观察资料。又如,观察者可以借助远程监控设备,坐在大学的实验室里观察幼儿园某班幼儿的某种行为。

(四)结构式观察与非结构式观察

根据观察过程是否有严格设计,分为结构式观察与非结构式观察。

1.结构式观察

结构式观察指观察者在实施观察前,已经确定了明确的观察对象、观察时间、观察内容及目标行为体系,对整个观察过程进行系统设计和严格控制,并在事先设计好的观察记录表上做记录。通过这种观察所获得的观察资料比较系统,资料类别分明,以数据资料居多,便于进行定量分析和比较。例如,在一组幼儿玩雪花片建构游戏时,某观察者对照事先设计好的"幼儿合作行为观察表",对每个幼儿轮流观察30秒,看其表现出了哪种合作行为(包括提出建议、接受建议、礼貌索要、交换材料、协助建构、共同建构等),并在表格的相应地方打"√"做记录。这就是结构式观察。①

2.非结构式观察

非结构式观察指观察者事先没有对观察过程做严格设计,对观察对象、观察时间、观察内容及记录方式做灵活处理,根据实际的观察情境做相应的观察记录。这种观察虽然灵活机动,但获得的观察资料不够系统、完整。这种观察多用于对观察对象及其行为表现不太了解的情况下。例如,为了了解幼儿在雪花片建构游戏中的合作行为类型,观察者可以对不同年龄班幼儿的雪花片建构游戏做预观察,以案例形式记录其行为表现,并通过对这些案例的总结,归纳出主要的合作行为类型。

六、观察法的过程

实施观察研究时,要把握好以下三个步骤:

(一)制订观察计划,做好观察准备

某本科生的毕业论文题目是《当前幼儿园集体教学导课方式调查研究》。② 现在假定来实施这项研究的话,第一步是要制订观察计划,做好观察前的充分准备。在制订观察计划时,要预先确定好观察时间、观察地点和观察对象这三个方面。就这项研究而言,观察时间是毕业实习期间,一共有两个多月,观察地点是该生所实习幼儿园的班级,观察对象是所在班级指导教师,要记录他们组织的每一个集体教学活动导入环节。该生对集体教学导入环节的观察,使用了智能手机拍摄视频,因此要准备好纸笔、智能手机、存储卡和充电宝等相关材料、设备。

(二)按计划实施观察

制订好观察计划,做好观察前的充分准备后,就要按照观察计划开展实际观察,

---

① 徐秋霞.3~6幼儿在建构游戏中的合作行为观察研究[本科毕业论文][D].杭州:杭州师范大学,2014.

② 孔颖嬿.当前幼儿园集体教学导课方式调查研究[本科毕业论文][D].杭州:杭州师范大学,2014.

并采用适当的方式做记录,搜集观察资料。当然,在实施观察时,既要严格执行观察计划,又要根据研究条件的变化,灵活调整观察计划。例如,该生原计划只观察所在班级指导教师的集体教学,但在他们作为实习生进入该班以后,他们承担了较多的教学工作,指导教师实际上课次数有限。如果按照原订计划只观察指导教师的教学,就无法记录到足够多的集体教学导入环节的案例。事实上,实习生在组织每次集体教学前,都要提前一周写好教案,并以初步写好的教案跟指导教师进行说课,按照指导教师建议再次修改教案后,才能面向幼儿正式组织集体教学。这说明即便是实习生的集体教学,其教学设计和教学实施过程也是非常规范的,其导入环节也可以作为观察记录的内容。鉴于此,该生决定除了观察指导教师的集体教学导入环节,也观察他们实习生自己的集体教学导入环节。经过上述调整,该生在实习的两个多月时间内,对所在班级每一个集体教学都进行观察,对其中的导入环节都拍了视频。这样,等实习结束时,该生一共做了 70 多份观察记录,获得了较为充足的研究资料。另外,为了进一步丰富研究资料,该生还从本届其他实习生对小、中、大班集体教学所做观察记录中各抽取一定数量的观察记录,保证对小、中、大班集体教学的导课方式记录都至少有 60 篇。

(三)整理、分析观察资料

通过一段时间的系统观察,获得了相对充足的观察资料后,观察者就要及时对资料进行归纳总结,得出一定结论或观点来。

在上述研究中,该生通过对观察资料的系统分析,总结出了在不同年龄班集体教学中和在不同领域(健康、语言、社会、科学、艺术等)集体教学中常用的导课方式,得出了一定的规律性认识,并在此基础上为教师更好地使用导课方式提出了一些建议。

七、观察法的使用规范

在学前教育研究中,经常使用的观察方法实际上有两大类型:定量观察和定性观察。上述实验室观察和结构式观察属于定量观察,自然观察和非结构式观察属于定性观察。定量观察结构性强,一般对观察行为做表格(量表)式记录,通过对观察数据的统计分析得出一定的结论;定性观察结构性弱,一般对观察行为做文字描述,完整、鲜活地呈现行为过程,通过对案例的归纳,总结出一些共性认识。在定量观察中,常用的是时间取样观察法;在定性观察中,常用的是事件取样观察法。

下面介绍一下时间取样观察法和事件取样观察法的含义、适用条件与实施步骤。

(一)时间取样观察法的使用规范

1. 时间取样观察法的含义

时间取样观察法是指以一定的时间间隔为取样标准来观察和记录预先确定的行为是否出现以及出现次数的观察方法。它是一种测量行为的方式,不是对观察对象进行行为描述,而是在对行为编码的基础上,记录行为是否出现以及出现的频率和持续时间。

例如,在毕业论文《3~6岁幼儿在建构游戏中的合作行为观察研究》中,采用的就是时间取样观察法。通过限定每个幼儿获得的雪花片数(每人10片,包括红、黄、蓝、绿等4种颜色),引发共同玩雪花片的6个幼儿之间出现"提出建议""接受建议""礼貌索要""交换材料""协助建构""共同建构"等合作行为。在实际观察时,抽取的时间段为3分钟,对每个幼儿每次观察30秒,在"幼儿合作行为记录表"中用打"√"方式记录其合作行为出现的频次,连续观察8个时间单位。[①]

2. 时间取样观察法的适用条件

使用时间取样观察法时,观察对象的行为必须满足以下两个基本条件:

其一,所观察的必须是经常出现、频度较高的行为,如每15分钟内不低于1次的行为。

其二,所观察的必须是外显的、容易被观察到的行为。

时间取样观察法比较适合于观察发生频率较高的外显行为和事件。对于一些低频行为,就不太适合采用此种方法。例如,如果不是在人为创设的实验室观察情境中,而是在幼儿园一日生活中观察幼儿的合作行为,就可能出现等待了很长时间却看不到合作行为发生的情况。因此,无法利用时间取样观察法去研究一日生活自然情境中的幼儿合作行为。

3. 时间取样观察法的实施步骤

运用时间取样观察法时,可按照以下步骤操作:

(1)确定观察的时间单位

首先,观察者要确定观察的时间单位。时间单位确定后,观察者要匡算用于每个幼儿的观察时间,确保可以在这个时间段(时间间隔)中对幼儿的行为类型或水平做出判断,并在表格中做记录。例如,在10分钟时间内,对某个中班30名幼儿在自由游戏中的行为表现逐一观察一遍,用于每个幼儿的观察记录时间就是20秒。所抽取的这个时间间隔长度,跟观察对象的总人数有关,观察对象人数越多,这个时间单位

---

① 徐秋霞.3~6幼儿在建构游戏中的合作行为观察研究[本科毕业论文][D].杭州)杭州师范大学,2014.

也就越长;同时也跟观察者对观察对象行为的熟练程度有关,对所观察的行为越熟练,做出判断所需要的时间越短,所抽取的时间间隔也可以相应地短一点。

(2)规定观察行为的操作性定义

确定了观察的时间单位后,接下来观察者要预先规定所观察行为的详细操作性定义,或对行为进行分类。

所谓操作性定义,就是把要观察的行为给予详细的说明、规定,确定一个行为或现象的观察和测量的客观标准。

例如,美国学者帕顿对儿童在游戏中的社会参与性行为做了6种分类,包括“无所事事”“旁观”“独自游戏”“平行游戏”“协同游戏”“合作游戏”等(见表4-1)。就其中“旁观”的操作性定义来看,帕顿实际上是在描述“旁观”的几种行为表现,由此给出了一些具体的行为指标。观察者在给出操作性定义时,也要把握住这一点。

表 4-1　幼儿在游戏中的社会参与性行为①

操作性定义	行为指标
无所事事	幼儿行为缺乏目标,东游西逛,注视碰巧引起兴趣的事。若周围没有能够吸引其注意的事物,他(她)就玩玩自己的肢体、在椅子上爬上爬下、到处晃晃、跟着老师或坐在固定的位置,目光却四处漂移。
旁观	幼儿大部分时间都在观看他人游戏,偶尔和他人交谈,有时候会提出问题或提供建议,但行为上并不介入他人的游戏。
独自游戏	幼儿在交谈距离之内的伙伴旁边玩与伙伴不同的玩具,专注地玩着自己的游戏,但不和附近的幼儿交谈。
平行游戏	幼儿玩着和附近幼儿相同或相近的玩具,但不和其他幼儿交谈。如两个幼儿都在玩拼图,但各玩各的。一个人离开桌子以后,另一个人还会继续玩下去。
协同游戏	幼儿和其他幼儿在一起玩,进行相似但不一定相同的活动。往往因为材料的借出而互有沟通,也可能有动作的自发配合(如一个接一个地搭火车),但相互之间没有明确的分工与合作,缺乏对于材料、活动目的和结果的共同计划和组织。
合作游戏	几个幼儿在一起围绕一个共同的游戏主题,采取分工合作的方式游戏,对于要用什么材料以及已有的材料如何使用、活动目标和结果有共同的计划和组织。活动有分工,角色是互补的。如你当“妈妈”,我当“爸爸”;我来“做饭”,你来“喂孩子”。

①刘焱.儿童游戏通论[M].北京:北京师范大学出版社,2008:183-184.

又如,根据幼儿在分配糖果时主动性程度的不同,可以把他们的谦让行为分为三种水平:其一,"主动谦让",指没有任何人提醒或暗示时,都能将高级糖果让给别人;其二,"被动谦让",指在他人提醒或暗示下,才肯将高级糖果让给别人;其三,"不谦让",指在他人再三提醒时都不肯把高级糖果让给别人,一定要自己享用。这个例子描述了在不同条件下谦让的几种行为,确定了每一种行为的核心指标。

要想给出观察行为的详细操作性定义或对行为进行分类,观察者需要对这种行为进行充分预观察,全面把握它的基本情况,详细了解各个具体行为指标。

观察者在实施观察前,必须熟记各个操作性定义和行为分类标准,以及各类行为的代号(英文字母或数字),并设计好观察记录表,以便迅速而有效地对观察对象的行为做出判断和进行记录。

时间取样观察法的观察记录表要呈现观察对象、时间单位和行为类型等三类基本信息,还要便于操作使用。限于表格宽度,可使用字母或数字代替行为名称(见表4-2)。

表 4-2 幼儿游戏行为观察记录表

幼儿姓名	3:00—3:10			3:10—3:20			3:20—3:30			3:30—3:40			3:40—3:50			3:50—4:00			合计		
	A	B	C	A	B	C	A	B	C	A	B	C	A	B	C	A	B	C	A	B	C
×××																					
×××																					
×××																					
×××																					

说明:A代表"独自游戏";B代表"平行游戏";C代表"联合游戏"。观察者做连续观察,并在表格相应的地方打"√"。

(3)实施观察

确定了观察时间单位,规定了观察行为的操作性定义,设计好观察记录表后,观察者就可以按照观察计划实施观察研究了。

(二)事件取样观察法的使用规范

1. 事件取样观察法的含义

事件取样观察法指以选取行为或事件作为观察样本的观察取样方法。它的测量单位是行为事件本身。因此,这种方法不受时段或时间间隔的限制,只要行为或事件一出现就开始记录,并且可以随着事件的发展做持续性记录。这种观察方法注重的是行为事件的特点、性质,时间只是说明事件持续性特点的一个因素。

2. 事件取样观察法的实施步骤

运用事件取样观察法时,可按照以下步骤操作:

(1)确定要观察的目标行为

首先,观察者预先确定要观察的目标行为。如同使用时间取样观察法时要给出观察行为的操作性定义一样,观察者最好也能对目标行为进行分类或给出操作性定义。

(2)选择最有利的观察时间和地点

接着,观察者要对目标行为做预观察,把握其一般状况,并考虑要观察记录的内容,选择对观察最有利的时间和地点。例如,要观察幼儿在一日生活中的分享行为,观察者就要通过预观察,了解幼儿在什么时间(环节)、什么地点(活动)可能出现较多的分享行为,然后就在那个最有可能出现分享行为的时间与地点去开展观察研究。

(3)全面记录观察行为的信息

利用事件取样观察法实施研究时,观察者所记录的事件要素应该齐全。一般而言,应该包括人物、时间、地点、起因、经过、结果等 6 个方面。这类似于记叙文的六要素。对这 6 个方面做记录时,不是均等用力,而要做到详略得当。对于人物、时间、地点等三个方面,可以简略记录,点到为止;对于起因、经过、结果等三个方面,则需要做详细记录,尽可能全面地描述事件全程。

例如,某位观察者对幼儿游戏中合作行为所做的观察记录如下:

合作性游戏①

幼儿姓名:玛丽　年龄:6 岁

记录日期:1990 年 10 月 8 日

其他参与者:詹姆斯　6 岁

场景:孩子们在操场的联合体操器械区玩

所观察的活动类型:合作性游戏

幼儿在游戏中采用的方式	和别人交谈	领导游戏	和别人共用器械	跟随别人
每种方式出现的次数	I		I	T	

起因:玛丽在器械上玩的时候詹姆斯来玩器械的另一部分。

经过:玛丽问詹姆斯能不能像她那样在单杠上翻转,当詹姆斯过去找她时她跑到操场上并且盯着詹姆斯,当詹姆斯跑过来时她又跑开让詹姆斯追她。

结果:詹姆斯在操场上追赶玛丽,然后他们一起到器械上去玩。

①佚名.案例:合作性游戏[EB/OL].(2013-08-02)[2020-02-22]. http://old.pep.com.cn/xgjy/zcjy/yj/jszx/alfx/201308/t20130802_1161879.htm.

持续时间:约 3 分钟。

在上述例子中,观察者选定的目标行为是某一幼儿在游戏中的合作性表现。在观察过程中,对于观察对象的合作性行为表现的起因、经过和结果进行了较为细致的观察记录;对于记录日期、观察对象的姓名和年龄、其他参与者的个人情况、事件发生的场地、所观察活动的类型、事件持续的时间等基本信息做了简要记录。此外,观察者事先对幼儿在游戏行为中的合作方式进行了分类,并列出了表格,采用画"正"字方式记录每种合作方式的出现次数。这个观察记录呈现了全部事件要素,较为规范。

八、记录的手段和方法

在运用观察法时,要采用恰当的手段和方法,及时、准确、全面地记录观察信息。

(一)记录手段

根据做记录时使用工具或材料的不同,可以把记录手段分为以下两种:

1. 纸笔

纸笔是最基本的记录材料和工具。在传统的观察研究中,主要运用手写形式记录观察信息,所使用的记录手段就是纸笔。

2. 仪器设备

除了纸笔,录像机、数码照相机、智能手机等工具或设备,在现在的观察研究中得到广泛运用,属于现代化的记录设备。

(二)记录方法

根据记录工具或手段的不同,可以把记录方法分为以下四种:

1. 表格记录

表格记录指观察者利用事先设计好的观察记录表、观察量表、行为检核表等工具记录观察对象的行为表现。

在观察研究中,无论是采用时间取样观察法,还是采用事件取样观察法,都可以事先设计好观察记录表,便于在实际观察时快速做记录。例如,在《3～6 岁幼儿在建构游戏中的合作行为观察研究》中,其观察记录表如表 4-3 所示。

这个观察记录表中有观察对象、时间单位和行为类型等三个基本信息。在具体观察时,对照每个观察对象的行为表现,在所对应的表格中打勾记录其出现频次。

表 4-3　幼儿合作行为观察记录表

时间	儿童代号	合作行为					
		A	B	C	D	E	F
00:00:00—00:00:30	1						
00:00:30—00:01:00	2						
00:01:00—00:01:30	3						
00:01:30—00:02:00	4						
00:02:00—00:02:30	5						
00:02:30—00:03:00	6						

说明:A 代表"提出建议";B 代表"接受建议";C 表示"礼貌索要";D 代表"交换材料";E 代表"协助建构";F 代表"共同建构"。

　　观察者也可以利用一些规范的量表来评价幼儿的行为表现。当幼儿的行为与量表中的某项一致时就勾选相应的分值。利用量表做记录,不仅能标明幼儿出现了何种行为,而且能标明这种行为的水平高低。如利用《3~6 岁儿童学习品质观察评价量表》(见表 4-4),针对幼儿在雪花片建构游戏中学习品质的具体行为表现,给出具体的评价分数。如果某个幼儿在整个游戏过程中面无表情、闷声不响,对其"兴致"的评分,就可以选择 0 分;如果他虽然面无表情,但偶尔也会自言自语或跟同伴交流一下,就可以选择 1 分;如果他面带笑容,一看到雪花片材料就说"我想搭一架飞机",就可以选择 2 分,如果他有惊喜的表情,有更多愿意搭雪花片的语言表述及跟同伴的语言交流,就可以选择 3 分。

表 4-4　3~6 岁儿童学习品质观察评价量表(部分)①

一级维度	二级指标	三级行为表现	分值
好奇心与兴趣	兴致	无表情无言语	0
		较平静,少有言语表达	1
		稍有兴奋,伴随一定言语,或是在同伴启发下有诸如"我想搭××""我也想搭××"的表达	2
		很兴奋、惊喜,有诸多言语,如"耶,要搭雪花片咯!"	3
	观察	进入搭建场地后,表现出木讷、呆滞等状态	0
		进入搭建场地后,四处张望周围环境	1
		进入搭建场地后,有意识注意周围环境、活动材料甚至研究者	2
		进入搭建场地后,细致观察周围环境、活动材料、研究者,如拿起雪花片材料仔细看	3

---

①赵婧.《3~6 岁儿童学习品质观察评价量表》的研制[D].杭州:杭州师范大学,2017.

续表

一级维度	二级指标	三级行为表现	分值
好奇心与兴趣	意愿	有"我不会搭"或"我不喜欢搭"等消极行为表现或言语表达	0
		对要进行搭建活动有所犹豫,迟迟不肯操作	1
		对研究者所说的活动要求与内容有积极回应,按照要求进行搭建	2
		积极配合、跃跃欲试,非常迅速、投入地进行搭建	3
	主动性	在给出搭建主题后仍然不知道该搭建什么	0
		在给出搭建主题前没有搭建想法	1
		在给出搭建主题前受同伴启发有了搭建想法,如听到同伴说"我想要搭个××……"遂说"我也想搭个××……"或"我也会搭××……"	2
		在给出搭建主题前就已有自己的搭建想法,如"我想要搭个××……"	3

观察者可以通过预观察,事先把握幼儿在某种活动中可能出现的主要行为,制作成行为检核表(清单)。利用行为检核表,可以核对幼儿在活动中的主要行为呈现与否。当幼儿出现某种行为时,就在检核表的对应项目上打勾。运用这种方法进行的记录,信息比较系统,时间较为快捷。例如,借助《幼儿对形状与数的概念理解能力清单记录表》,对幼儿的数学能力表现做观察记录(见表4-5)。

表 4-5 幼儿对形状与数的概念理解能力清单记录表①

儿童姓名:_____

任务	能	不能	日期
1.按名称指出图形:圆形	_____	_____	_____
正方形	_____	_____	_____
三角形	_____	_____	_____
长方形	_____	_____	_____
2.从1数到10	_____	_____	_____
3.正确说出形状名称:圆形	_____	_____	_____
正方形	_____	_____	_____
三角形	_____	_____	_____
长方形	_____	_____	_____
4.理解概念:较大	_____	_____	_____
较小	_____	_____	_____
较长	_____	_____	_____
较短	_____	_____	_____

---

①王坚红.学前儿童发展与教育科学研究方法[M].北京:人民教育出版社,1991:87-88.

续表

任务	能	不能	日期
5.做出——对应反应：2 个物体	——	——	——
3 个物体	——	——	——
5 个物体	——	——	——
10 个物体	——	——	——
10 个以上物体	——	——	——
6.遵循指令：开始	——	——	——
中间	——	——	——
最后	——	——	——
……			

2. 图表记录

图表记录，又称图示记录，指观察者以图表形式呈现、说明获得的观察信息。用这种方法可以记录对一个大群体或全班儿童的观察结果，其具体形式包括"饼图""直方图""社会关系图""流程图"等。

例如，下面是一个饼图，记录的是幼儿在游戏活动中"来回走动""发呆""参与游戏""干扰他人"等四种行为各自所占的百分比（见图 4-1）。

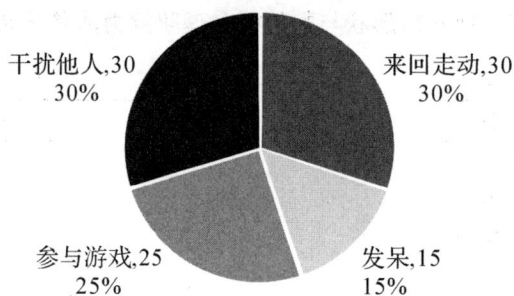

图 4-1　幼儿游戏活动中行为统计饼图①

又如，图 4-2 是一个柱状图，记录的是幼儿在 5 次踢球中踢中次数情况所占的百分比。

表 4-6 是一个儿童社会关系网图，记录的是 9 个儿童之间复杂的朋友关系。

---

①侯素雯，林建华.幼儿观察与指导这样做[M].上海：华东师范大学出版社，2014：34.

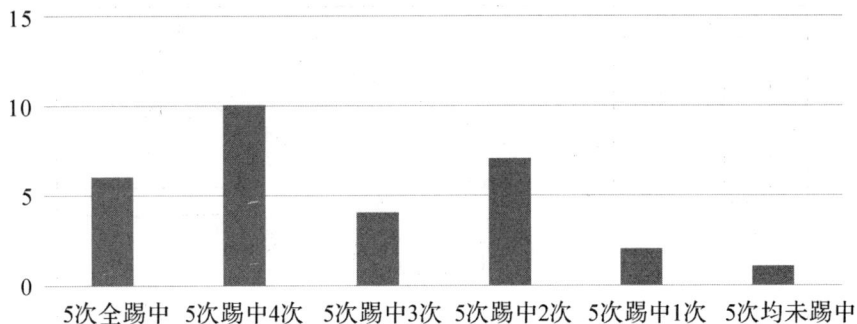

图 4-2 踢球结果统计①

表 4-6 儿童社会关系网图范例②

儿童姓名	朋友	朋友	朋友
萨沙	戴西	埃米尔	安娜贝尔
埃米尔	乔治	丹尼尔	塔瑞琪
乔治	埃米尔	丹尼尔	塔瑞琪
戴西	萨沙	杰西卡	安娜贝尔
丹尼尔	乔治	塔瑞琪	埃米尔
安娜贝尔	萨沙	戴西	杰西卡
查理	安娜贝尔	乔治	塔瑞琪
杰西卡	安娜贝尔	戴西	萨沙
塔瑞琪	埃米尔	安娜贝尔	乔治

图 4-3 是一个儿童游戏行踪示意图,呈现了某个儿童的行动轨迹,以及在每个游戏区域停留的时间。

3. 文字描述记录

文字描述记录指观察者采用叙述性语言把观察对象的行为表现记录下来。具体形式包括"实况详录法""日记描述法""佚事记录法""实例描述法"等。

(1)实况详录法

实况详录法指观察者不加选择地把观察对象的所有行为细节都客观描述下来。例如,在幼儿园做教学观摩时,从教学开始到结束,观察者会详细记录幼儿教师做的每一件事情。这种记录,就属于实况详录。

---

①里德尔-利奇 S. 观察:走进儿童的世界[M].潘月娟,王艳云,译.北京:北京师范大学出版社,2008:37.
②同上,38-39.

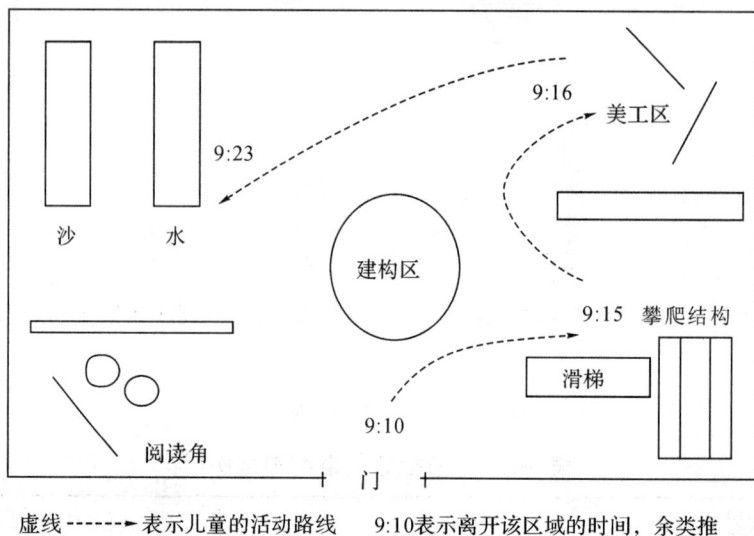

虚线 ------▶ 表示儿童的活动路线　　9:10表示离开该区域的时间，余类推

图 4-3　幼儿游戏追踪观察①

（2）日记描述法

日记描述法，又称传记法，指观察者在较长时间内对同一个或同一组幼儿的行为进行追踪观察，持续地记录其新的发展和新的行为，呈现其行为变化过程。

例如，下面是某位妈妈为其儿子所做的成长日志②，记录了其练习爬行的过程。

2003 年 7 月 7 日

宝宝已经满 8 个月了，我们一直在努力训练他学会爬行。

尤其是看到同龄婴儿会爬的时候，心里总是有点着急，又想可能是宝宝比较胖的原因，也就宽心了。在宝宝情绪比较好的时候，我们每天都坚持让宝宝趴几次，每次 2～3 分钟不等，但是宝宝只坚持 1 分钟的样子便整个身体都贴到地面上去了。

2003 年 7 月 9 日

宝宝每次趴在地上的时候，总是不停地转头找我们，像是有点害怕。然后撅起屁股，双手开始轮流去抓身体附近的玩具。我们便拿各种各样的玩具跑到宝宝跟前逗他，他一努力，整个身体又贴到地面上去了，趴在那里

---

①SHARMAN C, CROSS W, VENNIS D. 观察儿童：实践操作指南：第 3 版［M］. 单敏月，王晓平，译. 上海：华东师范大学出版社，2008：8.

②张晓辉：宝宝爬行成长日记［EB/OL］. （2013-05-28）［2020-05-22］. http://old. pep. com. cn/xgjy/zcjy/yj/jszx/alfx/201305/t20130528_1156265. htm.

不动。

2003 年 7 月 10 日

当我们拿着玩具在宝宝前面逗他的时候,他试着朝前爬,一开始只是手脚不停地动,身体并没有朝前移动,我们便一人在前面拿玩具吸引宝宝,一人在宝宝后面用双手抵住他的脚板,帮他用力。可是一用力,宝宝的身体就贴着地面,几次反复后,宝宝靠着手和脚的力量,腹部和膝盖着地慢慢地能朝前爬几步了,大概一米左右的样子。

2003 年 7 月 12 日

宝宝会腹部和膝盖着地爬行了,我们希望他能用手膝着地爬行,利用手和脚的力量支撑整个身体。于是我们试着一个人拿玩具在前面逗他,一个人用手抱着他的腹部,使腹部腾空让宝宝爬行。试了几次后,觉得不是很理想,宝宝对抱他的人很感兴趣,总是试着回头。于是我们拿毛巾绕过宝宝的腹部,帮他用力,练习了几次,但效果也不是特别佳。

2003 年 7 月 15 日

宝宝趴在地上的时候,我正好也趴在地上。当我不是像平常一样从他身旁走过去,而是从他身旁爬过去的时候,宝宝大声笑了起来。他很好奇,也很兴奋。于是我便想到平时的训练忽略了一个小孩最为简单的学习方法——模仿,我接着又爬了回来,对着宝宝说:"快来,追妈妈,快! 快! 快!"就像是奇迹,宝宝学会爬了,会用手膝着地爬了。于是我和宝宝在房间里高兴地爬来爬去。

从上面几篇日志可以看出,这位妈妈对孩子学习爬行的过程做了长期观察,详细地用日记形式记录孩子每次爬行的细节,从而能够详细了解其爬行动作发展情况,并及时调整自己的行为来适应孩子的需要,采取了让孩子通过模仿来学习爬行方法,促进了孩子爬行动作的发展。

(3)轶事记录法

轶事记录法指观察者着重记录自己认为有价值的观察信息,一般是观察对象的典型行为或异常行为。

2016 年 8 月 29 日上午

末末吃饱了奶躺在床上,两只眼睛滴溜溜乱转,盯着周围看。妈妈逗她说话时,她明显在盯着妈妈的脸看,表情似乎很"兴奋",手脚也不住地踢腾。

两只手挥动时,不像前几天那样一上一下,而是都放在胸前,同时把两臂张开,再合拢。脚也跟手的动作同步,有节奏地伸开、合拢。过了三五分钟,她有点累了,双眼什么都不看,双眉也紧锁起来,嘴里也开始"哎——哎——"叫起来。妈妈看到这种情况说:"末末又饿了,该吃奶了。"末末被妈妈抱起来,就大口大口地吃起奶来了。

　　2016 年 9 月 17 日上午

　　末末在睡梦中,身体扭动了几下,然后"砰"的一声响亮地放了一个屁,她脸上出现了惊恐的表情:双眼突然睁开,双手向空中伸出,好像想抓住什么,并放声大哭起来。看来,她是被自己的屁吓到了。

上面两个例子,记录的都是婴儿的典型行为。[①] 在第一个例子中,显示新生儿的动作还没有明显分化,手和脚的动作往往同时发生。在第二个例子中,显示小婴儿也有恐惧情绪,会被突发的声响吓到。

当然,观察者也可以记录幼儿的异常行为。例如,某个幼儿经常独自玩玩具,但是有次在玩具分享日一开始就邀请了一个同伴跟他一起玩小汽车,出现了主动分享行为。对他来说,这就是个"异常行为",观察者可以把它记录下来。

(4)实例描述法

实例描述法指观察者根据预先确定的标准,对发生的行为、事件及其背景做详尽、连续的观察和描述。例如,在组织游戏活动时,教师以扮演游戏角色方式介入游戏过程对幼儿进行指导。下面给出的就是这样一个例子。

　　在理发店区域,教师观察到幼儿对用浴帽制作"假发"不感兴趣,于是走过去跟经理说:"经理,我没有钱了,可不可以在你这里打工挣钱啊?"经理同意后,教师说:"那我来做一个漂亮的假发吧!"教师从百宝架中拿来彩纸和固体胶,将彩纸撕成一条一条的,贴在浴帽上。"假发"做好后,教师说:"哇!多美的假发啊!经理你看漂不漂亮!你要不要也做一个这么漂亮的假发?"该名幼儿提起了制作"假发"的兴趣,也动手制作起来。[②]

这个记录可以被视作实例描述法,呈现了以游戏角色介入指导方式中"平行式介入法"的实例。

4. 仪器设备记录

仪器设备记录指观察者用摄像机、数码相机、智能手机等现代化设备记录观察信

---

①这是我们对自己女儿做的成长日志。——著者。

②郭欢.中班幼儿角色游戏中教师指导行为观察研究[本科毕业论文][D].杭州:杭州师范大学,2014.

息的方法。随着智能手机的普及,在近年来的观察研究中,将它作为记录设备是非常普遍的事情。

思考与练习

1.何谓观察法? 它有哪些构成要素?

2.与日常生活中的观察相比,属于科学观察的观察法有哪些特征?

3.观察法有什么优点和缺点?

4.观察法有哪些基本类型?

5.结合一个运用观察法的研究案例,分析观察法的主要实施步骤。

6.何谓时间取样观察法? 它有哪些适用条件? 怎样使用这种方法?

7.何谓事件取样观察法? 怎样使用这种方法?

8.使用事件取样观察法时,要记录哪些内容?

9.记录的主要手段有哪些? 记录的主要方法有哪些? 每种方法如何使用?

10.文字描述记录法有哪几种?

11.根据下面的研究情境,设计一份时间取样观察法的观察记录表。

某研究者拟采用观察法研究某中班幼儿在雪花片建构游戏中的合作行为(包括提出建议、交换材料、协助建构等)。假定该中班有 30 名幼儿,以 10 分钟作为一个取样时间段,每个幼儿观察 20 秒,连续观察 6 个时间单位。请为该项研究设计一份观察记录表。

要求:(1)观察记录表中包含必需的几项信息;(2)简洁明了,易于操作。

研究案例

徐秋霞,王喜海.3~6 岁幼儿在建构游戏中的合作行为观察研究[J].教育导刊:下半月,2014(9):21-25.

第五章 问卷法

案例导入

某本科生在实施"幼儿家长食品安全意识和防范能力现状调查"时,自行编制了调查问卷。该问卷从幼儿家长食品的"安全意识"和"防范能力"两个方面设计了若干问题,保证了在调查结果中能呈现这两个方面的现状,并揭示存在的问题,问卷本身具有一定的内容效度。但回头来看,当初设计问卷时,若能针对家长的人口学变量(身份、年龄、学历、职业等)设计题目,就能从这些维度比较家长的食品安全意识与防范能力有何差异,调查就会更深入一步。①

某本科生在实施一项问卷调查时利用的是自编问卷。为了说明问卷的信度和效度,该生利用实际调查数据做了统计分析,发现信度和效度都合乎统计学的基本要求。但因个别题目效度太低,就加以删除,没有对其进行统计分析,在最终的调查报告中也没有出现相关内容。该生尝试分析自编问卷信度、效度的做法值得鼓励,但其检验问卷信效度的程序出了问题。问卷的信效度检验,是在编制问卷过程中通过分析预调查数据完成的,而不是利用正式调查数据来检验。

有些本科生的问卷调查是在自己见实习幼儿园进行的。在实习期间,幼儿园的教师和家长三天两头要填写不同的问卷,实在有点招架不住,填答问卷的热情在慢慢减退,结果有些问卷连一半都回收不上来。在实习单位发放问卷,属于"方便抽样"。但这种本来方便的抽样发放形式,因过低的回收率反而给调查者带来了"不便"。

要想避免或改进上述案例中出现的问题,本科生从一开始就要系统了解问卷的使用规范。

本章主要介绍问卷法的基本规范,包括问卷法的含义、优缺点,问卷的组成部分、题目类型、编制程序和编制要求,抽样的含义、基本要求和具体方法。

---

①潘佳,王喜海.幼儿家长食品安全意识和防范能力现状调查——以浙江省杭州市为例[J].教育导刊:下半月,2017(7):82-85.

学习目标

1. 了解问卷法的含义、优缺点和问卷的组成部分、题目类型；

2. 掌握问卷编制的基本过程和基本要求，并尝试编制一份调查问卷；

3. 了解并掌握抽样的基本要求和具体方法。

学习内容

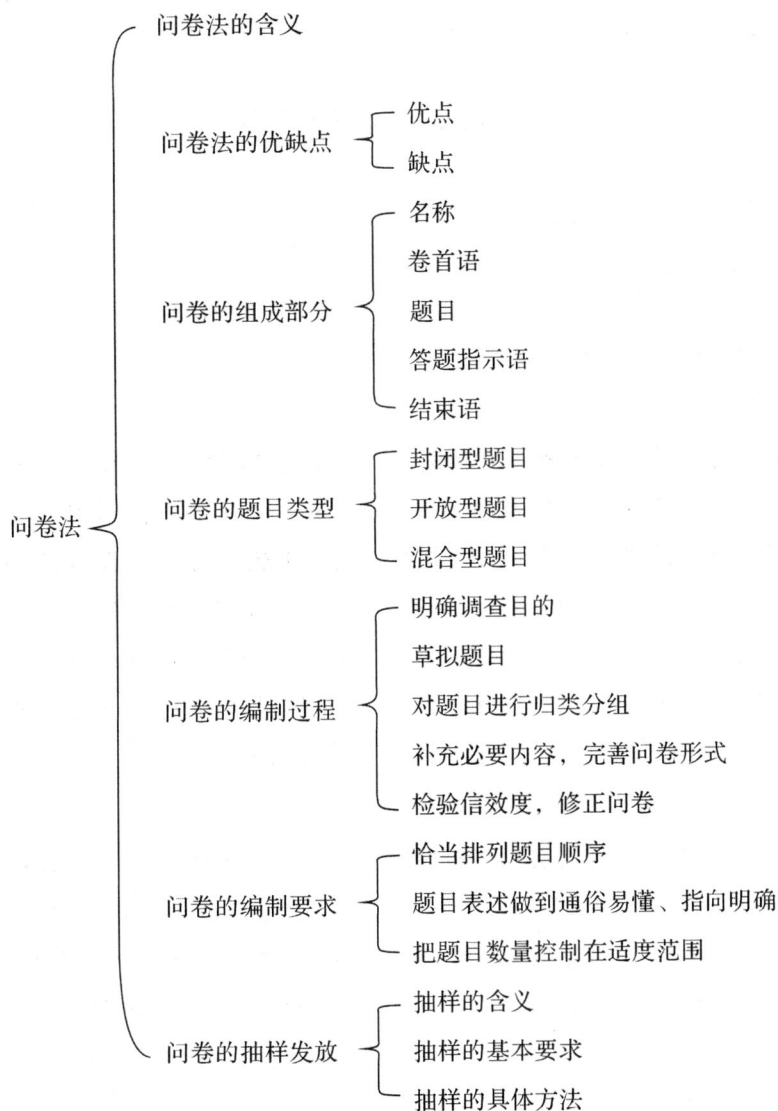

问卷法
- 问卷法的含义
- 问卷法的优缺点
  - 优点
  - 缺点
- 问卷的组成部分
  - 名称
  - 卷首语
  - 题目
  - 答题指示语
  - 结束语
- 问卷的题目类型
  - 封闭型题目
  - 开放型题目
  - 混合型题目
- 问卷的编制过程
  - 明确调查目的
  - 草拟题目
  - 对题目进行归类分组
  - 补充必要内容，完善问卷形式
  - 检验信效度，修正问卷
- 问卷的编制要求
  - 恰当排列题目顺序
  - 题目表述做到通俗易懂、指向明确
  - 把题目数量控制在适度范围
- 问卷的抽样发放
  - 抽样的含义
  - 抽样的基本要求
  - 抽样的具体方法

一、问卷法的含义

　　问卷法是以书面提出问题的方式搜集资料的一种调查方法。使用问卷法时,调查者着重于就某一事物的现状,向抽取的调查对象了解情况或征询意见。

　　问卷法是本科生做毕业论文研究时使用最广泛的一种研究方法。就 H 师范大学学前教育专业来看,在 2009 级、2010 级、2011 级学生中,选用问卷法做毕业论文研究的分别为 50%、34.6%、32.9%。近年来,问卷法的运用占比都在三成左右。这说明问卷法是一种使用广泛,也便于运用的方法。

二、问卷法的优缺点

　　问卷法既有优点,又有缺点。

(一)问卷法的优点

　　问卷法的主要优点为:

1. 经济性

　　问卷法以书面形式提出和回答问题,向有关对象间接地了解某一现象或问题。调查者不需要与调查对象进行直接交流,节省时间、人力、物力、财力,经济实用。例如,通过问卷了解幼儿抵抗力现状时,调查者只要事先设计好调查问卷,在某个地域(如杭州市)发放一定数量的问卷,请幼儿家长填答,对问卷数据统计分析后,就能了解该地幼儿抵抗力的现有水平。又如,为了了解幼儿园渗透性数学教育的实施现状,调查者也只要设计好问卷,在一些幼儿园发放一定数量的问卷给幼儿教师来填答,对问卷统计分析后,也可以基本了解该类教育实践的现状。

2. 高效性

　　在编制有效问卷后,调查者可以在较短时间内搜集到关于调查对象的大量信息。与访谈法、观察法、实验法等研究方法相比,问卷法搜集研究资料的效率相对较高。如果用观察法做研究,观察者要等待研究对象的某种行为出现时才能做观察记录。如观察幼儿教师在集体教学中对幼儿违规行为的处理方式,就必须在他们组织集体教学时实施观察,每次能够记录几个有效案例,事先无法控制,获得足够的研究资料需要耗时数周乃至数月,搜集资料的效率较低。

3. 广泛性

　　问卷能够在较大范围内发放,不受时间、空间限制,通过合理抽样,也能够保证对总体的代表性。例如,为了调查我国当前保育员的师资现状,调查者只要设计好具有一定信度和效度的《保育员素养结构调查问卷》,在东部、中部、西部抽取一些省份作为调查地区,然后把问卷邮寄到这些地方,发放给保育员本人来填答就可以了,不受时间、空间的限制,同时因抽样具有一定的合理性,这种调查结果基本能够体现全国保育员的师资队伍现状。相反,诸如观察、访谈等研究方法,在运用时需要跟研究对象直接接触,研究者必须身临调查现场,往往会受到时间、空间的限制,其调查范围比较狭窄,不像问卷法这样具有广泛性。

4. 方便性

问卷设计完成后,调查者可以采用多种形式发放问卷,可以直接送达调查对象手上,可以用快递邮寄给他(她),还可以通过问卷星等网络平台发放,非常方便。问卷回收后的数据处理也较为方便。在调查问卷中,一般以结构性、标准化问题为主,便于对调查数据进行统计和量化分析。

例如,在调查幼儿园保教质量现状时,调查者针对课程模式设计了一个问题,并给出三个选项——"A. 学科课程""B. 领域课程""C. 主题课程",园长或幼儿教师在填答时,只能在既有的三个选项中选择一个。这种选项设计和回答方式,就体现了一定的结构性标准。回收问卷后,经过百分比统计分析,调查者就能知道当前全国幼儿园以哪种课程模式为主,也可以对东部、中部、西部幼儿园采用的课程模式做差异性检验,了解其地域差异是否存在。

14. 本园采用的课程模式(　　　)

A. 学科课程　　　B. 领域课程　　　C. 主题课程

15. 本园采用的主要教学方式(　　　)

A. 集体教学　　　B. 小组教学　　　C. 个别教学

(二)问卷法的缺点

问卷法有以下缺点:

1. 研究的真实性和可靠性无法完全保障

因调查者与调查对象没有面对面接触,如果调查对象在填答问卷时遇到问题,得不到现场解释和指导,就可能随意填答,从而影响研究资料的真实性、可靠性。尤其是那些设计不够严谨的题目,自身存在问题或歧义,但发放前调查者并未觉察,待问卷回收以后,也无法更改,就会回收缺乏信度的调查数据。

例如,某本科生在调查幼儿看动画片现状时,设计了下面一个题目:

1. 您孩子大概从几岁开始看动画片？（　　　）

A. 1 岁前　　　B. 1.5 岁至 2 岁　　　C. 2 至 3 岁　　　D. 3 岁后

上述题目选项设计存在不周延现象，没有涉及"1 至 1.5 岁"这段时间。如果一个家长清楚记得自己孩子是从 1 岁零三个月开始看动画片的，就会发现，该题目中并没有适合他们情况的选项。在这种情况下，他（她）可能选择一个比较接近的选项——"A. 1 岁前"。但这么做并不符合客观事实。另外，题目选项没有互斥，如果某个家长的孩子从两岁开始看动画片，就不知道该选 B 还是 C。

同时，在填答问卷时，调查对象是否合作，是否如实呈现调查信息，调查者一般难以控制。这种情况也会导致调查出现主观偏差。

例如，在调查园所建设情况时，问卷中有个题目——"您对本园教师办公条件的自评等级"，其选项有"A. 优秀""B. 良好""C. 基本合格""D. 不合格"。在某民办园做现场调查时，回收问卷后调查者发现该园副园长对此题选择的答案是"A. 优秀"。可实际情况是，该民办园没有专用的教师办公室，只在幼儿班级的角落里摆放有简单桌椅，没有电脑等现代化办公设备。该副园长可能想遮掩幼儿园存在的问题，没有根据实际情况填答问卷。因是现场回收，调查者发现了虚假填答情况。其他情况下，如果调查对象故意做出虚假回答，调查者可能都发现不了。

10. 您对本园保教设施条件自评等级（　　　）

A. 优秀　　　B. 良好　　　C. 基本合格　　D. 不合格

11. 您对本园教师办公条件自评等级（　　　）

A. 优秀　　　B. 良好　　　C. 基本合格　　D. 不合格

2. 研究深度受到一定限制

通过问卷收集的研究信息比较表面，限于收集调查对象对简单问题或事实性问题的答案，无法深入了解其想法，研究深度受限。相反，进行访谈研究时，通过面对面交流，访谈者如果想进一步了解有关细节时，可以当场对访谈对象补充一些问题，通过"追问"搜集到更丰富、更有深度的研究资料。例如，某家长在访谈中提到自己比较认可"赏识教育"，而且在使用这种方法。如果访谈者想了解他所谓的"赏识教育"是如何具体实施的，就可以问他"你是怎么使用'赏识教育'这种方法的?"但在问卷调查中，调查对象只能在既有选项中选择答案，或者回答问卷中的既有题目，无法呈现较为丰富、深入的想法或答案。

3. 无效问卷多，回收率和效度受影响

通过问卷法进行调查研究时，调查者无法调控作答过程，无法保障每一个调查对象都能如实且完整地填答问卷。如果回收的某份问卷中，调查对象没有填答部分或大部分问题,它就成了一份无效问卷了。同时,有些调查对象可能拒绝填答问卷,导致问卷无法按时回收。再者,调查对象是否如实作答,调查者也无法控制,所回收研究资料的效度因此可能受到影响。

三、问卷的组成部分

一份完整的问卷,通常由名称、卷首语、问题、答题指示语、结束语等五部分组成。

(一)名称

名称,即问卷的标题,是对研究问题进行高度概括的反映。名称一般以"×××调查问卷"形式表述。如《城市幼儿闲暇生活现状调查问卷》《幼儿看动画片现状调查问卷》《幼儿上兴趣班现状调查问卷》《幼儿园渗透性性教育现状调查问卷》等。

(二)卷首语

卷首语的主要内容包括调查目的与作用、填答要求、保密声明、致谢、调查者及调查时间等,相当于一份"自我介绍信",因而也被称为"简函"。卷首语要扼要说明调查的目的和内容,说明题目的填答原则与要求,消除调查对象的顾虑,激发调查对象的填答热情。

撰写卷首语时,语气要诚恳、谦虚,文字要简洁、通俗易懂。

卷首语通常放置在问卷第一页的名称下面。

例如,在某本科生设计的调查问卷中,其卷首语如下:①

为全面准确地了解幼儿看动画片的现状,分析和总结幼儿看动画片方面的问题和经验,为家长为幼儿选择动画片,并利用动画片教育幼儿提供建议,我们编制了此调查问卷。问卷填答不记名,请您仔细阅读填写要求,并如实作答。为了保证问卷的完整性,请不要漏答。对于您提供的信息我们仅做研究之用,不做任何评估,并将对个人资料严格保密。谢谢您的合作与支持!

杭州师范大学初等教育学院艺教 097 班廖文
2011 年 4 月 11 日

上述卷首语呈现了该项调查的目的和作用、填答要求、保密声明的内容、致谢语及调查者身份和调查时间等信息。这是一份较为规范的卷首语,大家可以加以借鉴。

---

① 廖文.幼儿看动画片现状调查研究[本科毕业论文][D].杭州:杭州师范大学,2013.

（三）题目

题目，即问卷中的问题。题目一般由题干和题项组成，但开放型题目只有题干。

题目是问卷的核心组成部分。根据搜集资料的需要，针对调查的每一个维度或具体方面，均要设计一定数量的题目。题目应以定案型和半定案型为主，提供基本固定的选项，便于调查对象填答。

例如，在《幼儿看动画片现状调查问卷》中，分看动画片的时间、看动画片的途径和方式、看动画片的类型、看动画片后所受的影响四个方面，每个方面均设计了三到五个题目，这些题目以定案型和半定案型为主，一共有 14 个，但没有开放型题目。

（四）答题指示语

所谓答题指示语，指说明回答题目方式与要求的文字。答题指示语一般放置在卷首语和题目之间，也就是放在题目之前。除了以文字描述答题方式与要求外，最好列举实例给予具体说明。

例如，在《幼儿看动画片现状调查问卷》中，调查者设计的主要是定案型题目，同时还有少量的半定案型题目。调查对象只要在既有选项中做出选择或者根据自身情况补充一些选项即可。因此，针对定案型题目居多这种情况，调查者设计了如下答题指示语，并把它放在卷首语和题目之间，还做了字体的加粗处理，让调查对象一看就明白该如何填答问卷了。

请根据您和孩子的实际情况，填写相应内容，或选择相应选项并把序号填在括号内。

如：任现职年限：（A）

A. 5 年以下　B. 6～10 年　C. 11～15 年　D. 15 年以上

同时，针对问卷中存在的"多项选择题"或半定案型题目，在每一个具体题目处也需要给出相应的答题指示。

例如，家长教育孩子的方式多种多样，不可能只有一种方式，设计这种题目时，在题干处要注明"可多选"，提醒填答问卷的幼儿家长，这个题目可有多个选项，可以根据自己的实际情况加以选择。

9. 您会选择什么样的方式教育孩子？（　　　）（可多选）

A. 结合日常生活中出现的事情进行随机教育

B. 利用动画片中的故事和人物对孩子进行教育

C. 依靠幼儿园的老师教育孩子

D. 让孩子向同伴或兄弟姐妹学习

又如,看动画片后幼儿所受的影响,既有积极的,又有消极的。无论是哪种性质的影响,均不会只有一种表现。在设计这类题目时,调查者做不到把所有影响都事先明确下来作为固定的选项,因此需要幼儿家长根据他们的实际情况补充一些内容,作为一个新的选项。此时,也需要给予明确的答题指示。

14. (1)您认为动画片对孩子有负面影响吗? (　　　)

A. 有　B. 没有

(2)如果有影响,主要有哪些负面影响? (　　　)

A. 变得暴力了,语言和行为上都学习动画片里大人的情节

B. 经常说着动画片里的台词,说很多不符合他年龄的语言

C. 影响学习和生活,整天沉浸在动画片中

D. 其他(请补充:＿＿＿＿＿＿＿＿＿＿＿＿＿＿＿＿)

在上面的题目——"如果有影响,主要有哪些负面影响?"下面,调查者给出了前三个固定选项,最后一个选项留给幼儿家长根据他们的实际情况做补充,"请补充"三个字及其后面用横线做出的空格,就属于这个题目的答题指示语。

(五)结束语

"结束语"放在问卷的末尾,也就是所有题目之后。结束语的功能有两个:一是提示调查对象问卷已经填答完毕;二是对调查对象表示感谢,令其有愉悦之感。因此,通常以"谢谢合作!""感谢您在百忙中填答问卷! 祝您愉快!"等话语作为调查问卷的结束语。结束语不是可有可无的,它是一份问卷不可缺少的组成部分。

四、问卷的题目类型

调查者在设计问卷题目时,有的给出了固定的答案;有的给出了大部分答案,还有少数答案需要调查对象根据自身情况加以补充;有的没有给出任何答案,完全由调查对象根据自身情况进行回答。这说明问卷题目的结构性程度是不一样的。

根据题目结构性程度的差异,可以分为以下三种类型:

(一)封闭型题目

在封闭型题目中,调查者事先已经给出了几种可能答案,供调查对象从中选择符合自身情况的答案。同时,调查者对填答方式也做出了具体规定,如"选择一个答案""选择多个答案"等。这种题目的结构性是最高的,也称为"结构型题目"。因其答案已经事先固定,也被称为"定案型题目"。

其具体形式,包括"是否式""选择式""编序式""数量式""表格式"等五种。

1. 是否式题目

这种题目类似"判断题",给出一个命题或提出一个问题,给出"是与否""有或没有"等两种相对性答案,由调查对象从中选择一个,以便表明其态度或看法。例如,在下面这个题目中,对于"您认为动画片对孩子有负面影响吗?"这个问题,幼儿家长要根据自己的认识,在"有""没有"两个选项中选择一个。

14.(1)您认为动画片对孩子有负面影响吗?(　　　)

A.有　B.没有

2. 选择式题目

这种题目可以被称为"选择题",由题干和若干个确定的选项构成。例如,在下面这个题目中,对于"您的孩子要求买动画片中人物形象的玩偶(玩具)吗?"这个问题,给出了三个固定的选项,要幼儿家长根据孩子情况从中选择一个。当然,对于有些问题,可以选择多个选项。

13.您的孩子要求买动画片中人物形象的玩偶(玩具)吗?(　　　)

A.常常是见了他(她)喜欢的就要求买

B.偶尔会要求买一些

C.完全没有这类要求

3. 编序式题目

在编序式题目中,每个题目后面有若干个选项,要求调查对象评定其重要性程度并排列顺序。操作时,排列各个选项的序号即可。这种题目也称为"评判式题目"或"排列式题目"。例如,影响某地学前教育发展的因素有很多,可以请园长按这些因素的影响程度排列它们的顺序。

28.您认为制约本地学前教育发展的因素依次为:_____(按影响程度从大到小排列序号)

A.办园经费　B.设施设备　C.办园质量　D.园长水平　E.教师素质

F.政府重视程度　G.社会对学前教育的认识

4. 数量式题目

在这种题目中,要求调查对象在规定的地方填写具体数字。例如,在调查园所建设情况时,需要园长根据本园情况填写一些具体数字,呈现该园的办园规模。

3.本园班级数量为_____,幼儿总人数为____,最大班额为_____人/

班,最小班额为_____人/班。

5. 表格式题目

对于那种一连串选项相同的题目,可以不必每题分开呈现,而用表格把它们集中起来,一边是题干的文字表述,一边是选项的几种类别或等级。例如,对各类生活活动(如盥洗)中的各项具体自理行为,可以把其自理程度分为"完全能自理""需要一定协助""完全不能自理"等三个由高到低的等级,用表格把一系列题目集中起来,形成表格式题目。幼儿家长在填答这种问卷时,只需要根据自己孩子某项自理行为的实际水平,在自理程度的对应选项上打"√"即可。

生活活动		自理程度		
		完全能自理	需要一定协助	完全不能自理
盥洗	自己洗手			
	自己洗脸			
	洗手后自己用毛巾擦干			
	饭后擦嘴漱口			

(二)开放型题目

开放型题目类似一般试卷中的"简答题""论述题",只提出了问题,但并未罗列答案。具体答案,要由调查对象根据自身情况给出。这种题目的结构性是最低的,因而也称为"非结构型题目"。又因其事先不给出答案,也被称为"不定案型题目"。

例如,就园所建设情况对园长做调查时,有调查者设计了"本园有哪些教科研制度及保障措施?""您最熟悉的上级有关学前教育方面的政策文件有哪些?"这两个问题。就第一问题而言,每所幼儿园实际具有的教科研制度及保障措施各不相同,园长根据自己幼儿园的情况来列举即可。就第二个问题而言,每个园长熟悉的上级制定的学前教育政策文件也可能不一样,只需要把自己熟悉的内容列举出来即可。这些就是开放型题目。

29. 本园有哪些教科研制度及保障措施? 请列举。

30. 您最熟悉的上级有关学前教育方面的政策文件有哪些? 请列举。

(三)混合型题目

在设计调查问卷时,调查者有些时候只能根据通常情况,事先给出一部分答案,余下的答案由调查对象根据自身情况加以补充。因此,就形成了一种大部分答案固定,而少部分答案未固定的题目,这种题目就是混合型题目。这种题目,也被称为"综合型题目"或"半定案型题目"。

例如,上面提到的《幼儿看动画片现状调查问卷》中有一个问题——"如果有影响,主要有哪些负面影响?"下面,调查者给出了前三个固定选项,最后一个选项留给幼儿家长根据他们的实际情况做补充,这就是一个典型的混合型题目。

在设计调查问卷时,调查者可以根据需要灵活选用以上三种不同类型的题目。但从调查对象方便作答和尽可能多地回收有效问卷的角度考虑,建议调查者在一份问卷中多数采用封闭型题目和混合型题目,而少数使用开放型题目。在一份调查问卷中,出现一两个开放型题目就够了。换言之,调查者应尽可能把开放型题目加以转化,使其以封闭型题目或混合型题目形式呈现出来。

五、问卷的编制过程

问卷编制是调查者根据调查目的设计题目、形成问卷的过程。

采用问卷法做研究,问卷是必不可少的。如果没有现成问卷可采用,甚至没有可资借鉴的相近调查问卷加以修订后成为自己的调查工具时,调查者必须自行编制问卷。对于初步尝试做调查研究的本科生而言,比较有挑战性的地方也是如何自行编制问卷。编制一份调查问卷时,可尝试按照以下五个步骤展开:

(一)明确调查目的

调查目的是问卷编制的出发点和指南针。问卷中题目的设计是为实现调查目的服务的。不同的调查目的,决定了不同的调查内容,因而也决定了问卷中的不同题目。例如,对于"幼儿上兴趣班现状调查"和"家庭背景对幼儿上兴趣班的影响"这两个选题,第一个选题的调查目的是了解幼儿上兴趣班的一般现状,需要了解幼儿的年龄、性别等基本情况,并从这些维度分析其上兴趣班的差异,至于幼儿家长的基本情况,可了解,也可以不做了解;第二个选题的调查目的是了解在不同家庭背景中幼儿所上的兴趣班有何不同,必须了解幼儿家长的收入、学历、职业、年龄等人口学变量。可见,因调查目的不同,这两个调查问卷中呈现的题目就有异。

在启动问卷编制工作时,调查者首先要明确自己选题的调查目的,并据此确定调查对象和具体的调查内容,为设计题目设定基本的框架。

(二)草拟题目

问卷的主体部分是其中的题目(问题)。调查者明确了调查目的、调查对象和调查内容后,就可以着手草拟题目了。在这个环节,调查者个人或研究团队要把想到的每一个题目都罗列在纸面上。假定现在正在编制《幼儿看动画片现状调查问卷》,大家可以开动脑筋想一想,针对幼儿上兴趣班现状,想到了哪些具体题目? 对于想到的每一个具体题目,都要记录下来。此时,可先不管题目的措辞是否恰当,也不管题目是否有重复,而是尽可能多地提出与调查内容相关的题目。

(三)对题目进行归类分组

在草拟题目阶段,调查者想到的题目可能数量众多,涉及的方面也可能非常多。但这些具体题目,有些虽然文字表述或措辞不同,但其表达的意思可能是基本一致的。对于这样的题目,就要进行合并,使之作为一个题目出现。例如,在草拟题目阶段,在看动画片的途径与方式方面,提出的有:"家长陪孩子一起看动画片吗?""孩子是单独看动画片吗?""孩子看动画片时,家长陪伴了吗?"这些题目实际上都指向幼儿看动画片时家长是否陪同,可以加以合并。

还有一些题目虽然是独立存在的,与其他题目也不交叉重复,但可能属于针对性不强或者无关紧要的题目。例如,在草拟题目时,有本科生想到了"幼儿看动画片的姿势"这个题目,并且给出了"端正坐着看""躺着看""站着看"等选项。但看动画片本身属于娱乐消遣活动,一般来说,在姿势方面,怎么舒适就怎么来,不会刻意采用哪种姿势。就此来看,这个题目在重要性上,属于可有可无。对于这样的题目,在最后进行数量控制时,通常是要被删除的。因此,调查者要反复甄别这类题目,若确实属于无关紧要的,就可以先行删除。

经过上面两种处理后,对于余下的题目,调查者要通过归纳总结,对其进行分组。如在上述问卷编制过程中,通过归纳总结,可以把已经草拟出的题目归类为"看动画片的时间""看动画片的途径和方式""看动画片的类型""看动画片后所受影响"等几个主要方面。

需要指出的是,对于熟练掌握问卷编制过程的调查者,其实际的操作程序,也可以先从"对题目进行归类分组"着手进行。也就是说,调查者在明确调查的目的、对象和内容后,可以根据自身的实践经验,或者通过预调查对有关现状的了解,先把要调查的现状分为若干具体方面,再针对每个具体方面草拟并确定有关题目。

(四)补充必要内容,完善问卷形式

题目基本确定以后,调查者要做的工作是如何使其成为一份规范且完整的调查

问卷。为此,还要做以下五个方面工作:

1. 拟定问卷名称(标题)

2. 撰写卷首语

3. 撰写答题指示语

对于名称、卷首语和答题指示语,前面已经谈到,在此不做赘述。

4. 列出资料填答栏

所谓列出资料填答栏,是指给出填写答案的地方。例如,对于那些开放型题目,在题干下面应该空几行或留出空白,让调查对象填写答案。

在《幼儿看动画片现状调查问卷》中,一开始要先了解幼儿的情况,设计了有关其年龄、性别、班级的题目,请幼儿家长填写,通过给出横线(下划线)的形式,指定答案填写的地方。这些简单的横线,就是资料填答栏。

您孩子的年龄:_____;性别:_____;班级:_____。

5. 给出结束语

结束语也是一份问卷不可缺少的组成部分,不能遗漏。结束语通常以"感谢您在百忙中填答问卷。祝您愉快!"这样的措辞来呈现。

(五)检验信效度,修正问卷

作为一份科学的调查工具,调查问卷的信度和效度必须有所保障。

在问卷的内容效度方面,调查者在设计题目时,要尽可能保证其与调查目的直接相关;问卷初步拟定完成后,调查者还要拿给同行或者行业专家审阅,剔除他们认为明显不合适的题目。同时,启动小范围(60~100 人[①])的预调查。借助预调查,可以修正文字表述失当、选项歧义等问题。例如,在一份《家长助教现状调查问卷》中,调查者设计了如下题目:

您的职业:

A. 专业技术人员(教师、医生、军人、工程技术人员)

B. 公务员和事业单位人员

C. 工厂、企业及公司员工

D. 个体劳动者或自由职业者

E. 其他

---

①也有研究者认为抽取 30~50 作为测试样本即可。参见裴娣娜. 教育研究方法导论[M]. 合肥:安徽教育出版社,1995:172.

上述题目的选项存在交叉重复。如高等学校就是事业单位,高校教师既是专业技术人员也是事业单位人员。对于某位大学教授,让他来填答这个题目的话,就不知道该选择哪个选项了。如果在正式调查前,调查者实施了预调查,就有可能发现选项设计问题,并加以修正。

同时,调查者通过统计分析预调查数据,可以进一步检验问卷的信度和效度①,修正问卷。通常,要经过两次预调查,先后通过探索性因素分析和验证性因素分析,删减不符合要求的题目,调整问卷结构,使调查问卷的信度和效度达到一定标准时,才能作为一份科学的调查工具来使用。因此,本科生有必要学会使用 SPSS 和 AMOS 等统计软件。

六、问卷的编制要求

编制问卷时,调查者要遵循以下基本要求:

(一)恰当排列题目顺序

在编制问卷时,调查者已经对题目进行了归类分组。可以按照这些题目分组,以自然的、有逻辑的形式排列它们的顺序。考虑到调查对象的接受习惯和情绪状态,应该把简单的事实性题目,或易于引起调查对象兴趣的、容易回答的题目放在开头部分,把复杂的或敏感性题目(如涉及个人态度或看法的题目)放在靠近末尾部分。

例如,在《幼儿看动画片现状调查问卷》中,有关看动画片的时间、途径与方式的问题相对简单,属于事实性题目,就放在了问卷的开头部分;有关看动画片的类型、看动画片所受的影响等题目,相对复杂一些,需要调查对象做些思考,理一理思路才能做出选择或补充一定的选项,就放在了问卷的中间部分和末尾部分。

(二)题目表述做到通俗易懂、指向明确

问卷题目的文字表述应该通俗易懂,不要使用难以让人理解的行话、术语或尖锐措辞;提问应简单明了,集中一个问题,避免题目或选项由于多重含义、意义诱导等问题造成表意不清,使调查对象无从填答。例如,"你们单位对刑满释放人员和残疾人员有什么雇佣政策?"这个题目,就存在多重含义,把两个不同的问题杂糅在一起同时提问了,应该将其拆解为两个独立的题目,分别提问。题目拆开以后,调查对象就便

---

①对于一般性的事物发展现状调查,如通过家长了解其子女上兴趣班的现状,通过设计与调查目的直接相关的题目保障了问卷的内容效度时,可不做信效度分析;但如果所编制的问卷属于常模参照问卷量表,如编制幼儿识字经验(水平)教师评定问卷,则要通过至少两轮的大样本调查,统计分析其信效度,修正问卷结构并最终形成问卷。

于作答了。再如,"大多数医生认为抽烟有害健康,您同意吗?"这个题目,先摆出了权威人士的观点,存在意义诱导之嫌,影响调查对象如实作答。这样的题目应该修正为"您认为吸烟有害健康吗?"由此,调查对象就能够根据自己的生活经验和认识做出个人的判断和选择。

(三)把题目数量控制在适度范围

问卷中的题目太多,调查对象感觉要花费太多时间,可能拒绝填答或敷衍了事;问卷中的题目太少,难以确保搜集到满足研究所需的有效信息。因此,问卷篇幅或题目数量,必须加以控制。

所谓题目数量适度,是指通过控制时间以保持调查对象对填答问卷的兴趣和认真态度。[①] 问卷中的题目应该让被调查者在 30~40 分钟做完。本科生所做的中小型调查,一般以 20 个左右的题目为宜,让幼儿教师或幼儿家长能够在 10 分钟左右就填答完毕。

七、问卷的抽样发放

在实施问卷调查时,提高问卷的回收率是非常重要的事情。一般而言,有效问卷[②]回收率[③]在 70% 以上,调查资料才可作为研究的依据,其结果才具有客观性,其建议才能被采用。但调查者不能为了回收率,仅仅在自己熟悉的圈子里发放问卷,如面向本园(本班)家长发放问卷,或仅在自己实习的幼儿园发放问卷。问卷发放,不仅要考虑是否便于回收有效问卷,还要考虑抽样的代表性,从而使调查结果具有普遍性。如何保障所抽取调查对象的代表性,是考虑发放问卷的关键所在。

(一)抽样的含义

抽样指从一个总体中选取一部分作为调查对象的过程。总体是调查对象的全体。从总体中抽取的这一部分调查对象就是样本。例如,某个城区有 500 名在编幼儿教师,从中抽出 300 人作为调查对象。这 500 名幼儿教师是总体,而抽取出的 300 名幼儿教师则是样本。

---

①裴娣娜. 教育研究方法导论[M]. 合肥:安徽教育出版社,1995:174.

②判定一份问卷是否为有效问卷,要经过人工判读。无效问卷的判定指标有:1. 所有题目都选择同一个选项,如"A";2. 漏答题目数量达 2/3 及以上;3. 对反向题目的回答自相矛盾;4. 答案选择呈现一定规律,如 AA-BB-AA-BB;5. 不按答题指示语填答题目;6. 答案雷同,如两份或多份问卷的答案一模一样。

③一般来说,有效问卷的回收率在 30% 左右,调查资料只能做参考;回收率在 50% 以上时,调查资料可以采纳建议;回收率达到 70% 以上时,才能作为研究结论的依据。参见裴娣娜. 教育研究方法导论[M]. 合肥:安徽教育出版社,1995:176.

　　抽样的目的是使样本能够很好地代表总体,从而使调查结果具有推断意义或普遍意义。事实上,在用问卷法做调查研究时,限于人力、物力和财力,调查者通常做不到普查,而只能采用抽查方式。通过抽样调查,可以大大减少调查对象,节省研究成本,提高工作效率。同时,通过抽样调查,也有助于把调查工作开展得更加深入细致,提高调查研究的有效程度和可靠程度。

(二)抽样的基本要求

1. 界定总体范围

　　在抽样前,首先要明确总体范围。调查者想把调查结果推广到的那一范围,实际上决定了总体的边界,也就是总体的范围所在。例如,对于"幼儿园园本课程开发现状调查研究"这个选题,如果没有用副标题限定地域范围的话,总体就是全国的幼儿园。至于"浙江省幼儿园园本课程开发现状调查",总体则为浙江省的所有幼儿园。

2. 保证样本的代表性

　　从总体中抽取的调查对象(样本),应该基本具有总体对象的性质和特点。样本是否具有代表性,决定了研究结论在多大范围内可以推广。杭州市的市际范围,既包括主城区,也包括郊县,换言之,既包括城市地区,也包括农村地区。如果实施"杭州市幼儿园园本课程开发现状调查",仅在上城区、下城区、西湖区、江干区、拱墅区、滨江区等传统主城区抽取幼儿园,而没有涉及桐庐、淳安、建德等郊县幼儿园的话,其样本的代表性就不足,调查研究的结论也就无法在全市范围内推广。

3. 确定合理的样本容量

　　样本容量指所抽取的样本的具体数量。样本容量影响调查结果的可靠程度。在人力、物力、财力和时间允许的条件下,调查对象(样本)的数量越多越好。一般来说,样本数越多,代表性越好;样本数过少,抽样误差较大,代表性也差。例如,有些本科生在做调查研究时,所调查的幼儿家长只有三四十人,回收的有效问卷还不到 40 份,即便对调查数据进行了规范的统计和分析,其抽样误差也会比较大,难以保证样本的代表性。因此,建议本科生在使用问卷法做调查研究时,尽可能多发放一些问卷,如发放 200 份左右,保证回收的有效问卷在 150 份左右。

(三)抽样的具体方法

　　常用的抽样方法有以下几种:

1. 简单随机抽样

　　这种方法可以保证总体中的每一个个体都有同等机会被选入调查样本,也就是说,每个样本有均等的被抽取的机会。如通过抽签方式,从 30 个学生中选择 5 个作为代表观看演出。这时候,每个学生去看演出的概率相同。当总体数量较少时,可以采用抽签方式抽取调查样本。当总体数量较大时,则需要借助一定的工具进行抽取,如利用随机数字表或 SPSS 统计软件的随机数字生成器产生一组随机数字,按照这些随机数字抽取调查对象。

需要指出的是,利用简单随机抽样法时,难以保证所抽取的样本是均匀分布的。例如,某个学前教育专业班级里有 30 个学生,其中女生有 27 人,男生有 3 人。如果用抽签方式确定谁去看演出,这五张票抽取的结果,男生有可能抽中一张甚至两张。这种极端情况不能被排除,说明利用简单随机抽样方法抽取样本的均匀性无法完全保障。

2. 系统随机抽样

这种方法又称机械抽样或等距抽样。这种方法比简单随机抽样更加简单易行。它根据样本与总体的比率,确定固定的"距"进行样本抽取。当样本的第一个个体被随机选定后,其余样本就可以按一定的规律抽出。例如,在 500 名幼儿中,抽取样本 100 名。此时,抽取样本的"距"为 5(500÷100＝5),可以随机选择一个比 5 这个比率小的数字,如 3,从编号名录中的第三名幼儿开始,每隔 5 个幼儿抽取一个样本。

与简单随机抽样比较,系统随机抽样避免了各单位人数比例不均衡的问题,也更节约抽取样本的时间,因此实际运用较为广泛。

3. 分层随机抽样

分层随机抽样又称分类抽样或配额抽样,是把总体按照某一属性或特征分成若干层次或类别,然后以各层次或类别抽出合乎比例的样本。

在实际调查中,构成总体的个体往往有类别之分,存在个别差异,如果忽视这些差异,就会影响样本的代表性和研究结果的客观性。例如,要从 1000 名幼儿(总体)中抽取 200 名幼儿(样本),调查其分享行为发展水平,调查者就要考虑性别(男、女)和是否为独生子女这两个因素。在上述 1000 名幼儿中,男孩有 510 人(其中独生幼儿 440 人),女孩有 490 人(其中独生幼儿 380 人)。可以算出非独生男孩有 70 人,占总体的 7％,这样就要抽取非独生男孩 14 人(200×7％＝14)。同样,可以算出,应抽取独生男孩 88 人,独生女孩 76 人,非独生女孩 22 人。[①]

SPSS 统计软件具有分层随机抽样功能,只要事先设定层级,就可以轻松进行分层抽样。

在分层随机抽样中,实际抽取的调查对象中各层次或类别的构成比例与它们在总体中的构成比例完全一样,从而保证了样本对总体的代表性。当总体构成较为复

---

①刘晶波.学前教育研究方法[M].北京:人民教育出版社,2016:137.

杂,总体数量较大,各层次标志明显的情况下,宜于采用此种抽样方法。

4. 整群随机抽样

整群随机抽样是以自然群体(班级、学校)为单位,从较大群体中随机抽取调查样本。与其他抽样方法的区别在于:整群随机抽样的样本单位是群体,而非个体。如在调查小班幼儿分享水平时,可以某个幼儿园的某个小班为单位抽取一定数量的幼儿,在多个幼儿园同样抽取后,就能够抽出满足调查需要的样本了。

这种方法虽然便于获取调查所需的样本量,但其所获得的样本分布不均匀,群体间可能存在差异,在一定程度上影响样本的代表性。因此,对要抽取的群体要加以慎重选择。

5. 目的抽样

目的抽样,又称有意抽样,就是按照调查者的目的要求抽取调查样本。目的抽样与其他随机抽样的区别在于其抽取样本的方式不同,其运用的逻辑基础不同。随机抽样的逻辑基础是所选择的样本要有代表性,而目的抽样的逻辑基础是想掌握和了解样本的实际情况。目的抽样并非是随意的,样本的选择是以事先确定的目的、准则为依据的。[①]

例如,调查留守儿童家庭教育现状时,调查者就要抽取一些劳务输出大省的农村地区家长构成样本。再如,记者的采访一般都采用目的抽样,有目标地选择受访者。

虽然这样的调查结果不一定能推断到总体中去,但获取调查样本较为方便。

6. 方便抽样

方便抽样,又称随意抽样,指按照调查者的需要和方便,利用现有机会对身边遇到的对象进行抽样。例如,本科生所做的调查研究,一般以所实习幼儿园的教师或家长作为调查对象,这种样本就是运用方便抽样的方式获得的。这样做虽然方便易行,但其样本的代表性明显偏低。

在以上六种抽样方法中,所抽取的样本最具有代表性的是分层随机抽样。本科生要尽可能尝试采用这种方法。

思考与练习

1. 何谓问卷法?
2. 问卷法有什么优点? 有什么缺点?
3. 一份完整的问卷由哪几部分组成?

[①]陶保平.学前教育科学研究方法[M].修订版.上海:华东师范大学出版社,2006:137.

4.问卷的题目类型有哪几种？结合一份问卷,指出其对应的各种题目类型。

5.编制一份问卷的基本过程分为哪几步？每个步骤的主要任务是什么？

6.编制问卷的基本要求有哪些？

7.假定以幼儿家长为调查对象,调查幼儿自我保护能力发展现状。请为此项调查研究设计一份小调查问卷。

要求:(1)说明调查的主要目的;(2)列出问卷中的主要题目,题目类型多样,数量不少于5个;(3)问卷格式规范:问卷名称、卷首语、答题指示语、题目形式等合乎规范。

8.抽样的基本要求有哪些？

9.抽样的具体方法有哪几种？哪一种方法抽取的样本对总体的代表性最强？

📖 调查问卷案例

廖文.幼儿看动画片现状调查问卷[D]//廖文.幼儿看动画片现状调查研究[本科毕业论文].杭州:杭州师范大学,2013.

5-1　幼儿看动画片现状调查问卷

📕 研究案例

李乐,王喜海.二孩时代大孩的反常表现及教育应对[J].教育导刊:下半月,2019(7):48-51.

第六章 访谈法

案例导入

有访谈者在实施"3～6岁幼儿绘本偏好研究"时,首先让小、中、大班幼儿的教师和家长提名幼儿平时接触较多且最为喜欢的绘本,根据提名频次和绘本类型,筛选出了用于调查研究的绘本篇目,并据此找到了绘本实物。在开展预访谈时,该访谈者来到一个中班展示了这些绘本,让幼儿随意翻阅了一会儿后,向他们提问:"你们最喜欢的是哪一本?""为什么最喜欢这一本?"其中一个幼儿先回答:"我最喜欢的是《大卫上学去》,这里面的故事很搞笑。"其他幼儿纷纷附和,也说自己最喜欢的是《大卫上学去》,且给出了跟第一个幼儿类似的理由。接着,该访谈者又问:"你们有没有不同的答案? 除了大卫的故事,你们还有最喜欢的绘本书吗?"在这种启发诱导下,终于有幼儿说出了另外的书名及喜欢它的理由。这时,出现了跟第一个环节类似的情况,又有幼儿跟进说自己也最喜欢那本绘本,且给出的理由也是类似的。预调查结果让该访谈者感到有点沮丧:如果某个年龄班幼儿最喜欢的绘本都是一样的,还怎么研究他们的偏好呢? 指导教师了解这种情况后,指出了这种做法犯了对幼儿访谈的禁忌——使用团体访谈。在随后的正式访谈中,该访谈者对幼儿实施了个别访谈,完成了访谈资料搜集工作。①

在《幼儿教师对"以游戏为基本活动"看法的访谈研究》中,有本科生一共访谈了24名幼儿教师,把访谈录音转述成文字后,获得了一万多字的文本资料。这么丰富的文字资料,代表了受访者五花八门的认识和看法,怎么整理呢? 指导教师建议该生按照访谈提纲中的问题脉络,比较受访者看法异同,归纳出基本的观点,由此完成了对访谈资料的整理分析。② 而在《3～6岁幼儿对幼儿园常规认知研究》中,指导教师一开始就提醒该本科生分析采用访谈法的有关研究案例,看其在访谈提纲设计、访谈资料编码、访谈资料定性与定量分析方面是如何做的,借鉴其方法。③

本章主要介绍访谈法的基本规范,包括访谈法的含义、优缺点及类型,准备访谈、

①这是本人指导硕士研究生做研究时的一次亲身经历。——著者。

②王月雯.幼儿教师对"以游戏为基本活动"看法的访谈研究[本科毕业论文][D].杭州:杭州师范大学,2013.

③何金玲.3～6岁幼儿对幼儿园常规认知研究[本科毕业论文][D].杭州:杭州师范大学,2013.

正式访谈、结束访谈等各个环节的主要内容与任务，以及访谈幼儿的策略。

学习目标

1. 了解访谈法的含义、优缺点及类型；
2. 了解并掌握准备访谈、正式访谈、结束访谈等各个环节的主要内容及任务；
3. 掌握访谈幼儿的策略。

学习内容

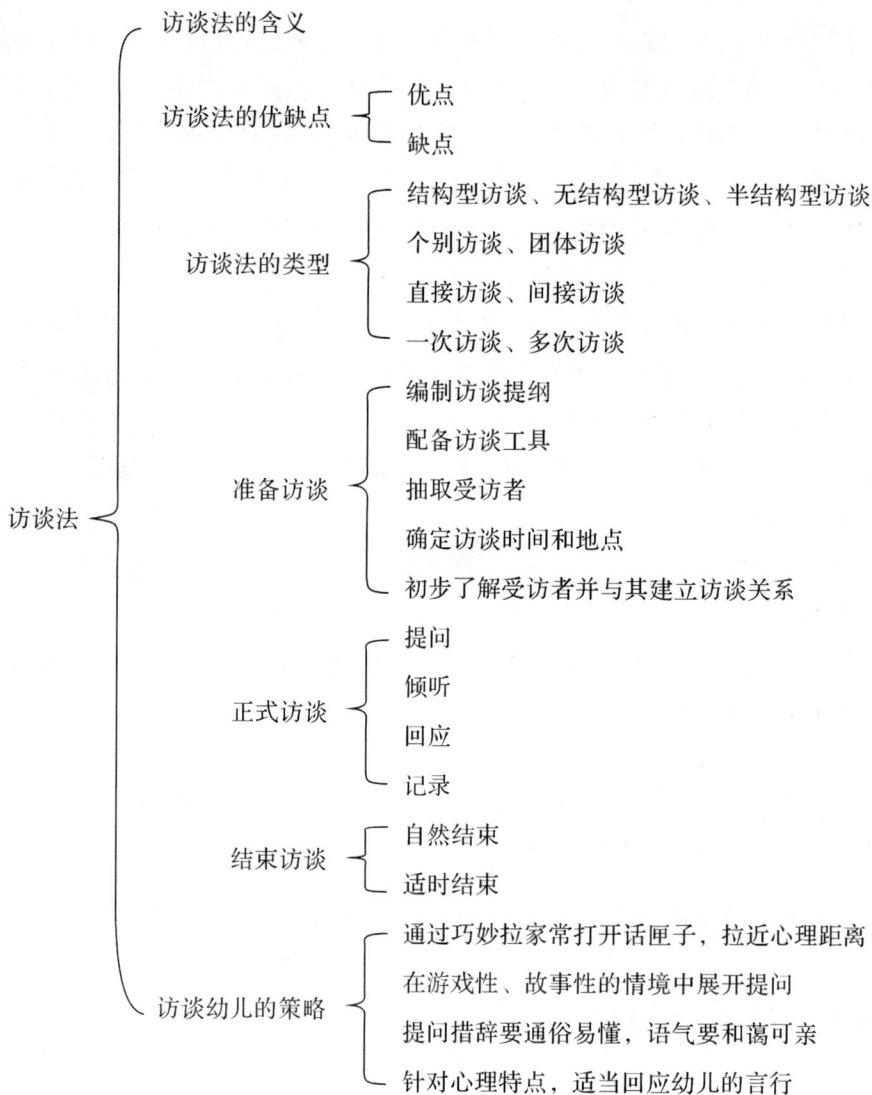

一、访谈法的含义

访谈法是以有目的谈话的方式收集资料的一种调查方法。

在这种研究中,研究者是发起和控制谈话的人,是"访谈者";研究对象是参与谈话的人,是"受访者"。访谈者通过与受访者面对面的直接交谈,或通过电话、聊天工具(如 QQ、微信等)间接交谈,了解受访者的心理体验、情绪情感及其对某个人、某件事情、某种行为、某种现象的意见、态度、评价等方面的信息。通过访谈,既可以实施调查,又可以征询意见。

访谈法是最古老,也是最常用的一种调查研究方法。在本科生毕业论文研究中,访谈法得到广泛运用。

二、访谈法的优缺点

访谈法既有优点,又有缺点。

(一)访谈法的优点

访谈法有以下四个优点:

1. 简单易行,适用面广

实施访谈时,访谈者与受访者以口语交流的形式进行,使用录音笔或智能手机的录音功能做记录,所采用的手段简单易行。与问卷法相比,访谈法的研究适用对象更广泛。对于文化水平不高,甚至一点都不具有识字和书写能力的幼儿,访谈者都可以采用口头语言与他们进行沟通交流。同时,访谈法适用的研究内容也非常广泛。如可用于调查幼儿,了解他们的兴趣爱好、情感态度、认知水平和认知特点;可用于调查幼儿教师,了解他们的教育观念、教育行为、工作经验和他们发现的教育实践问题及提出的对策建议;可用于调查幼儿家长,了解其对幼儿的认识和看法、教育观念、教育期望及教养方式等。

2. 访谈过程可适时调整,灵活性强

在实施访谈时,访谈者与受访者通常面对面地直接互动,可以把握他们的言语信息和非言语信息(如肢体动作、面部表情等),并根据他们的现场反应进行适当解释,从而消除他们的疑虑或疑问;可以根据受访者的谈话兴趣、谈话内容与访谈问题的相关性,对提问程序做出调整;可以根据受访者的经验和理解能力,对提问角度和措辞进行变更,引导他们回答出有价值的答案来。

例如,在访谈幼儿家长时,若他们对于"你赞成赏识教育吗?"这个问题中的"赏识

教育"不太理解,访谈者就可以马上做解释。待他们理解后,就可以回答这个问题了。

又如,同样对幼儿家长做访谈研究,在开启访谈前谈话的"拉家常"环节,访谈者与幼儿家长聊到了其孩子拆毁玩具被体罚的事情,访谈者借此可以先询问他(她)"体罚对孩子有什么影响?"这个问题。在访谈提纲中,这个问题并不是第一个,但因为该家长聊到了相关内容,访谈者就可以最先提这个问题。

再如,就幼儿园实施融合教育一事访谈幼儿教师时,如果直接提问:"你愿意接纳特殊儿童到本班就读吗?"很多教师本来是不愿意接纳的,但他们迫于社会压力,往往回答"愿意接纳。"鉴于这种情况,访谈者可以改变一下提问的角度,如提问"你们单位的同事愿意接纳特殊儿童到本班就读吗?"听到这样的提问,受访者的心理压力就去除了,就愿意以真实态度回答问题了。

这些例子说明,访谈者可以适时、适当地调控访谈过程,灵活性是非常强的。

3. 访谈内容较为深入、细致

在访谈研究中,访谈者可以了解受访者的所思所想——生活经历、价值观念、情绪情感、行为习惯等,了解其耳闻目睹的有关事件及其对这些事件的认识和看法。例如,有访谈者在调查某乡村学前教育发展情况时,访谈了一位学前班的代课教师,她工作快30年了,还没有编制,工资很低,福利几乎没有,还有两次被辞退后又被请回来执教的经历。即便如此,出于对孩子和教育事业的热爱,她才在幼教工作岗位上坚持了下来。在接受访谈时,说到被辞退的经历,该教师一度哽咽、落泪,情绪低落,但一提到自己班孩子的成长进步,以及本村缺乏教师,自己勇于担当、一直坚守工作岗位时,该教师又充满了自豪感和价值感。如果采用问卷法调查该教师,这些信息是无法了解到的。因此,与问卷法相比,访谈法能够呈现受访者较为深入、细致、全面的信息。

4. 可以辅助其他研究方法

访谈法可以作为问卷法、观察法、实物分析法等研究方法的辅助手段,补充研究所需资料。例如,有研究者实施"幼儿生活自理能力发展现状调查研究"时就是以问卷法为主,同时辅以访谈法。通过对部分幼儿家长的访谈,补充搜集一些通过问卷无法获得的信息。又如,有研究者在某个班级观察幼儿园集体教学的导课方式时,对于某幼儿教师为何使用了"谜语导入"不太理解,在教学活动结束后,就对该教师进行随机访谈,请她来解释一下采用这种方式的原因及作用。再如,某研究者利用微信公众号的数据信息研究幼儿家长的"入学准备观"时,在系统分析幼儿家长对"是否有必要让学前儿童识字"的看法时,对某些幼儿家长做了访谈,以便印证一般幼儿家长的看法。

（二）访谈法的缺点

访谈有以下两个缺点：

1. 费时费力，研究成本较高

实施访谈时，通常是访谈者与受访者一对一地进行，比较费时、费力。即便采用团体访谈形式，访谈者一次所接触的受访者人数也有限，与问卷法相比，不够经济。所以，访谈法一般不适合进行大范围的调查研究①。

2. 访谈过程易于出现偏差，所得资料未必真实

在访谈过程中，无论是访谈者，还是受访者，都可能造成一定的偏差，导致所获得资料的真实性受影响。

就访谈者来看，他们在访谈中可能会遗漏一些问题，或者提了一些带有偏见、意义诱导性、甚至自相矛盾的问题，由此可能导致研究资料的偏差。例如，如果提到"大多数医生认为吸烟有害健康，你怎么看？"这个问题，受访者一般都会回答"我也认为吸烟有害健康"。他们之所以没有在答案中呈现真实态度，原因在于问题本身具有意义诱导性。可见，访谈者自身的访谈素质和技能对访谈资料的真实性、科学性有重大影响。

就受访者来说，他们可能受到访谈者的性别、年龄、种族、社会地位、服饰、外貌，以及谈话时的措辞、语调和表情等因素的影响，做出迎合性或抗拒性的回答，从而导致研究资料失真。同时，受访者接受访谈时的心境、访谈经验乃至理解能力、表达能力，也会影响其对访谈问题的回答，决定了访谈资料是否真实可靠。例如，对幼儿进行访谈时，如果提问的措辞超过了他们的理解能力，他们在不理解问题的情况下，就可能做出"点头"或"摇头"的动作，访谈者如果没有意识到问题所在，就可能误认为幼儿给出了肯定或否定的答案。

三、访谈法的类型

可以按照不同的标准，对访谈法做类型划分。

（一）结构型访谈、无结构型访谈与半结构型访谈

根据访谈者对访谈结构的控制程度，分为结构型访谈、无结构型访谈、半结构型访谈等三种类型。

---

①通常，一项大范围调查会以问卷法为主、访谈法为辅，对问卷调查对象中的少部分人进行访谈。

1. 结构型访谈

结构型访谈又称封闭型谈话。在这种访谈中,访谈者完全把控访谈的走向和步骤。访谈前,访谈者拟定好详细的访谈提纲;正式访谈时,访谈者严格按照访谈提纲中的问题及顺序进行提问,按照统一方式对受访者进行回应,按照事先拟定的标准进行记录。结构型访谈是严格按照既定的题目和程序进行的。

例如,在《"我就是想当班长"——关于幼儿园"小班长"现象的调查研究》中,访谈者拟定的访谈问题为:其一,你当过班长吗? 其二,你是否想当班长? 其三,你为什么想当班长? 其四,当班长可以干什么? 在实施访谈时,利用幼儿所在班级的午睡室,单独对他们进行一对一访谈,一一询问这四个问题,并进行适当追问。①

又如,在《幼儿对常见意外安全事故认知的研究》中,访谈者拟定的访谈提纲如下:②

一、"独自离开家长或老师,到其他地方玩耍"的情境

周末,我在××广场玩的时候,看到一个小朋友一个人在电梯旁边玩。你觉得他可以自己一个人在电梯旁玩吗? 为什么呢?

二、"与家长走失,被拐骗"的情境

轩轩是另一个幼儿园的小朋友,放学的时候本来是奶奶来接他的,昨天放学的时候,有一个陌生的漂亮阿姨拿着轩轩最喜欢的玩具对轩轩说:"轩轩,你奶奶今天没时间,她让阿姨来接你,你看阿姨还给你买了你最喜欢的玩具,我们回家吧。"轩轩就和这位阿姨走了,你觉得轩轩这样做对吗? 为什么?

有个小朋友在逛商场的时候和爸爸妈妈走散了,急得一直哭。你有什么办法可以帮助她吗?

你记得爸爸妈妈的电话号码和名字吗?

三、"摔伤、跌伤类安全事故"情境

如果你的好朋友在玩"海盗船"的时候不小心摔伤了,你会帮她吗? 你会怎么帮她呢?

四、"药品安全"情境

有个小朋友从家里拿了药来分享给其他的小朋友。他这样做对吗? 为什么? 我们小朋友可以自己吃药吗? 那应该怎么办呢?

---

① 王海英."我就是想当班长"——关于幼儿园"小班长"现象的调查研究[J].上海教育科研,2003 (7):71-74.

② 梁琴.幼儿对常见意外安全事故认知的研究[本科毕业论文][D].杭州:杭州师范大学,2017.

五、"触电、烫伤类安全事故"情境

有个小朋友看见我们教室里和家里都有很多插孔,老师只要把线插上就可以看电视,他觉得很好玩,就拿了一个小玩具去插,他这样做对吗? 为什么?

在这个访谈提纲中,访谈者设定了五种意外伤害情境,描述其中一些幼儿的做法,询问受访幼儿"他这样做对吗?""为什么?"或请受访幼儿给出一些解决问题的方法。在具体实施访谈时,按照上述情境和问题的顺序,一一访谈受访幼儿。

在上述两个例子中,访谈者实施的都是结构型访谈。

2. 无结构型访谈

无结构型访谈又称自由式访谈。在实施访谈前,访谈者会拟定一个谈话主题,但并没有拟定详细问题。例如,针对频繁爆出的"虐童事件",访谈者实地走访一线幼儿教师,在到达某个幼儿园后,可以召集部分园长和幼儿教师进行谈话,了解他们有关看法。实施这个访谈时,谈话的主题——对"虐童事件"的看法,是明确的,但参与谈话的幼儿教师究竟会发表些什么看法,访谈者事先不做任何假设,只在讲明交流主题后,请他们自由发表意见。虽然谈话过程和谈话内容是开放的,但通过总结谈话过程,访谈者也可以了解一线幼儿教师有关"虐童事件"的一些观点。

当访谈者对某个问题或现象不太清楚,无法把握其基本脉络时,可以运用无结构型谈话进行初步调查。换言之,无结构型访谈适合于进行探索性研究。

3. 半结构型访谈

半结构型访谈又称半开放型访谈。半结构型访谈介于上述两种访谈之间。在这种访谈中,访谈者对访谈结构有一定控制,同时也允许受访者自主交流,给他们留出表达意见或看法的余地。

实施这种访谈前,访谈者也会事先拟定一个简单的提纲;正式访谈时,根据受访者的现场反应对访谈题目和程序进行灵活调整。访谈提纲中的每一个问题,不一定全部涉及;实际提出的每一个问题,也不一定是访谈提纲中事先拟定的。对某个受访者究竟提了哪些问题,要视其经验、态度和兴趣做现场调整。实际提问的顺序,也不一定是访谈提纲中题目的顺序,会根据受访者的个人兴趣或谈话内容的相关性做灵活调整。半结构型访谈的基本特点是可以灵活调整访谈题目和访谈程序。

例如,在调查某省学前教育发展现状时,某课题组针对幼教干部设计的访谈提纲如下:①

---

① 陈幸军主持湖南省社科联 2008 年度立项课题"湖南省学前教育发展现状调查研究"(0805001A)。

1.本地学前教育事业的管理体制是怎样的？运行情况如何？

2.本地学前教育事业历年来的发展趋势如何？

3.本地政府及教育主管部门对学前教育的督导、评估制度及实施情况如何？

4.本地同级财政有没有设立学前教育专项经费，具体实施情况如何？

5.本地如果存在公办幼儿园改制情况，其会带来什么影响？

6.本地政府对民办幼儿园是否给予财政资助或政策支持？

7.您认为上级领导对本地学前教育发展状况的关注程度如何？

8.您认为当前制约本地区学前教育事业发展的主要因素有哪些？

9.如果有机会向省教育部门有关领导进言，您会提出哪些建议？

上述 9 个问题涉及学前教育事业管理、经费投入、园所建设、对学前教育重视程度、发展问题及对策等 5 个方面。在正式访谈时，主要向幼教干部询问这些问题，但也会根据情况提问一些别的问题，或根据他们的回答情况进行适当追问。最终提的问题不一定都涉及这 9 个问题。例如，对于其中的第五个问题——"本地如果存在公办幼儿园改制情况，将带来什么影响？"如果访谈者事先知道该地区不存在这种情况，就没必要进行提问了。另外，就提问顺序而言，不一定是按照这 9 个问题的顺序进行，要根据具体访谈情境灵活调整。

（二）个别访谈与团体访谈

根据受访者人数，分为个别访谈和团体访谈两种类型。

1. 个别访谈

个别访谈是由访谈者和受访者一对一进行的谈话。在个别访谈中，访谈者能够充分关注受访者，给予其充分的表达和交流机会，两者可以就某一话题进行深入交流。因没有第三者参与，受访者安全感较强，顾虑较少，同时也不会受到干扰。

2. 团体访谈

团体访谈又称集体访谈，是由 1～3 名访谈者和 6～12 名受访者一对多或多对多进行的谈话。访谈者的主要任务是控制谈话的方向和节奏，促进参与者相互之间就有关问题进行交流讨论。团体访谈可以为受访者提供一个相互交流的机会，彼此相互启发，产生智慧碰撞，使谈话内容趋向全面、深入。但由于受到其他受访者影响，某个受访者可能因为"从众心理"而不敢或不愿意呈现自己的真实态度和观点。对于易于"从众"的幼儿，如果采用这种团体访谈，就可能出现相互模仿答案而导致观点趋同的问题。因此，对幼儿进行访谈研究时，团体访谈就不适合。

(三)直接访谈与间接访谈

根据访谈者与受访者的接触方式,分为直接访谈与间接访谈两种类型。

1. 直接访谈

直接访谈是访谈者与受访者面对面进行的谈话,双方要直接坐在一起围绕访谈主题(问题)进行交流。这是最为传统、使用最为普遍的访谈类型。

2. 间接访谈

间接访谈是访谈者与受访者通过电话、QQ、微信等通信手段进行的谈话。因时间紧迫、路途遥远、经费有限而不方便直接面谈时,可采用这种变通的访谈形式。当然,随着 QQ、微信等视频聊天工具的普及,借助这些媒介进行的间接访谈,其效果也接近于面对面的直接访谈。

(四)一次访谈与多次访谈

根据访谈实施的次数,分为一次访谈与多次访谈。

1. 一次访谈

一次访谈指访谈者与受访者通过一次谈话就完成资料搜集工作的访谈。如果访谈内容比较简单,目的主要是收集事实性信息,通常实施一次访谈即可。

2. 多次访谈

多次访谈指访谈者与受访者通过多次谈话完成资料搜集工作的访谈。多次访谈通常用于追踪调查,了解受访者的思想、态度、行为如何随着时间或环境的变化而发生变化。为了持续探究某个问题,访谈者可以对访谈问题做一些结构性设计,通过多次与受访者的谈话,逐步由浅到深、由表及里地收集访谈资料,不仅了解有关方面的事实表现,还深入挖掘其深层意义。

四、准备访谈

在正式访谈前,访谈者要做好访谈前的准备工作,包括编制访谈提纲、配备访谈工具、抽取受访者、确定访谈时间与地点、初步了解受访者情况并与其建立访谈关系等。

(一)编制访谈提纲

访谈者在事前把要提的问题罗列在纸上,就成了访谈提纲。除了无结构型访谈,结构型访谈和半结构型访谈事先都要拟定好访谈提纲。

访谈者在编制访谈提纲时,通常是根据既有经验(包括来源于文献阅读和预调查的)进行猜测,并由此拟定访谈问题。因此,在访谈提纲中列出的问题应尽量开放,使其适合受访者的经验和理解能力,能够做出回答。例如,某电视台在街头采访时,逮着谁都问:"你幸福吗?"结果闹出了笑话——被问到这个问题时,一外来务工者模样的受访者就回答:"我姓曾。"或许对"幸福"一词不理解,受访者才答非所问,闹出了笑话。"幸福"一词,实际上不是老百姓日常使用的词汇。在日常交流中,使用更多的是"开心""快乐"这种口语化词汇。

同时,访谈提纲是用来搜集研究资料的,其中所提出的问题必须具有针对性,要紧扣访谈主题进行提问。

就整个访谈提纲而言,应该简洁明了,把紧扣访谈主题提出的三五个乃至七八个问题呈现在一页纸面上,可以一目了然,便于提问操作。当然,访谈者最好熟记访谈提纲中的每一个问题,使其了然于胸,在访谈过程中不用反复翻看访谈提纲。

(二)配备访谈工具

在实施访谈时,访谈者要以适当形式记录访谈资料。受访者通常用口头语言或肢体语言表达其答案,因此,在配备访谈工具时,除了纸笔以外,访谈者需要准备一些录像或录音设备,如录像机、智能手机、录音笔及这些设备的附带工具,如电源线、存储卡、充电宝、电池等。

(三)抽取受访者

访谈者要根据自身的调查目的,抽取合适的受访者。抽取受访者时,要考虑以下几个方面:

首先,要圈定符合研究需要的目标人群,从中抽取受访者。这个目标人群就是"总体"。如在《3～6 岁幼儿衣服偏好的研究》中,总体就是所有 3～6 岁幼儿,包括幼儿园小班、中班、大班的幼儿。① 因此,只要从一所幼儿园抽取一定数量的小、中、大班幼儿即可。

其次,要抽取愿意接受访谈的受访者。根据研究的伦理性原则,访谈者不能强迫任何人接受访谈。

再次,要抽取对该访谈主题有兴趣的受访者。如果访谈内容符合受访者的兴趣,他们一般也愿意积极主动地配合访谈过程。

最后,要抽取那些健谈的受访者。健谈的受访者能够较好地用语言表达自己的经验、态度、情感及评价类信息。

①楼佩英.3～6 岁幼儿衣服偏好研究[本科毕业论文][D].杭州:杭州师范大学,2014.

(四)确定访谈时间和地点

根据上述标准抽取受访者后,访谈者要与每一个受访者约定具体的访谈时间和访谈地点。一般而言,访谈的时间和地点应尽量以受访者的方便为主。例如,访谈者去访谈某位园长时,最好到该园长所在的幼儿园,趁其空闲时段进行谈话;或者,与他(她)约定一个其方便的时间和方便前来的僻静场所进行访谈。

为了充分展开访谈,每次交谈时间应该在一小时以上,但不应该超过两小时。[①]需要指出的是,这里提倡的访谈时间,是针对那些问题较多,需要深入交流的访谈研究所需要的时间。对幼儿进行访谈时,一般所提问题较少,通常3~5分钟就可以做完了。针对其他受访者,哪怕是成年人,其实际需要的时间跟需要访谈问题的数量有关,需要灵活掌握。如果问题少,不一定需要进行一个小时以上的交谈。

(五)初步了解受访者并与其建立访谈关系

访谈者还要尽可能多地了解受访者的基本情况——性别、年龄、学历、职业、经历、性格类型、兴趣爱好等。掌握这些信息,更易于找到受访者感兴趣的话题,从而开启正式访谈前的谈话,也更易于理解受访者陈述的经验、态度、情感或评价信息。

访谈者进入访谈现场后,也要先做一些铺垫工作,包括做自我介绍、随意拉拉家常、介绍访谈的目的和意义、声明保密等,以便与受访者拉近心理距离,并建立起访谈关系。

由于访谈者与受访者通常不是熟人关系,双方之间难免存在一定的陌生感和不自然感。因此,访谈者在做好自我介绍后,要与受访者再谈一些他(她)可能感兴趣的话题,从而进一步消除双方的拘束感,拉近心理距离。例如,可以自然交流一下对天气、肥皂剧、服装、化妆品、育儿话题等方面的看法。访谈者对这种交流的时间,要控制在2~3分钟内。如果交谈的时间太长,如十几、二十几分钟,就可能影响正式访谈的时间了。总之,这个拉家常环节要适可而止,起到消除拘束感、拉近心理距离的作用后马上见好就收。

接着,访谈者要介绍本次访谈的目的和意义,请求受访者给予支持与合作。同时,访谈者也要向受访者申明保密,保证他(她)所提供的研究资料会匿名使用,且仅供研究之用,绝不外泄。此外,访谈者还要询问受访者是否能够录像或录音。若其同意,要再次保证"录音或录像只是便于做记录""这些资料绝不外泄"等。若其不同意,就放弃录音、录像,改用纸笔形式做记录。

在上述交流过程中,访谈者在态度上应尽量坦诚,并耐心回答受访者提出的每一

[①]刘晶波.学前教育研究方法[M].北京:人民教育出版社,2016:194.

个问题,从而消除隔阂和疑虑,为正式访谈创造良好氛围。

五、正式访谈

在实施正式访谈时,访谈者有四项主要工作:提问、倾听、回应和记录。在整个正式访谈过程中,这四项工作相互交融。

(一)提问

提问是访谈者要做的主要事情之一。提问时,访谈者要把握以下几个方面:

1. 所提问题的类型要丰富多样

根据所提问题的内容指向,可以将其分为以下六种类型:①

其一,经验(行为)问题。主要用于引出受访者对个人行为、经验的回顾与描述。如"你平时是怎么教你孩子识字的?""你怎么组织本班的区域游戏?"

其二,意见(价值)问题。主要用于引出受访者对事物或现象所持态度、意见和评价的描述。如"你赞成让幼儿读经吗?""你希望孩子有个幸福童年吗?"

其三,情感问题。主要用于引出受访者对情绪情感体验的描述。例如"孩子进步了,你的心情怎样?""你过生日时,很多孩子给你送了亲手制作的贺卡,你当时有何感受?"

其四,知识问题。主要用于引出受访者对某个方面所具有知识的描述。如"关于学习品质,你了解多少?""你知道什么是'最近发展区'吗?"

其五,感觉问题。主要用于引出受访者对自身经历或对所接触事物感受的描述。如"你觉得被领导重视吗?""你觉得自己受家长尊敬吗?"

其六,背景问题。主要用于引出受访者对自身情况的描述。如访谈者可自然询问一些有关受访者学历、职称、工作经历的问题②。

2. 提问内容要自然衔接,由易到难、自然过渡

在访谈者事先设计的访谈提纲中,往往有一系列的问题。对于结构型访谈,访谈者应该按照提纲中的问题顺序依次提问。但对于半结构型访谈,访谈者的提问内容要根据访谈情境和受访者反应灵活调整,做到由易到难、自然过渡。

在访谈开始时,访谈者要先提出一些比较简单的、受访者容易理解和回答的问题。然后,再把问题逐渐转到复杂的、有争议的,或需要动脑筋思考一番才能回答的问题上来。如果一开就提出一些大而难的问题,可能使受访者无从回答。例如,就

①刘晶波.学前教育研究方法[M].北京:人民教育出版社,2016:196.
②需要注意的是,这些问题(如年龄)可能涉及个人禁忌,也可能引起受访者的抵触情绪,访谈者最好在访谈前通过别的渠道去了解,不要直接去询问。

"师爱"话题访谈幼儿教师时,如果一开始就询问受访者"什么样的爱是科学的师爱?"就可能使该教师陷入沉思状态,面露难色,一时难以回答。

一般而言,访谈者所提的问题之间,在内容上应该有一定的联系,使提问能够自然过渡,相互衔接。要做到这点,在编制访谈提纲时,访谈者就应该把内容具有相关性的问题挨近排列。或者在实际访谈过程中,根据受访者的答案,自然地过渡到与之相关的问题上去。此时,就不必拘泥于访谈提纲中的问题顺序去提问了。

例如,毕业论文《教师对"以游戏为基本活动"看法的访谈研究》主要采用的是访谈法,其访谈提纲如下:[1]

1. 您认为游戏对幼儿有什么作用?

2. 《纲要》中提出了"以游戏为基本活动"这个原则,您怎么理解它的含义?

3. "以游戏为基本活动"这个原则在幼儿园的一日生活中有什么表现?请举例说明。

4. 您觉得这个原则对您的日常教育有什么影响?

5. 您在实行这条原则时是否遇到一些问题?如果有,您是如何解决的?

在具体实施访谈时,访谈者介绍完访谈目的后,有幼儿教师就马上提到了"以游戏为基本活动"这个原则,该访谈者自然就从访谈提纲中的第二个问题开始进行提问,接着问了与之相关的第三个和第四个问题。至于第一个问题,反而是提问过其他问题后才问的。这种提问顺序体现的就是自然过渡。

3. 提问措辞要通俗易懂

在编制访谈提纲时,访谈者要尽可能使用通俗易懂的措辞。在正式提问时,要根据受访者的反应,还要把一些影响其理解的书面语言转化成口头语言。例如,对于"你的儿童观是什么?"这个问题,就要转化成"你觉得孩子是什么样的人?""他们有什么特点?"幼儿家长就可以自然地描述其心目中的儿童形象,并概括其基本特征。这些描述就是该家长实际拥有的儿童观。

4. 适当加以追问

在正式访谈过程中,访谈者提问后还要把握时机进行必要的追问。

出现以下几种情况时,访谈者需要通过追问进一步获取信息:[2]

其一,受访者对问题的回答含糊不清时。例如,问及"你们学校存在老师体罚学

[1]王月雯.幼儿教师对"以游戏为基本活动"看法的访谈研究[本科毕业论文][D].杭州:杭州师范大学,2013.

[2]刘晶波.学前教育研究方法[M].北京:人民教育出版社,2016:200.

生的事情吗?"时,受访者回答:"这个嘛,我说不清楚。"访谈者可以进一步通过"你听说过这种事情吗?"这个问题加以追问,以便了解真实情况。

其二,受访者的回答前后矛盾不能自圆其说,或回答残缺不全、不够完整时。例如,幼儿家长在回答问题时,一会说"体罚不可取",一会又说"体罚也得用一用",他的观点自相矛盾。访谈者可以问他:"什么时候可以用体罚?什么时候不可以体罚?"或者问:"哪种体罚可以用?哪种体罚不可以用?"以此深入了解该家长的看法。

其三,当受访者在反复提到一个概念,访谈者却对其不理解时。如幼儿教师提到可以对孩子实施"双性教育"时,访谈者不知道"双性教育"指什么,就可以直接问他:"什么是双性教育啊?"从而搞清楚该教师所说的这个概念的意思。

其四,访谈者需要了解细节,使谈话深入时。如受访代课教师提到自己有过两次被辞退的经历,访谈者想了解具体过程,可以问她:"这些辞退都发生在什么时间?又是出于什么原因?"

当然,跟提问一样,访谈者进行追问所用的措辞也要通俗易懂,可以尽量使用受访者自己所用的语言和概念来进一步询问。

在追问方式上,访谈者可以采用直接追问,也可以采用间接追问。所谓直接追问,指访谈者直截了当地提出问题,请受访者对没有回答、回答得不完整的问题做补充回答。例如,"什么是双性教育?""什么是最近发展区?""你赞成让幼儿读经吗?"这些问题都属于直截了当的提问,如果用于追问,就是直接追问。所谓间接追问,指访谈者通过询问其他相关问题或换一个角度询问某个没有回答或回答不完整的问题,请受访者做补充回答。例如,当访谈者意识到幼儿教师可能对"你愿意接纳特殊儿童吗?"这个问题做了虚假回答,可以接着询问"你单位的同事愿意接纳特殊儿童吗?"通过换个角度提问,可以了解当前一线教师对于接纳特殊儿童的真实态度。

(二)倾听

在访谈过程中,访谈者不仅要会"问",还要会"听"。"听"不仅决定了"问"的内容和方向,而且奠定了访谈者和受访者之间理解与信任的基础。

"听"有如下三个不同层次:[1][2]

1. 在行为层面上,要"积极关注的听"

这是指访谈者要做出"听"的姿态,要把全部精力都放在受访者身上,用自己的目光、表情和肢体动作表明对受访者的肯定、欣赏、支持和鼓励,让受访者愿意和盘托出,表达自己的心声。在访谈过程中,受访者在回答问题时,访谈者一般要面朝受访

①陈向明.教师如何做质的研究[M].北京:教育科学出版社,2001:88-93.
②刘晶波.学前教育研究方法[M].北京:人民教育出版社,2016:199.

者,面带微笑,手拿录音笔或手机录音,或用笔在本子上做记录,让受访者感受到访谈者在关注自己,在认真倾听自己的谈话。

2. 在认知层面上,要"接受的听"

这是指访谈者要主动接受和捕捉受访者表述的每一句话,呈现的每一个神情和肢体动作所表达的意义。也就是说,访谈者要尽可能理解受访者讲出的每一句话,甚至所使用的每一个概念。这个过程,可以自然而然地就受访者的回答内容中涉及的具体概念或事物,做一些互动性的交谈。如受访者提到自己比较赞成"女孩子要富养"这个观点,访谈者可以问他主张这个观点的理由是什么。再如,受访者提到要对孩子实施"钱商教育",如果访谈者是第一次听说,不太了解这个概念的含义,也可以请他来解释一下。

3. 在情感层面上,要"有感情的听"

这是指访谈者对受访者的谈话做出相应的情感表露,接纳其情绪反应,并且要表现出能够理解对方的情感表达方式。这样,受访者会觉得自己遇到了知音,愿意表露自己的情绪情感,并进行自然倾诉。在这个方面,访谈者要通过移情和同理心理解受访者的情绪情感,做到与其同步。当受访者描述开心往事,表露愉悦情绪时,访谈者可以报以微笑,甚至大笑;当受访者讲述心酸经历,忍不住伤心落泪时,访谈者也应表情严肃,黯然神伤。例如,当访谈者访谈一位特殊儿童的妈妈,她讲到自己的孩子受到一些家长和小朋友的拒绝和排斥时,忍不住掉下了眼泪。此时,访谈者应该收起微笑的表情,以严肃、静默表示同情。

(三)回应

回应指访谈者适时地对受访者言行做出反应。回应的作用在于表明访谈者在认真倾听受访者的谈话,从而推动和维持谈话过程。在回应方面,访谈者要做到以下几个方面:

1. 综合运用言语回应与非言语回应两种方式

所谓言语回应,指访谈者通过明确、出声的口头语言对受访者言行做出回应,具体方式包括认可、重述、自我暴露、解释等。例如,用"是的""对的""就是这样"等表示认可;用重复对方的话"你认为两三岁时孩子已经具备了识字的生理和心理基础,因此幼儿识字是具有可行性的,是这样吗",以此进一步确认对方的观点;用"我在幼师实习时,上公开课也非常紧张,连事先准备好的教具都不知道放在哪里了",通过暴露自我经历的方式回应受访者上公开课紧张一事;用"这只是一项课题研究,不代表官方观点,而且我们是以匿名形式引用受访者观点的"这种解释性话语,消除受访者的顾虑。

所谓非言语回应,指访谈者通过表情、动作向受访者表达一定的思想和情感,如用点头、微笑、鼓励的目光表示自己理解了对方的谈话。表情传达着一定的情绪情感。在访谈过程中,访谈者的表情要符合受访者谈话的情境。当受访者描述挫折、不幸时,访谈者要流露出同情、惋惜的表情;当受访者描述成功经历、开心事件时,访谈者则要做出愉悦、兴奋的表情。

2. 回应方式要自然,时机要恰当

无论是言语回应,还是非言语回应,其方式都要自然、亲切、不做作。

同时,回应的时机要恰当。在访谈过程中,回应的时机应视具体情况灵活把握,关键是做到适时。当受访者就某个问题回答太多或谈话明显偏题时,访谈者可以适时插话,把谈话集中到访谈主题上来;当受访者表现出顾虑时,访谈者要通过申明保密原则,进行相应的解释;当受访者比较害羞、缺乏自信时,访谈者要设法活跃氛围,使受访者放松心情,同时给予语言和非语言的鼓励,使访谈能够顺利进行。

3. 回应态度要中立,不做意义诱导和价值判断

在访谈过程中,为了避免对受访者产生意义诱导,访谈者要避免做价值判断和总结。即便受访者询问访谈者一些问题,要求访谈者做一些价值判断,访谈者也要使用巧妙的策略进行回避,如直接表明"我也不是很清楚"或者反过来请受访者谈谈对这个问题的看法。

无论什么时候,访谈者都要保持绝对的中立态度。无论受访者的回答正确与否,访谈者都不要发表见解,不要表示批评、赞成或不赞成的态度,避免论说型和评价型的回应。[1] 所谓论说型回应,指访谈者利用一些现成的理论或个人经验对受访者的答案加以议论。这种回应容易显示访谈者的优越感,给受访者一种居高临下之感,导致其产生排斥心理,甚至不愿意继续合作。例如,当有家长表示"应该对孩子实施双性教育"时,即便访谈者认为这种教育可能不利于幼儿的性别角色认同,甚至有可能导致性别倒错,访谈者也不能就是否应该实施双性教育跟该家长发生争执。所谓评价型回应,指访谈者对受访者的答案进行价值上的判断。这种回应方式会让受访者产生戒备心理,为了不让自己的观点被品头论足,他们不敢再自由表达观点,甚至有意隐藏自己的真实想法。例如,当有家长在受访时说他采用给孩子零花钱的形式进行赏识教育,其孩子的学习积极性有所提高,学习成绩也大大提升。即便访谈者不认为这种物质奖励属于"赏识教育",也不要在访谈过程中对该家长的教育方式进行评价,如果评价了,就变成了评价型回应。

---

①陈向明. 教师如何做质的研究[M]. 北京:教育科学出版社,2001:100-102.

(四)记录

访谈记录的方式共分两种:纸笔记录和录音、录像记录。通常,在征得受访者同意的前提下,访谈者可以录像、录音记录为主,纸笔记录为辅。如果受访者对录音、录像有顾虑或抵触情绪,甚至在访谈者申明保密以后仍明确说不允许录音、录像,访谈者就只能采用纸笔记录的传统方式。

六、结束访谈

结束访谈,有以下两种方式:

(一)自然结束

访谈者与受访者就访谈提纲中的问题进行充分交流以后,访谈就可以自然结束了。为了营造愉快、友好的气氛,访谈者要对受访者(包括幼儿在内)表示感谢,然后进行告别。

(二)适时结束

在实际访谈时,如果访谈者与受访者就预计问题交流得差不多了,到了约定结束时间,或即便没到结束时间但受访者有重要的事情要处理时(如接电话、招待到访客人),或者受访者面露倦容对继续接受访谈失去了兴趣时,访谈也要适时结束。

七、访谈幼儿的策略

幼儿的识字和书写能力有限,还不具备阅读和填答问卷的能力。因此,对他们进行调查研究时,不会使用问卷法。但幼儿具有一定的口头语言理解和表达能力,基本上能够理解访谈者的提问,并通过口头语言和肢体语言进行回答。相较于问卷法,访谈法对幼儿具有独特的优越性。同时,幼儿对问题的回答较真实、可靠,很少掩饰和做假,比较容易获得真实、可靠的访谈资料。从这个角度说,访谈法也是适合幼儿的好方法。

但幼儿毕竟不同于成人,其言语表达能力较低,词汇有限;以具体形象思维为主,对抽象概念的理解能力较差;易于接受心理暗示,易于从众;对想象和现实分不清,言谈中存在夸张和虚构成分;不能理解访谈关系,不会主动配合访谈过程。基于幼儿的这些年龄特征,访谈者对其进行访谈时,可采用以下策略:

(一)通过巧妙拉家常打开话匣子,拉近心理距离

访谈者往往是幼儿眼中的陌生人,幼儿因此心存恐惧或戒心,尤其是那些胆小、

内向的幼儿,不敢与访谈者亲近。从开始接触幼儿那一刻开始,访谈者首先要通过巧妙的拉家常,打开他们的话匣子,拉近彼此心理距离。经验表明,无论幼儿性格外向与否和语言表达能力强弱,访谈者都可以将跟幼儿自身有关且就在眼前的一个事物,如其衣服上的卡通图案、手里的玩具、辫子上的蝴蝶结等,作为谈话的切入点,由此打开其话匣子。例如,"你衣服上的这个图案(米老鼠)是什么呀?""这个是什么玩具?怎么玩呀?""这个蝴蝶结真漂亮!谁买的啊?"这种聊天能让幼儿放松心情,愿意亲近访谈者并配合访谈过程。

(二)在游戏性、故事性的情境中展开提问

幼儿还不能理解访谈是一项研究工作,并像成人一样支持和配合访谈。因此,访谈者没有必要对幼儿解释本次访谈研究的目的和意义,而要创设一些游戏性、故事性情境,以邀请幼儿玩玩具、听故事的形式开启访谈过程。例如在《3～6岁幼儿玩具偏好研究》中,访谈者准备了各种类型的玩具实物或图片,邀请受访幼儿来玩一玩,并在其把玩这些玩具过程中,对其展开提问。①

又如,在上述《幼儿对常见意外安全事故认知的研究》中,访谈者创设了系列故事情境:"周末,我在西城广场玩的时候,看到一个小朋友一个人在电梯旁边玩。你觉得他可以自己一个人在电梯旁玩吗?为什么呢?""如果你的好朋友在玩'海盗船'的时候不小心摔伤了,你会帮她吗?你会怎么帮她呢?"……并针对每个故事情境向幼儿提出问题,了解其有关认识。

再如,访谈者可以先呈现如图6-1所示的图片,再询问幼儿:"图片中的小朋友在做什么?""发生了什么事情?""你们可以这样做吗?"通过他们对这些问题的回答,表明其安全意识发展现状。

图 6-1　幼儿园安全教育宣传图片②

---

①王余雪.3～6岁幼儿玩具偏好研究[本科毕业论文][D].杭州:杭州师范大学,2014.
②佚名.不玩火(安全教育活动教案)[EB/OL].(2018-02-28)[2020-05-25].https://www.mmyuer.com/xlq/youery/022R13312018.html.

(三)提问措辞要通俗易懂,语气要和蔼可亲

幼儿拥有的词汇有限,理解抽象词汇的能力也有限。例如,像"祖国""英雄""风景"这类词汇,很多幼儿还理解不了。他们会说:"祖国这个妈妈又是谁生的呀?""英雄是什么熊呀? 我怎么没见过呢?""风景在哪儿呀? 我怎么没有看到窗外有风景呢?"

针对幼儿这个特征,对其进行访谈时,访谈者提问的措辞应该是通俗易懂的日常用语,使幼儿能够理解;提问的语气要和蔼亲切,使幼儿感到舒适,并激发他们的谈话兴趣。同时,3~6 岁幼儿的思维还处在具体形象阶段,为了帮助他们理解访谈者提出的问题,可以借助实物、图片进行辅助。例如,在《3~6 岁幼儿对幼儿园常规认知研究》中,访谈者准备了幼儿参与集体教学、游戏和进餐等活动的照片,先让他们观察照片中的场景,调动其有关生活经验,再进行提问。通过这种操作,连 3~4 岁的小班幼儿都能够理解访谈者的提问并给予回答。[1]

在正式与幼儿访谈之前,应作预访谈,了解现有访谈提纲中提问的措辞幼儿是否可以理解。如果现有措辞影响幼儿理解,则要把它替换为幼儿能够理解的用词,或者变化提问的角度,确保他们能够理解。例如,在《基于儿童视角的幼儿园精神环境评价研究》中,访谈者一开始在访谈提纲中提出了"你觉得主班老师对你是哪一种感情?可以告诉我为什么吗?"这个问题,通过预访谈,她发现幼儿对于"情感"一词不太理解,不止一个幼儿提问:"老师,什么是'情感'啊?"对"主班老师"一词,幼儿也不太理解,他们问"主班老师是谁啊?"鉴于此,该访谈者修改了措辞,把问题改为:"你们班×老师(该班的主班教师)喜欢你吗?"修改后,幼儿就能够理解这类问题了。[2]

(四)针对心理特点,适当回应幼儿的言行

幼儿易受心理暗示,可能为了迎合成人而做出某种回答。为此,面对幼儿时,访谈者自始至终要保持一个中立调查者角色,不对其进行任何暗示性的引导或评价,以免受到访谈者暗示的影响。即便幼儿给出了访谈者理想的答案,也不要说"答对了。你真棒!"这类有暗示性的话,而应给予中立性回应,如"这一题回答完了。谢谢你!"

幼儿易受同伴影响,易于从众,可能会模仿同伴的回答,提供跟他们一样或相近的答案。为此,对幼儿进行访谈时,一定要一对一进行,一次只访谈一个幼儿。

幼儿想象力丰富,但常混淆想象和现实,其言谈中多有虚构成分,对事物的某些

---

①何金玲.3~6 岁幼儿对幼儿园常规认知研究[本科毕业论文][D].杭州:杭州师范大学,2013.

②孙妙苗.基于儿童视角的幼儿园精神环境评价研究[本科毕业论文][D].杭州:杭州师范大学,2020.

特征和情节往往加以夸大。对此,访谈者不必指出幼儿在"撒谎",而只要如实记录即可。如果不止一个幼儿在同一个问题上做出了虚假或夸大的回答,在处理和分析资料时,可以从幼儿心理特点角度加以分析。

思考与练习

1. 何谓访谈法?

2. 访谈法有什么优点? 有什么缺点?

3. 访谈法有哪些基本类型?

4. 所有的访谈研究都需要事先编制好访谈提纲吗?

5. 假定以幼儿家长为对象,调查其对幼儿学习外语的态度和看法。请为此项研究设计一份访谈提纲。

要求:(1)说明调查目的;(2)所提问题具有针对性,问题数量不少于 5 个;(3)提问的措辞简单明了、通俗易懂,适合幼儿家长的理解能力。

6. 在准备访谈时,访谈者的主要工作内容与任务有哪些?

7. 在正式访谈时,访谈者的主要工作内容与任务有哪些?

8. 进行提问时,访谈者要把握好哪几个方面?

9. 倾听有哪几种层次?

10. 在回应受访者时,访谈者应做到哪几个方面?

11. 有哪几种结束访谈的方式?

12. 访谈幼儿时,可以运用哪些策略?

研究案例

何金玲,王喜海.幼儿对幼儿园常规认知的研究[J].教育导刊:下半月,2013(2):37-40.

第七章 实验法

案例导入

2011年,为了激励尚未加入少先队的一年级学生,西安某小学让他们佩戴了绿领巾。该校领导和教师认为,佩戴绿领巾的初衷是"激励上进,并非歧视",也无意用来区分好学生和差学生。但这件事引起家长和部分学生的不满,认为这是一种歧视。家长认为伤害了子女的自尊心,"孩子年龄再小,也有自尊心,嘴上不说什么,也能看得出戴绿领巾不是件好事情"。部分学生认为戴了绿领巾就说明自己"调皮、学习不好",因而一出校门就会摘掉。一些网友也质疑:学校为什么要给"差生"贴上标签这样做是否有伤害小学生自尊的嫌疑? 学校所在区教育局和少工委得知后,叫停了戴绿领巾,该校试图通过戴绿领巾激励差生的实验被终止。①②

在上述"绿领巾事件"中,学校有意向"差生"施加了某种教育影响——佩戴绿领巾,并希望他们由此奋起直追、积极向上,但就事实来看,结果却事与愿违。如果把这件事看作"实验"的话,只能算作前实验,其科学性、规范性明显欠缺。如果把它视作一项研究的话,也明显违背了教育研究的伦理性原则。

2016年,我国某研究团队在《自然—生物技术》杂志发表的有关新的基因编辑技术的学术论文,引起学术界轰动,一度被誉为"诺贝尔奖级别"的成果。随后,国内外有多名基因编辑领域的科学家做了重复性实验,却发现该研究团队的实验结果难以重复,由此怀疑其实验结果的真实性。到了2017年,《自然—生物技术》撤回了该团队的研究论文,引发舆论关注。③ 这个事件让人明白,一项不可重复实验结果的实验研究,其可靠性是受人怀疑的。

媒体报道的这类事件,令人对实验研究心生好奇,想进一步揭开其神秘面纱,一探究竟。就本科生毕业论文研究采用的主要方法看,虽然采用实验法的凤毛麟角,但还是有个别本科生实施过规范的实验研究。

---

①宋飞鸿,李建利. 西安一小学给差生戴绿领巾,学校称为激励其上进[EB/OL]. (2011-10-18)[2020-06-06]. https://news.qq.com/a/20111018/000390.htm.

②庞胡瑞.陕西"绿领巾事件"舆情研究[EB/OL]. (2011-10-31)[2020-06-06]. http://yuqing.people.com.cn/GB/16083795.html.

③中国科学院金属研究所.韩春雨撤稿事件[EB/OL]. (2019-09-17)[2020-06-04]. http://www.imr.cas.cn/zt/kycx/alqs_kycx/201909/t20190917_5390050.html.

本章主要介绍实验法的基本规范,包括实验法的含义、优缺点、类型、过程,实验设计的标准,以及常见的实验设计模式。

学习目标

1.了解实验法的含义、优缺点及类型;
2.了解并掌握实验法的基本阶段及每个阶段的主要任务;
3.掌握实验设计的标准及常见的实验设计模式。

学习内容

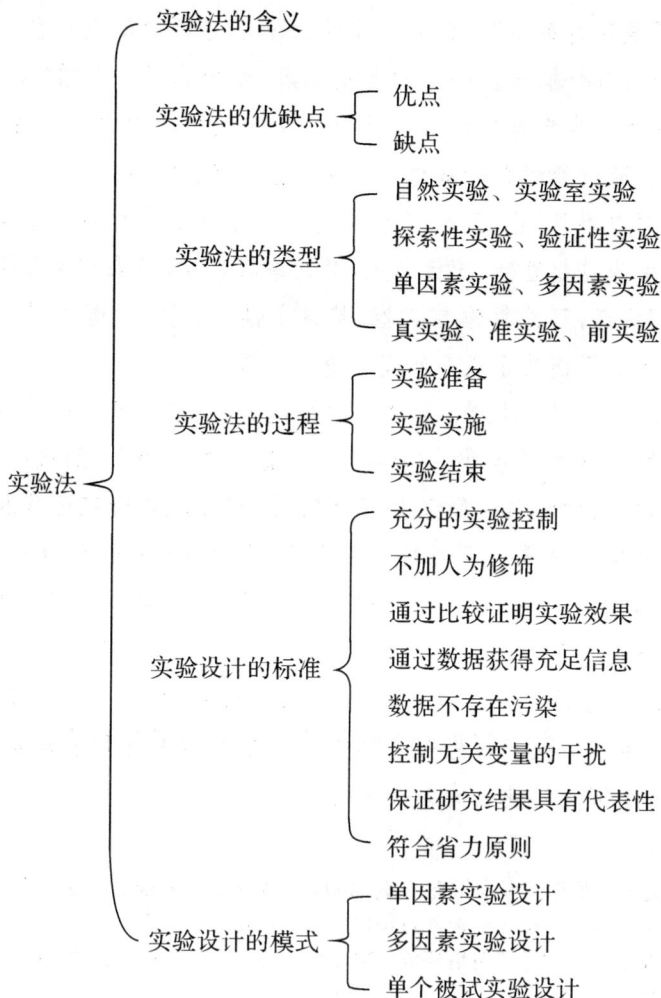

实验法
- 实验法的含义
- 实验法的优缺点
  - 优点
  - 缺点
- 实验法的类型
  - 自然实验、实验室实验
  - 探索性实验、验证性实验
  - 单因素实验、多因素实验
  - 真实验、准实验、前实验
- 实验法的过程
  - 实验准备
  - 实验实施
  - 实验结束
- 实验设计的标准
  - 充分的实验控制
  - 不加人为修饰
  - 通过比较证明实验效果
  - 通过数据获得充足信息
  - 数据不存在污染
  - 控制无关变量的干扰
  - 保证研究结果具有代表性
  - 符合省力原则
- 实验设计的模式
  - 单因素实验设计
  - 多因素实验设计
  - 单个被试实验设计

一、实验法的含义

实验法是通过对某些影响实验的无关因素加以控制,系统操纵某些实验条件,然后观测与这些实验条件相伴随现象的变化,从而确定条件与现象之间因果关系的一种研究方法。①

所谓实验,实际上是一种研究情境。在这个研究情境中,至少涉及一个自变量②——实验者所施加的实验影响,它受到实验者的精心处理或改变;还要至少涉及一个因变量③——实验对象的现象变化,它是随着实验影响而产生的行为变化。实验法的目的在于揭示变量间的因果关系。在实验法中,操纵自变量和揭示因果关系是最为基本的任务。

二、实验法的优缺点

实验法有优点,也有缺点。

(一)实验法的优点

实验法有以下优点:

1. 通过人为创设条件,研究那些在自然条件下不易观察或难以集中观察的现象

在自然条件下,有些研究现象不容易被观察到,或不容易被集中观察到。例如,在幼儿园一日生活中,虽然幼儿之间或幼儿与教师之间,会出现某种助人行为,但这些自然发生的助人行为次数较少,不可能在短期内获得大量的观察数据。对此,实验者可以创造一些条件,促使实验对象出现助人行为,以便进行集中观察。在《角色训练对幼儿助人行为影响的实验研究》中,实验者设计了画画时画笔不够、教师手中卡片洒落、给灾区孩子捐献礼品卡等情境,观察其中幼儿的助人行为表现,记录其人数、语言、动作表现等数据。④ 如果不创设这些情境,就难以集中观察并评定这些助人行为表现。

2. 有严密的组织程序,结果可重复验证,提高研究结论的科学性

实验研究要求有比较严谨的过程,便于进行重复验证。一项实验研究完成以后,

---

①王坚红.学前儿童发展与教育科学研究方法[M].北京:人民教育出版社,1991:125.
②自变量指实验者控制的实验条件或施加的实验影响,是引起实验对象(被试)被测量的行为特性变化的变量。
③因变量一般指对实验对象(被试)行为进行测量的方面或特点,是随自变量变化而变化的量。
④李幼穗,王晓庄.角色训练对幼儿助人行为影响的实验研究[J].天津师大学报(社会科学版),1996(5):26-29.

其他实验者可以通过相同的研究条件和过程,用同类被试样本做重复实验。如果研究结果得到验证,就说明这个实验研究的可靠性强;反之,实验研究的结果可能会被质疑。

如上所述,2016 年,我国某高校一个研究团队在《自然—生物技术》杂志发表了一篇有关新的基因编辑技术"NgAgo"的学术论文,引起学术界轰动,一度被誉为"诺贝尔奖级别"的成果。随后,国内外有多名基因编辑领域的科学家做了重复性实验,却发现该研究团队的实验结果难以重复,由此怀疑实验结果的真实性。2017 年 8 月,《自然—生物技术》发表题为《是该数据说话的时候了》社论,宣布撤回该团队于 2016 年 5 月 2 日发表在该期刊的论文。这个例子说明,不可重复实验结果的实验研究,其可靠性是受人怀疑的。

3. 明确区分自变量和因变量,有规范的前测和后测,可揭示因果关系

在实验研究中,对实验条件进行了控制,明确区分了自变量和因变量,有规范的前测和后测,并对数据进行规范的统计分析,其结果能够揭示变量(自变量和因变量)之间的因果关系。事实上,实验研究就是确定实验条件和现象之间因果关系的研究方法。例如,在《大班幼儿自信心培养的实验研究》中,实验者设计了一系列能引导幼儿获得成功体验的教育活动,包括游戏、学习与劳动等一共有 10 个,在半年时间内,让实验班的幼儿持续参加这些活动。后测成绩表明,与对照班幼儿相比,实验班幼儿的自信心水平有显著提升,由此可以判断成功体验的获得是幼儿自信心水平提升的直接原因。[①]

其他常用的学前教育研究方法,如观察法、问卷法、访谈法等,其所研究的通常是自然呈现的现象,研究者不主动控制因素(实验室观察除外[②]),不干预、不操作变量,同时也无法摆脱无关因素的干扰[③],因而不能确定事物之间的因果关系,只能对那些观察现象或通过调查资料揭示的现象进行描述、归纳和分析,或对某种现象的影响因素或问题的产生原因做可能性推测。换言之,这些方法可以说明事物之间的相关性,可以查明导致问题出现的影响因素,但不能明确揭示事物之间的因果关系。

---

①杨丽珠,王娥蕊. 大班幼儿自信心培养的实验研究[J]. 学前教育研究,2005(4):40-42.

②在实验室观察中,虽然观察者也控制一些外部条件,以便引发观察对象表现出目标行为,但观察者对观察对象是否表现出这些目标行为以及每种目标行为表现的具体频次是不加控制的,也无法控制,观察对象的行为表现还是自然的。而且,观察研究的目的在于揭示观察对象的行为特点,而非所控制条件和行为表现之间的因果关系。

③如观察法中的"观察者效应";问卷法或访谈法中有些调查对象或受访者有意隐瞒事实情况等。

(二)实验法的缺点

实验法有以下缺点：

1. 实验研究情境与现实生活不完全等同，研究结果的应用范围受限制

实验情境与现实情境有一定差异，在实验情境下得出的结果，不能完全推论到实际生活情境中。事实上，现实情境远比实验情境复杂，所受无关因素的影响更多，更不可控制。因此，实验者可以说在实验情境中 X 能引起 Y 的变化，但不可以说在现实情境中 X 确实能引起 Y 的变化。

2. 实验中常有某些无法控制的无关变量在起作用，会影响对实验结果的明确解释

在实验研究中，可能存在一些影响实验结果而又不可控制的因素——无关变量①，实验结果的准确性因此会受到影响。例如，有实验者想通过实验法探明某种游戏活动是否能够提高幼儿的同伴交往能力。在其实验过程中，幼儿不仅在该种游戏活动中进行了同伴交往，在其他活动，诸如生活活动、教学活动乃至其他类型的游戏活动中，幼儿也在进行交往。但是，其他活动中的同伴交往是不可控制的，也不能被剥夺。这些其他活动中的同伴交往，在一定程度上影响着实验班和对照班幼儿的交往能力。

3. 实验控制可能剥夺控制组研究对象在某些方面的发展机会

在一些有关教育教学方法的实验研究中，实验影响——某些活动或某些方法，在控制班是不实施(使用)的。例如，在上述《大班幼儿自信心培养的实验研究》中，实验班幼儿在半年时间内持续参加能够获得成功体验的一些游戏、教学和劳动活动，结果发现其自信心水平有显著提升。在这个实验中，对照班幼儿相对失去了参与较有价值活动的机会。实验研究通常存在这个缺陷，因而受到诟病。

4. 实验结果受实验者自身科研能力和经验的影响较大

从事实验研究，不仅对实验条件有要求，而且对实验者本身的科研能力、知识经验、技术水平等有较高的要求。如果实验者经验不足，对被试选取、实验条件、数据测量及统计分析等方面稍微考虑不周，就可能产生较大误差，使实验结果失去信度。例如，上面提到的某基因编辑团队的实验结果受同行质疑并因此被撤论文的事件中，该团队也宣称，他们的实验设计存在缺陷、研究过程存在不严谨的问题。可见，在一个新的学术领域，实验者因缺乏研究经验，无法保障研究设计和研究过程的完备性，由此也影响了其研究结果的客观性。

---

①无关变量，又称控制变量，指除了自变量和因变量之外的一切变量，是实验者不想研究，但会影响实验进程与结果的、需要加以控制的变量。

三、实验法的类型

根据一些标准,实验法被划分成不同类型。

(一)自然实验与实验室实验

根据实验实施的场所,分为自然实验与实验室实验。

1. 自然实验

自然实验是在自然情况下,在现实的教育教学情境中,在不影响正常课程安排和教学秩序前提下,根据研究目的,控制和改变某些条件,观察研究对象的行为表现,了解由此产生的现象变化。这种实验是在现实生活中进行的,其研究结果比较接近于教育现实,因此容易在教育实践中加以推广。然而,因为这种实验是在现实生活中进行的,变量控制可能不够严密,研究结果的准确性可能不够高。实施自然实验时,要慎重得出实验结论,对研究结果也需要反复验证。

2. 实验室实验

实验室实验是在特设的实验室内,在严格控制条件的情况下进行的。在这种实验中,实验者需要随机安排实验对象,完善操作实验情境与条件,严格控制无关变量,利用实验仪器客观、准确地记录实验的过程与结果,从而保障实验结果的准确程度。但实验室实验的情境与条件毕竟是人为创设的,与现实生活中的自然条件差别较大,因而其研究结果的推广性不强,比较难以在教育实践中应用。

(二)探索性实验与验证性实验

根据实验目的,分为探索性实验与验证性实验。

1. 探索性实验

探索性实验指实验者面对知之有限的新问题,提出非正式的探索性假设,初步揭示各种变量间因果关系的实验。其特点在于求新,验证新假设,获得新认识。例如,在建构游戏中,通过逐步减少材料的种类和数量,直至仅提供最低限度的材料,看其对幼儿创造性的影响程度,就可以做做探索性实验。

2. 验证性实验

验证性实验指实验者对已有的知识、结论等进行重复检验或对已有的实验成果进行再实验的实验。其特点在于验证、确认已有结论或结果是否能够成立。例如,有人通过短期的小样本实验证实两三岁幼儿识字具有可行性后,还需要长期的大样本实验进一步去验证。又如,有人通过小范围实验初步发现幼儿识字的敏感期约是

4～4.5岁,也有必要通过大范围的实验研究予以证实。

(三)单因素实验与多因素实验

根据自变量的数量,分为单因素实验与多因素实验。

1. 单因素实验

单因素实验指实验者在实验中只操纵一个自变量,并考察其对因变量影响的实验。这种实验探讨的是变量间的一一对应关系。如在上述《角色训练对幼儿助人行为影响的实验研究》中,只有一个自变量——"助人角色训练活动",实验者要考察其对因变量(幼儿的助人行为水平)产生了什么影响。

2. 多因素实验

多因素实验指实验者在实验中同时操纵两个以上的自变量,以发现每个自变量对因变量的影响,以及各变量之间的交互作用和综合影响的实验。在教育实验中,某些现象的产生并非基于单一原因,而是许多因素相互作用的结果。例如,某种教学方法的效果,受多种因素(包括儿童智力水平、教师教学态度、学习环境、学习材料等)的影响。因此,多因素实验可以同时考虑多个假设,考察各个变量之间的相互作用。

(四)真实验、准实验与前实验

根据实验的控制程度,分为真实验、准实验与前实验。

1. 真实验

真实验指实验者对实验全程进行了充分控制的实验。在这种实验中,实验者要随机抽取与分配被试,保证实验组和控制组具有同质性;同时系统操纵自变量,严格控制无关变量,准确揭示自变量与因变量之间的因果关系。因此,这种实验效度高,误差程度低,是一种理想状态的实验。

2. 准实验

准实验指实验者对实验全程控制程度较低,尤其是对实验对象没有进行随机抽取与分配的实验。在这种实验中,实验者无法对被试随机分配,一般按现行班级实验;这种实验也无法完全控制无关变量,只能尽量减少误差。因此,这种实验具有一定的误差程度,实验效度比不上真实验。

很多教育实验研究,被试的挑选和组合都不是完全随机的,都属于准实验。事实上,让一所学校或幼儿园为了配合某项实验研究而打乱原有的班级设置,对学生(幼儿)、家长或教师来说,都是不愿意接受的。因此,以中小学生或幼儿为被试进行教育教学实验时,通常是以学校或幼儿园原来就有的班级为单位,随机抽取某个作为实验班或对照班。虽然能做到实验班和对照班在年龄、性别、受教育条件等方面基本同质，但做不到完全对等。因准实验做不到对被试的随机组合，其实验效度不可避免地受到影响。

3. 前实验

前实验指实验者对实验全程控制程度非常低，只在操纵实验变量这一点上符合实验法最起码的要求的实验。在这种实验中，实验者无法随机分配被试，不能有效控制无关变量，往往无法说明变量间的因果关系。因此，前实验的实验误差①程度高，实验效度低。严格地讲，前实验是一种不合格的实验。

四、实验法的过程

实验法的全过程可分为实验准备、实验实施、实验结束三个阶段②，每一阶段包括一些具体任务。

（一）实验准备阶段

实验准备阶段的任务是制订实验方案。实验方案是否合理、可行，直接影响实验的结果。其具体任务包括以下几个方面：

1. 建立实验假设

确定研究选题、明确研究目的后，实验者要做的第一件事情是建立明确的实验假设。实验假设是整个实验过程的核心和主线，规定了实验重点和方向。实验者应根据已有理论或有关研究发现，建立自己的实验假设。例如，在《大班幼儿自信心培养的实验研究》中，已有研究发现"自信心是在与周围环境的相互作用，特别是与人的交往中，通过成功体验的积累和卓有成效的教育逐渐形成和发展起来的"，"通过幼儿园对幼儿实施有计划、有目的的影响是培养幼儿自信心的重要途径"，由此提出了相应的实验假设——"通过教育活动使幼儿获得成功体验应当能够促进幼儿自信心发展"。在这个实验假设基础上，在幼儿园创设了一系列能引导幼儿获得成功体验的教育活动，以便探索成功体验对幼儿自信心发展的实际意义和培养幼儿自信心的有效途径。

2. 选择实验对象

建立实验假设后，实验者接着要选择一定数量的实验对象（被试），分别作为实验

①实验误差是指实验观测数据中不能由自变量解释的那部分变异。实验误差源于：接受相同处理的被试中的内在变异；实验操作缺乏一致性导致的变异；因重复实验产生的变化。减少实验误差的措施有：调整实验中的被试，以减少其内在的变异；在可能情况下，增加实验重复的次数，对实验结果进行综合评价。参见郭力平.学前儿童心理发展研究方法[M].上海：上海教育出版社，2002:98.

②陈向明.教育研究方法[M].北京：教育科学出版社，2013:160-162.

班(组)和对照班(组)。在真实验中,被试一定是随机选取的。但在准实验中,实验者都做不到随机选取和分配被试。如在《角色训练对幼儿助人行为影响的实验研究》中,实验者随机抽取所在高校附属幼儿园的大三班(29人)为实验班,大二班(31人)为对照班。其他实验研究在选择被试时,也基本上是以原来就有的班级为单位确定实验班和对照班的。即便是以原来就存在班级作为实验班和对照班,实验者也要尽可能保证两组被试具有同质性。通常,实验者是通过在实验前对实验班和对照班进行前测,保证两组水平相当,具有同质性。

3. 确立变量关系

在实验研究中,要确保因变量的变化是由自变量引起的。在进行实验设计时,实验者要明确各个自变量和因变量的概念和操作性定义,以便进行严格和精确的数据采集,并在此基础上通过数据分析确认变量间的因果关系。例如,在《角色训练对幼儿助人行为影响的实验研究》中,自变量指"角色训练",因变量指"助人行为"。实验者把自变量——所施加的实验影响,明确为"在实验班通过讲述助人故事和扮演助人情境",时间确定为两个月;把因变量——助人行为的变化,明确为两个观测指标:助人意识水平和助人行为频次。

4. 选择或编制测量的工具

为了评价因变量在实验前后的变化,实验者必须选择或编制用于测量的工具。对于测量因变量的手段或工具,实验者可根据实验要求选择已有的合适量表,或者重新编制有关量表,如调查问卷、观测指标等。如在《大班幼儿自信心培养的实验研究》中,为了评定实验前后实验对象的自信心水平,实验者自行编制了《幼儿自信心发展教师评定问卷》;而在《角色训练对幼儿助人行为影响的实验研究》中,实验者主要采用情境观察的方式,考察实验对象在不同情境(如画画时画笔不够;教师散落卡片;分发迎国庆的礼品卡,同时又讲灾区失学孩子的故事,诱发捐礼品卡等)中助人行为的人数、语言、动作表现等,由此确定其助人角色意识水平和行为表现的变化情况。

5. 安排实验步骤

实验法具有严谨的程序,在设计实验方案时,实验者要考虑到每一个具体步骤,包括实验研究各个阶段的具体内容、方法、工具(材料)、控制措施、指导语、评分方式与记录表格等,以及各种可能出现的问题与情境的应对方法等。实验步骤之间应有逻辑性,能够自然衔接,方便操作。

(二)实验实施阶段

实验实施阶段是实验法的实质性阶段,能否按照实验方案有序展开实验过程,是决定能否得出可靠实验结论的关键。其具体任务包括以下几个方面:

1. 操纵自变量

通过操纵自变量对实验对象（被试）施加特定实验影响，是实验全程中的核心任务。无论是真实验还是准实验，实验影响只施加到实验班被试，对照班被试不接受这种实验影响。如在《角色训练对幼儿助人行为影响的实验研究》中，在为期两个月的时间中，实验者每周对实验班进行两次角色训练活动。训练中采用讲故事（包括看图讲故事）、故事情境讨论、角色扮演、角色行为分析及对角色扮演情况讨论等具体方式进行。对照班仍按原教育活动计划进行。

2. 控制无关变量

在实验研究中，实验者需要对一些无关变量加以控制，尽可能排除其混淆效应，将自变量的作用体现出来。例如，在一项关于幼儿识字方法的实验研究中，在实验实施前，实验者就在实验班和对照班召开家长会，建议幼儿家长在实验的六个月内，不要在家教子女识字，也不要让子女参加任何形式的校外识字培训班。这样，就能把幼儿识字量的变化和识字能力的提升，归结为实验中采用某种识字方法所引起的结果。

通常，为了控制无关变量对实验结果的影响，会采取以下三种措施：[①]

其一，排除。把无关变量排除在实验之外，尽可能不让它对实验结果产生影响。如在上面提到的幼儿识字法实验中，要求幼儿家长实验期间不在家教子女识字。

其二，平衡。使无关变量以同一水平作用于实验班和对照班。如通过随机抽取和分配被试，使实验班和对照班特点相同或水平相当，或尽可能确保实验班和对照班教师的态度、能力、水平相同，或教材、教学时间一样，等等。这些措施都是为了使无关变量带来的影响在实验班和对照班之间实现平衡化。

其三，抵消。当自变量是两个及以上时，实验处理的前后顺序不同，结果也就会有所不同。此时，可以采用循环组法（ABBA 法）加以抵消。如在一项关于新教法与旧教法的比较研究中，实验者可以让选定被试中的半数先作为实验班接受新教法，再作为对照班接受旧教法；另一半被试则先作为对照班接受旧教法，再作为实验班接受新教法。这样，两班学生的特点与基础，两班教师的教学态度、能力等影响因素就相互抵消了。

3. 测量因变量，搜集实验数据和资料

在实验前、实验中和实验结束时，实验者要分阶段搜集实验数据和实验对象行为表现的相关资料。其中，为了把握因变量的变化情况，要通过测量工具在实验前进行前测，在试验后进行后测，由此获得相应的数据，用于进行比较分析。为了了解实验班和对照班被试在实验过程中的行为变化，尤其是因变量的发展变化，实验者也需要

①张燕，邢利娅. 学前教育科学研究方法[M]. 北京：北京师范大学出版社，1999：151-153.

对被试进行自然观察,补充研究资料。如在《角色训练对幼儿助人行为影响的实验研究》中,实验者不仅在前测和后测时对被试进行情境观察(实验室观察),在实验全程中,还对实验班和对照班幼儿的助人行为表现进行自然观察,用于说明实验的效果。

(三)实验结束阶段

实验结束阶段的主要任务是对实验进行总结、评价,并撰写实验报告。其具体任务包括以下几个方面:

1. 检验实验结果

实验者要对实验的前测、后测数据进行统计分析,并以统计图、统计表形式简明扼要地呈现实验结果。同时,实验者要对所做百分比统计、卡方检验、方差分析、t检验、相关性检验、回归分析等数据用文字表述其统计意义。

例如,在《角色训练对幼儿助人行为影响的实验研究》中,实验者做了如下分析:

其一,看角色训练是否有利于提高大班幼儿角色意识水平。实验者通过比较实验前后实验班幼儿的角色意识水平,发现其有显著变化,同时实验班与对照班比较,幼儿角色意识水平也有明显提高,由此认为"角色训练有助于提高大班幼儿的角色意识水平"。在分析这部分研究结果时,数据分析主要采用了卡方检验的方法。

其二,看角色训练是否对促进特定情境中的幼儿助人行为有积极作用,以及是否有利于促进幼儿在日常生活中助人行为表现的发展。实验者通过分析助人行为的人次发现,实验班幼儿的助人人次训练前后变化十分显著,实验班幼儿助人行为人数与对照班比较也有显著提高;通过分析助人动机水平发现,实验班幼儿的助人动机水平在实验前后有显著提高;通过分析角色训练对幼儿日常生活中助人行为的影响发现,角色训练确实促进了实验班幼儿日常生活中助人行为的发展。由此,实验者认为,角色训练对促进特定情境中幼儿助人行为的发展有积极作用,并有利于幼儿日常生活中助人行为表现的发展。在分析这部分研究结果时,除了采用卡方检验做数据分析,也采用案例描述研究对象的行为变化。

2. 给出实验结论

实验者要对实验结果进行讨论,比较自己的实验发现与已有实验发现的异同,并解释其原因。同时,根据自身实验数据的统计结果,对照实验假设给出相应的实验结论。实验结论可以说明实验假设是成立的,也可以说明实验假设是不成立的。

例如,在《大班幼儿自信心培养的实验研究》中,实验者确定的研究假设为:通过教育活动使幼儿获得成功体验应当能够促进幼儿自信心发展。在研究结论部分,实验者提出:其一,成功体验对幼儿自信心的发展具有重要意义;其二,游戏、学习和劳动都可以成为促进幼儿自信心发展的重要途径;其三,幼儿获得成功体验是提高其自信心的条件。这说明,该研究的实验假设是成立的。

3. 撰写实验报告

最后,实验者要回顾实验全程,撰写规范的实验报告。

五、实验设计的标准

为了保障实验的内部效度①和外部效度②,实验者需要进行充分、周密的实验设计。好的实验设计,要符合以下几个标准:③

(一)充分的实验控制

要想解释实验结果,在实验设计时必须对实验条件进行充分控制。实验设计被高度结构化,如果实验变量产生效应,就可以被观察到。例如,在上述《角色训练对幼儿助人行为影响的实验研究》中,实验者在确定实验班和对照班时,对两班任课教师的年龄、教龄、教学水平、管理方法、幼儿的主要情况等方面进行了比较分析,发现两者大体处于同一水平。同时,实验者对角色训练活动进行了精心设计,具体包括有利害冲突的助人情境故事 8 个,看图讲述助人故事 6 个,来自日常生活及故事角色扮演情境 6 个。此外,实验者把实验时间限定为 2 个月。在此期间,对照班幼儿只参与正常的教育活动;而实验班幼儿除了参与正常的教育活动,还参与上述专门设计的角色训练活动。这几个方面,包括实验班和对照班的同质性、角色训练活动的内容与数量、实验持续时间等,都属于实验者所控制的实验条件。

(二)不加人为修饰

要想把实验结果推广到非实验室情境,就要坚持"不加人为修饰"原则。这主要体现为,不刻意挑选被试,而是以原来就存在的自然班作为实验对象。如在《角色训练对幼儿助人行为影响的实验研究》中,实验者随机抽取所在高校附属幼儿园某一大班为实验班,另一大班为对照班。这样抽取与分配被试的实验研究,其结果可以往常规班级推广。但有些中学的实验班,其成员一般是按照入学成绩筛选的,在生源上与

---

①内部效度指实验结果可以被精确解释的范围,是具体研究中自变量与因变量之间存在因果关系的程度。自变量与因变量之间存在的逻辑关系越高,内部效度就越高。影响实验内部效度的主要因素有偶发事件、成熟影响、前测影响、测量工具改变、统计回归、抽样偏差、被试流失等。

②外部效度指研究结果能够被推广到其他情境与样本的程度。影响外部效度的主要因素有测验与实验处理的交互作用、抽样偏差与实验变量的交互作用、被试对实验安排的反应、多重实验处理的干扰等。

③威尔斯马 W,于尔斯 S G. 教育研究方法导论:第 9 版[M]. 袁振国,主译. 北京:教育科学出版社,2010:141-142.

普通班就存在差异。即便在实验班进行某种提高学习成绩的教学方法实验研究,也很难把这种方法向普通班推广。

(三)通过比较证明实验效果

实验研究的效果如何,要通过比较才能说明。为此,在安排被试时,除了接受实验处理的实验班,还要设置一个不接受实验处理的对照班。这样,通过比较实验班和对照班的前、后测成绩,就能说明实验效果。当然,有些实验研究只有实验班而没有对照班。即便如此,也要对该班两个或多个实验处理的结果进行比较。

(四)通过数据获得充足信息

在实验研究中,研究假设是否成立,是通过数据说明的,一般要看某些统计值。例如,在上述《大班幼儿自信心培养的实验研究》中,为了验证实验班和对照班幼儿的自信心水平在实验前后是否有差异,实验者对前、后测数据进行了 Z 检验,并通过 Z 值和 P 值说明其差异性。在该研究中,实验干预前,实验班和对照班的自信心前测成绩差异不显著($Z=0.26, P>0.05$),说明两者具有同质性;实验半年后,实验班和对照班自信心后测成绩差异显著($Z=3.38, P<0.001$),说明在实验班实施的系列教育活动能够有效促进幼儿自信心水平的提高。

(五)数据不存在污染

在实验研究中,为了通过数据反映实验效应,要尽可能控制实验误差。被污染的数据往往是由于实验过程中不科学的测量和误差引起的。如在一项通过某种音乐活动促进幼儿学习品质发展的实验研究中,实验者选用美国学者编制的学习品质评价工具与其所要测量的学习品质项目不完全匹配,因工具的不适切导致其测量结果不精确。这种情况在实验设计时要尽可能加以避免。

同时,来自不同组的个体不应相互影响而削弱实验效果,或导致实验效果不具有代表性。为此,要采取的一个主要措施是尽可能做到实验组和对照组被试基本同质。如在一项幼儿园游戏识字法实验中,实验者在前测时发现,无论是实验班,还是对照班,都有一个幼儿的识字量远超平均水平,且其家长都在利用某识字软件引导其识字。为了避免对实验班和对照班的同质性造成干扰,就没有选择这两名幼儿作为被试。

(六)控制无关变量的干扰

这一标准与充分的实验控制密切相关。在实验研究中,影响因变量的,除了自变量外,还有其他的无关变量。例如,被试的年龄、性别、受教育条件等,通常都属于可能影响其行为变化的无关变量,对它们要加以控制。例如,在上述《大班幼儿自信心培养的实验研究》中,实验者把实验班和对照班的人数都确定为70人,保证年龄都在5～5.5岁,性别则男女各半。同时,在选取与分配被试时,选取了两所幼儿园,每园随机抽取两个大班,分别作为实验班和对照班。这样就对年龄、性别、受教育条件等做了控制。而且,通过检验前测数据,保证实验班和对照班在实验处理前处于同一水平。一句话,要想消除无关变量对实验结果的干扰,基本的做法就是保证实验班和对照班在各个方面具有同质性。

(七)保证研究结果具有代表性

要想推广实验结果,实验者就必须保证实验结果具有代表性。而实验结果代表性的高低,则取决于研究被试的抽取与分配方式。如上所述,讲到"无人为修饰"和"数据真实有效"时,都在强调要对研究对象进行随机抽取。在此,要保证实验结果的代表性,基本的做法依然是随机抽取与分配实验被试。例如,在《角色训练对幼儿助人行为影响的实验研究》中,实验者随机抽取一个大班作为实验班,另外一个大班作为对照班,这体现的是被试分配的随机性。再如,在《大班幼儿自信心培养的实验研究》中,实验者在某市的两所幼儿园中,各随机抽取两个大班,分别作为实验班和对照班,则同时体现了被试抽取的随机性与被试分配的随机性。

(八)符合省力原则

所谓省力原则,指的是如果同样能达到研究目的,要尽量选择简单的设计。就被试的分配来看,某实验设计有一个实验班和一个对照班,另一实验设计则有两个实验班和一个对照班,前者就是简单的设计,后者则为复杂的设计;就被试的选择来看,某实验设计的实验班和对照班是在同一所幼儿园若干个大班中随机抽取分配的,另一实验设计则从两所幼儿园中,各随机抽取两个大班,分别作为实验班和对照班,前者是简单的设计,后者则为复杂的设计。在符合实验研究基本规范前提下,简单的实验设计较为省力。

六、实验设计的模式

所谓实验设计,指为开展实验而预先策划的计划。对实验设计的理解,有广义和狭义之分。广义的实验设计指对一项实验研究的整体设计,包括对建立假设、确定变量、选择被试、确定实验组织形式和具体方法等整个研究进程的安排。狭义的实验设计指实验研究中被试的选择和分组、实验处理和因变量测量等三个主要因素的安排方式。

实验设计常以符号通过图表表示这些变量的排列(见表7-1)。

表7-1　实验设计模式符号①

表达方式	含义
X	表示实验处理或自变量
—	表示无实验处理
O	表示实验观测,包括因变量的测定
G	表示组,实验组或控制组
R	表示被试已做随机分配
……	表示虚线上面和下面的组不是等组

下面介绍几种常见的实验设计模式。

(一)单因素实验设计

1. 单因素实验设计的定义

所谓单因素实验设计,指仅考察一个因素对实验指标构成影响的实验设计。换言之,在这种实验中,只有一个自变量(可有两个及以上层次②)。例如,在上述《大班幼儿自信心培养的实验研究》中,只有一个自变量——"能够获得成功体验的系列教育活动"。

2. 单因素实验设计的规范

在最简单的单因素实验设计中,在被试安排上,只有一个实验班和一个对照班;在实验控制上,对实验班施加实验处理,对对照班则不施加实验处理;在数据测查上,对实验班和对照班都实施前测和后测。

在实施该类实验时,首先抽取实验对象(被试),确定实验班和对照班;接着对实验班和对照班都进行前测,确定两者在要测量的维度(因变量)上差异不显著,具有同质性;随后,明确实验处理的内容、方式和过程,确保能够对自变量进行充分操控时,就可以对实验班进行实验处理,而对照班则保持不变,不进行任何实验处理;最后,对实验班和对照班进行后测,通过统计分析,看因变量是否具有显著差异。

例如,在《幼儿园兴趣游戏活动对儿童智力发展影响的实验研究》中,实验者安排

---

①陶保平. 学前教育科研方法[M]. 修订版. 上海:华东师范大学出版社,2006:137.

②单因素实验设计中自变量可分为不同的层次或水平,如单因素一个水平(如某种游戏)、单因素两个水平(如教学方法分为发现学习和接受学习两种)。此时,只是把一个自变量分成了不同水平,并不是两个自变量。

了一个实验班和一个对照班,先对实验班与对照班儿童进行智力测验,确定两组儿童智力水平具有一致性。然后,让实验班儿童在一定时间内参加经过精心设计的兴趣游戏,而对照班儿童只参加正常的教育教学活动。最后,同时对实验班和对照班儿童进行智力测验,并进行差异性检验,以便揭示兴趣游戏对幼儿智力发展的影响作用。①

这种实验模式在准实验中被广泛采用,称为"非等组前后测设计"。其实验模式可用图 7-1 表示。

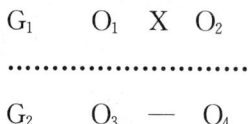

$$G_1 \quad O_1 \quad X \quad O_2$$
$$\cdots\cdots\cdots\cdots\cdots\cdots\cdots$$
$$G_2 \quad O_3 \quad - \quad O_4$$

图 7-1　非等组前后测实验设计示意图

图 7-1 表示,在这个实验中,有两个原始班级构成的非等组样本——一个实验组(G_1)和一个对照组(G_2),对实验组(G_1)进行了实验处理(X),对对照组(G_2)无实验处理(一),对实验组、对照组都进行了前测(O_1、O_3)、后测(O_2、O_4)。

如果被试经过随机抽取和随机分配形成了实验组和对照组,其实验设计模式可用图 7-2 表示。

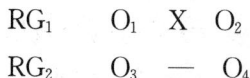

$$RG_1 \quad O_1 \quad X \quad O_2$$
$$RG_2 \quad O_3 \quad - \quad O_4$$

图 7-2　等组前后测实验设计示意图

图 7-2 呈现的是等组前后测实验设计模式。这种模式运用在真实验中。

(二)多因素实验设计

1. 多因素实验设计的定义

所谓多因素实验设计,指在实验中同时操纵两个或两个以上的自变量,以发现每个自变量对因变量的影响以及自变量之间的交互作用,即其对因变量的综合影响。例如,探讨某种教学方法对小、中、大班幼儿学习成效的影响,这里的自变量就有两个:教学方法、年级;探讨某种教学方法对小、中、大班男女幼儿学习成效的影响,则自变量就变成了三个:教学方法、年级、性别。因此,多因素实验设计必须同时考虑多个假设,考察各个变量之间的相互作用。

2. 多因素实验设计的类型

最简单的多因素实验设计是在实验中存在两个自变量,每个自变量各有两个层

①陈会昌,王令望.幼儿园兴趣游戏活动对儿童智力发展影响的实验研究[J].心理学报,1985(2):169-177.

次,即 2×2 模式。

例如,研究儿童以伙伴形式玩一种玩具时呈现不同时间(5 分钟、30 分钟),是否会影响男女儿童随后自己模仿玩该玩具的时间。这个实验有两个自变量,即呈现的时间和性别,且各有两个层次(男和女;5 分钟、30 分钟)。①

对这个实验的测量结果,实验者不仅要分析各自变量的影响——伙伴玩一种玩具呈现的时间和儿童的性别对儿童随后模仿玩该玩具的时间影响,而且还要分析自变量的交互作用对因变量的影响——伙伴玩一种玩具呈现的时间和儿童的性别共同作用,对儿童随后模仿玩该玩具的时间的影响(见表 7-2、表 7-3)。

表 7-2　男女儿童在不同的伙伴玩玩具呈现时间后的模仿时间

呈现时间(分钟)	模仿时间(分钟)																			
	男										女									
	1	2	3	4	5	6	7	8	9	10	1	2	3	4	5	6	7	8	9	10
5	3	8	2	6	9	4	5	5	5	6	9	11	12	10	8	7	10	9	6	8
30	15	20	18	30	22	23	21	20	20	24	20	18	21	15	17	17	19	12	15	13

表 7-3　2×2 实验设计数据统计

属性变量		实验变量		
		5 分钟	30 分钟	
男	$\overline{X}$	5.3	21.3	13.3
	S	2.002	3.76	8.55
女	$\overline{X}$	9	16.7	12.85
	S	1.732	2.792	4.61
	$\overline{X}$	7.15	19	
	S	2.632	4.037	

就表 7-3 看,在不考虑性别因素时,伙伴玩一种玩具呈现 5 分钟,儿童随后模仿玩该种玩具的时间是 7.15 分钟;伙伴玩一种玩具呈现 30 分钟,儿童随后模仿玩该种玩具的时间为 19 分钟。可见从时间自变量看,呈现时间长,儿童模仿的时间增加。不考虑时间因素时,男孩模仿的时间为 13.3 分钟,女孩模仿的时间为 12.85 分钟,差异不大。可见儿童模仿玩该种玩具的时间,主要受伙伴玩这种玩具时间的影响。

如果自变量有交互作用,男女儿童的模仿行为会因呈现时间的不同而有差异。就表 7-2 中的实验结果来看,在呈现短时间里(5 分钟),女孩模仿行为高于男孩;在呈

①杨丽珠. 多因素实验设计[J]. 山东教育,1999(9):18-19.

现长时间里(30 分钟),男孩模仿行为高于女孩。这一研究结果与对两个自变量单一考虑结果是不同的,这正是多种自变量(因素)相互作用对因变量综合影响的独特效应。可见男女性别与呈现时间产生交互作用,男女性别无法单一构成主要影响力,要受呈现时间的制约。

上述 2×2 模式可以用图 7-3 表示。

$$RG_1 \quad X_1 \quad Y_1 \quad O_1$$
$$RG_2 \quad X_2 \quad Y_1 \quad O_2$$
$$RG_3 \quad X_1 \quad Y_2 \quad O_3$$
$$RG_4 \quad X_2 \quad Y_2 \quad O_4$$

图 7-3　2×2 实验设计模式示意图(1)

图 7-3 表示,在这个实验中,有两个自变量,其中一个自变量是 X(如性别),它有两种水平 X_1 和 X_2(如男、女);另外一个自变量是 Y(如时间),它也有两个水平 Y_1 和 Y_2(如 5 分钟、30 分钟)。G_1、G_2、G_3、G_4 表示在两个自变量交互影响下形成的四个实验组,O_1、O_2、O_3、O_4 表示在两个自变量交互影响下获得的四组观测值。

为了呈现自变量的交互影响,还可用图 7-4 表示这种实验模式。[1]

因素 X

因素 Y		X_1	X_2	
	Y_1	O_1	O_2	OY_2
	Y_2	O_3	O_4	OY_2
		OX_1	OX_2	

图 7-4　2×2 实验设计模式示意图(2)

图 7-4 中的 O_1、O_2、O_3、O_4 是四个实验组的观测值,其中 O_1 是 X_1 和 Y_1 的组合处理观测值;O_2 是 X_2 和 Y_1 的组合处理观测值;O_3 是 X_1 和 Y_2 的组合处理观测值;O_4 是 X_2 和 Y_2 的组合处理观测值;OX_1 表示 O_1 和 O_3 的平均值;OX_2 表示 O_2 和 O_4 的平均值;OY_1 表示 O_1 和 O_2 的平均值;OY_2 表示 O_3 和 O_4 的平均值。

在上述模式中,可以通过比较 OX_1 和 OX_2 来确定儿童性别的处理效应,也可以通过比较 OY_1 和 OY_2 来确定伙伴玩一种玩具呈现时间的处理效应;还可以对 O_1、O_2、O_3、O_4 四组观察值的比较(统计分析),确定儿童性别和伙伴玩一种玩具呈现时间之间的交互作用;还可以在因变量的不同水平之间进行比较,如 O_1 和 O_2 比较,O_3 和 O_4 比较,O_1 和 O_3 比较,O_2 和 O_4 比较。

---

①陶保平.学前教育科研方法[M].修订版.上海:华东师范大学出版社,2006:155.

(三)单个被试实验设计

1. 单个被试实验设计的定义

在实验研究中,通常涉及多个被试群体。但在有些实验情境中,样本可能只有一个,如心理治疗、行为矫正、行动研究、个案研究等。对单个被试,无法进行随机抽取与分配。因此,单个被试实验设计属于准实验设计。

在这种实验设计中,只有一个被试,操纵一个或多个自变量后观察(测评)因变量的效果。在这种实验中,通常要进行反复观测,且一次实验仅处理一个自变量。这种实验设计的特点是对同一个被试的前、后测成绩进行对比,比较适合教师个人进行的科学实验研究。

2. 单个被试实验设计的类型

在这种实验设计中,会采用一组独特的符号表示实验设计类型。

A 表示基线条件,或前测阶段,即实验介入前的持续观测。

B 表示实验条件,或实验阶段,即持续的实验处理观测。

A、B 两段时间相等,观测次数也相同,但每段时间的观测次数可根据实际情况来决定。

(1)A-B 设计

在这种设计中,把某一段时间看作基线条件,假设没有进行实验处理,基线条件下的观测结果就不会发生变化。在施加实验处理后,通过比较因变量观测值的差异,说明实验成效。其实验设计模式可用图 7-5 表示。

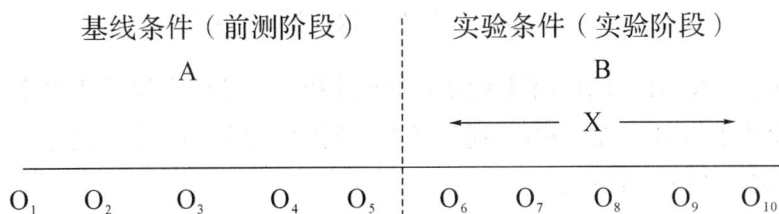

基线条件(前测阶段)	实验条件(实验阶段)
A	B
	← X →
O_1 O_2 O_3 O_4 O_5	O_6 O_7 O_8 O_9 O_{10}

图 7-5 A-B 实验设计模式示意图

A-B 设计是最简单的单个被试实验设计,它易受被试经历和成熟等因素的干扰,内部效度因而可能受影响。

(2)A-B-A 设计

A-B-A 设计又称"倒返实验设计",是 A-B 设计的扩展。它是在 A-B 设计基础上,紧接实验阶段又引入了一个基线条件(实验撤除阶段),再次对被试进行基础观测,就变成了 A-B-A 设计。这种设计的三个阶段观测时间、次数相等,设计的基本思路是通过前测阶段与实验撤除阶段观测数据的比较来检验实验处理的长期效应。

其实验设计模式可用图 7-6 表示。

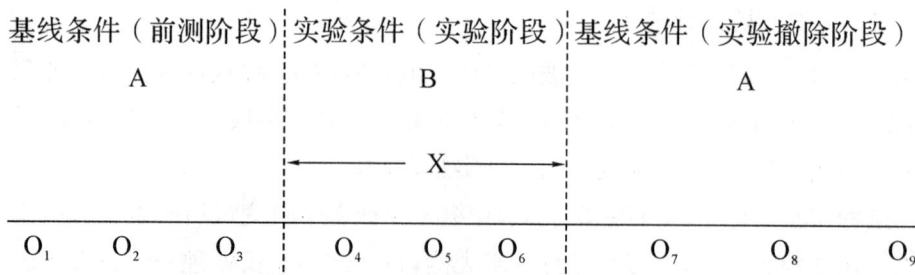

基线条件（前测阶段）　实验条件（实验阶段）　基线条件（实验撤除阶段）

A　　　　　　　　　　B　　　　　　　　A

$\longleftarrow$ 　　X　　 $\longrightarrow$

O_1　　O_2　　O_3　　O_4　　O_5　　O_6　　O_7　　O_8　　O_9

图 7-6　A-B-A 实验设计模式示意图

A-B-A 设计仍然会受到成熟或经历的影响而导致内部效度降低。

(3)A-B-A-B 设计

在 A-B-A 设计基础上，继续扩展，使之包含一段实验条件，就变成了 A-B-A-B 设计。其实验设计模式可用图 7-7 表示。

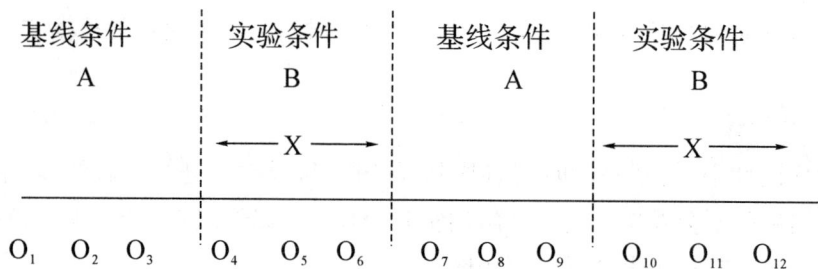

基线条件　　　实验条件　　　基线条件　　　实验条件

A　　　　　B　　　　　A　　　　　B

$\longleftarrow$ X $\longrightarrow$　　　　　　　$\longleftarrow$ X $\longrightarrow$

O_1　O_2　O_3　　O_4　O_5　O_6　　O_7　O_8　O_9　　O_{10}　O_{11}　O_{12}

图 7-7　A-B-A-B 实验设计模式示意图

因为有了连续的观测值，而且因为基线条件和实验条件进行了两次循环，A-B-A-B 与 A-B 设计或 A-B-A 设计相比，提高了内部效度。如果两次循环的结果一致，就有更足够的信心给出实验结论。

思考与练习

1.何谓实验法？

2.实验法有什么优点？有什么缺点？

3.实验法有哪些基本类型？

4.实验法的全程分哪几个阶段？每一阶段的主要任务有哪些？

5.好的实验设计要符合哪些标准？

6.何谓单因素实验设计？等组前后测实验设计如何用示意图来表示？

7.何谓多因素实验设计？2×2实验设计模式如何用示意图来表示？

8.何谓单个被试实验设计？这种实验设计有哪几种模式,各自用什么示意图来表示？

9.结合实际的实验研究案例,分析其采用了哪种实验设计模式。

✎ 研究案例

案例7-1

李幼穗,王晓庄.角色训练对幼儿助人行为影响的实验研究[J].天津师大学报(社会科学版),1996(5):26-29.

案例7-2

杨丽珠,王娥蕊.大班幼儿自信心培养的实验研究[J].学前教育研究,2005(4):40-42.

第八章 实物分析法

案例导入

有研究者通过分析幼儿的绘画作品,了解他们的智力发育(如三岁前主要是"涂鸦",如果一个2岁幼儿能用象征符号画人,说明其智力发育早于同龄人)、情绪情感(高兴、兴奋、好奇、不满、安逸、幸福等)、个性(气质、性格、兴趣、自信心、独立性等)以及感知力、想象力、创造力等发展情况。[①]

有本科生在研究某所幼儿园的体育活动特色时,系统收集了该园有关体育活动的资料,包括体育活动工作计划与工作总结、教案、体育锻炼(或体育教学、体育游戏)的照片与视频、体育活动场地和设备的照片或物品、自制体育器材的照片或物品等。通过系统分析这些研究资料,揭示了该园体育活动的特色所在。[②]

有本科生在研究婴幼儿早期父母教养观念时,系统收集并分析了来自网络论坛上幼儿家长发布的帖子,揭示了这些父母对早期教育目标、内容及方法等方面的认识。[③]

在上述研究案例中,研究者使用的研究资料被称为"实物",通过对实物的收集和分析,达成了某种研究目的。

本章主要介绍实物分析法的基本规范,包括实物分析法的含义、优缺点,实物的基本类型,实物分析法的基本过程,实物收集的基本原则和具体方法。

学习目标

1. 了解实物分析法的含义、优缺点和实物的类型;
2. 掌握实物分析法的基本过程及每个步骤的基本要求;
3. 理解实物收集的基本原则并能加以实际运用;
4. 掌握文件类实物和物品类实物的分析方法。

[①] 杨景芝.儿童绘画是儿童的视觉语言[M]//张念芸.学前儿童美术教育.北京:北京师范大学出版社,1997:212-250.

[②] 马婷燕.幼儿园特色体育活动究竟"特"在哪里——以杭州某体育特色幼儿园为例[本科毕业论文][D].杭州:杭州师范大学,2012.

[③] 叶恩惠.0~3岁婴幼儿父母早期教养观念研究——以"杭州19楼论坛孩爸妈聊天室"中的父母为研究对象[本科毕业论文][D].杭州:杭州师范大学,2013.

学习内容

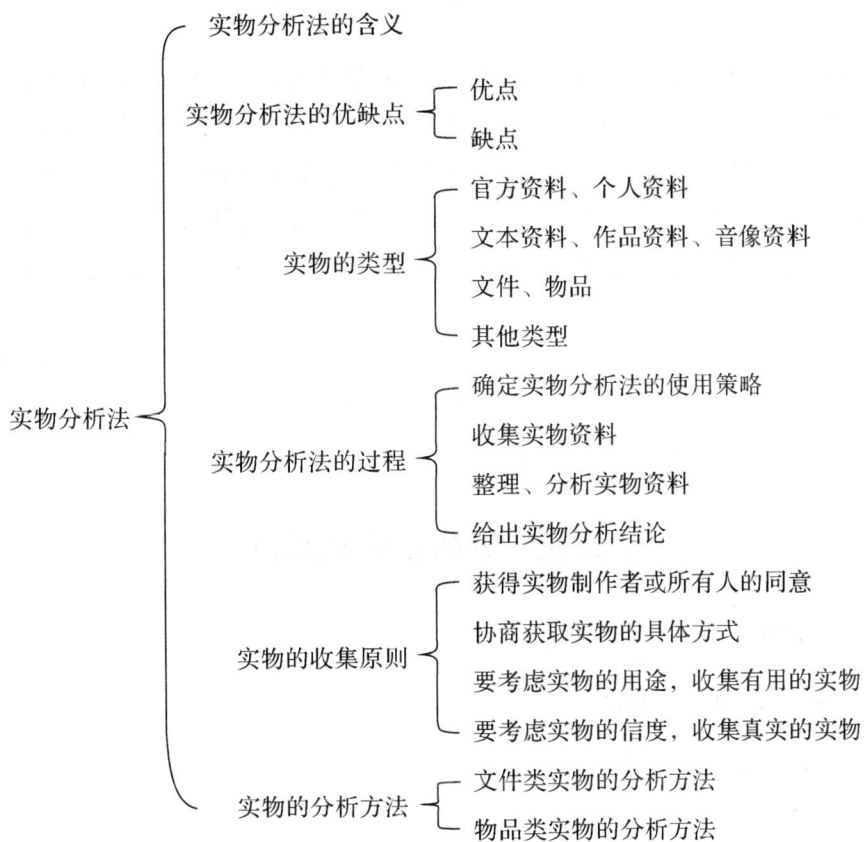

一、实物分析法的含义

在学前教育研究中,除了可以利用观察、问卷调查、访谈等互动形式收集研究资料外,还要充分利用各种实物资料。"实物"①指所有与研究问题有关的文字②、音像、物品等人工制作的东西或经过人加工的自然物,包括历史文献(传记、史料)、现实记录(周计划、一日生活时间表、教案、听课笔记、工作计划、信件、日记等)、音像资料(照片、视频、录音、电影、纪录片、广告等)、立体物品(体育器材、动植物标本、手工作品等)。③

实物分析法是通过收集与分析与研究问题有关的实物,揭示有关活动特点、事物特征或研究对象所具有的观念、行为及情感的一种研究方法。

这种方法在学前教育研究中有广泛的应用。

二、实物分析法的优缺点

实物分析法有优点,也有缺点。

(一)实物分析法的优点

实物分析法有以下几个优点:

1. 适用面广泛

作为一种研究方法,实物分析法适用于多个学科领域,适用面广泛,可用于研究一种器械的构造与功能④⑤、一种纺织品的织造方法⑥⑦、一种服装或服饰的基本形制

---

①"实物",即"物品"或"人造物",对应的英文单词为"artifacts"。参见马歇尔 C,罗斯曼 B G. 设计质性研究:有效研究计划的全程指导:第 5 版[M]. 何江穗,译. 重庆:重庆大学出版社,2015:167-211.

②在我国传统的实物分析研究中,提到的实物类型多属于器具、服装(服饰)、文物等物品类实物,现在受美国质性研究者的影响,所提到的实物类型包括了传统意义上的各种文献,如日记、传记、记录、报刊论文及各种音像资料,但使用更多的是日记、信件、记录、视频、照片等未经加工、能佐证事件发生过程的原始文献,这种文献的意义是需要研究者加以解读的。换言之,在实物分析法中,对文字类实物,研究者不是直接引用其观点,而是要解读这个(些)观点所代表的意义。总之,实物分析法中蕴含了对文字(文本)的解读,但不同于文献法中对已有观点进行述评的方式。

③陈向明. 质的研究方法与社会科学研究[M]. 北京:教育科学出版社,2000:257.

④北京二五一厂. 美国玻璃钢高压容器实物分析报告[J]. 玻璃钢,1974(3):35-38.

⑤缪达钧. 国外几种活塞环、气缸套的实物分析[J]. 内燃机与配件,1986(1):1-16.

⑥刘娟,王宏付. 典型鲁锦纹样的织造方法解析[J]. 天津工业大学学报,2011(6):30-31.

⑦王乐,赵丰. 敦煌幡的实物分析与研究[J]. 敦煌研究,2008(1):1-9,115.

或装饰形式①②③、一种文物的基本类型④、一种书籍的装帧形式⑤、一种器物的历史演化过程⑥等,涉及机械工程、纺织工程、设计艺术、文物学、美术学、盆景学等各个学科。

实物分析法在儿童心理学研究中也有长久运用。⑦ 在儿童心理学研究中,被称为"作品分析法"⑧或"产品分析法"⑨的研究方法,实际上属于实物分析法。通过儿童的有关作品,包括日记、作文、绘画、作业、手工作品等,可以分析他们某一方面的心理活动,如思维、想象、言语、兴趣、能力、性格等的发展水平与特点。

实物分析法在教育研究(包括学前教育研究在内)中也得到广泛运用。如在《教师如何看待中小学生心理健康问题》⑩、《小学高年级教师评语的研究》⑪、《小学教师教学反思的研究》⑫、《质性教师评价研究》⑬、《5～6岁幼儿眼中的艺术——基于儿童视角的研究》⑭、《关于4～6岁幼儿色彩偏好的实物分析研究》⑮等研究中,就把实物分析法作为主要研究方法或辅助研究方法。

2. 可提供一种新的研究手段或分析视角

作为一种研究方法,实物分析法可提供一种研究手段或分析视角。

在学前教育研究中,除了采用常规的观察法、问卷法、访谈法、实验法之外,还可采用实物分析法。例如,如果研究幼儿园的办园理念,通常使用问卷法和访谈法。但一所幼儿园只有一条办园理念,使用常规调查方法做这个研究是非常不经济的。如果采用实物分析法,通过浏览幼儿园的官网查阅其办园理念,进行归纳总结,分析其基本特点,在当下的"互联网＋"时代,这是非常快捷、高效的方式。又如,调查当前的

①李霞. 清末民初马面裙的实物研究[D]. 上海:东华大学,2006.

②于振华. 民国旗袍[D]. 上海:东华大学,2009.

③向少方. 民国湘西与江南地区民间女装装饰形式比较[D]. 无锡:江南大学,2013.

④康茹. 戏曲文物实物分析研究[J]. 戏剧之家,2015(18):51-51.

⑤王浴. 纸媒与电子媒体并存下的书籍装帧设计——以毕业设计实物为分析对象[D]. 拉萨:西藏大学,2015.

⑥韦金笙. 中国盆景盆历史演化(八)[J]. 花木盆景:盆景赏石版,2007(8):59.

⑦儿童心理学的主要研究方法包括观察法、实验法、谈话法、问卷法、作品分析法等。

⑧朱智贤. 儿童心理学[M]. 修订版. 北京:人民教育出版社,1993:18.

⑨王振宇. 儿童心理学[M]. 3版. 南京:江苏教育出版社,2000:9.

⑩孙启武. 教师如何看待中小学生心理健康问题[J]. 集美大学学报,2002(9):60-64.

⑪于志. 小学高年级教师评语的研究[D]. 大连:辽宁师范大学,2009.

⑫程双. 小学教师教学反思的研究[D]. 大连:辽宁师范大学,2011.

⑬马丽媛. 质性教师评价研究[D]. 石家庄:河北师范大学,2010.

⑭王平平. 5～6岁幼儿眼中的艺术——基于儿童视角的研究[D]. 南京:南京师范大学,2015.

⑮韩露,曾彬. 关于4～6岁幼儿色彩偏好的实物分析研究[J]. 教育与教学研究,2014(11):123-125,129.

家园合作现状,也不必采用传统的问卷法或访谈法,利用幼儿园微信公众号中的有关文字资料,就可以完成该项研究。再如,有本科生实施《0~3 岁婴幼儿父母早期教养观念研究》时,想调查父母的早期教养观念,在选题论证时就发现,无论是采用问卷法,还是访谈法,都无法找到足够多的研究对象来填答问卷或接受访谈,常规方法无法采用。后来也是在指导教师建议下,改用实物分析法,通过分析"杭州 19 楼孩爸妈聊天室"中有关早期教育的帖子,完成了研究工作。这三个例子,属于采用实物分析法巧妙完成研究工作的情况。

同时,"实物"也是一种分析视角,研究者可以通过有关实物推测其所有人的兴趣爱好、自我意识、人格特征等。例如,在上述《关于 4~6 岁幼儿色彩偏好的实物分析研究》中,研究者通过分析幼儿的美术作品,揭示了 4~6 岁幼儿的颜色偏好。该研究发现,4~6 岁幼儿在美术作品中最偏好的颜色是红色和黄色,其次是蓝色、绿色、粉红、橙色、紫色、黑色。不同年龄幼儿除了对橙色的偏好没有显著差异外,其余颜色均有显著差异;不同性别的幼儿在美术作品中对于色彩的偏好均有极其显著的差异:男幼儿比女幼儿更喜欢黄色、蓝色;女幼儿比男幼儿更喜欢红色、粉色、橙色、紫色、绿色、黑色。除粉色外,幼儿的年龄对其余颜色的偏好均有影响,幼儿的性别对粉色和紫色的偏好有影响。又如,在《应用绘画作品分析三例唐氏综合征学生特点》中,研究者通过对三名唐氏综合征学生"房—树—人"作品的分析发现,他们表面虽然安静、温顺,但内心或多或少都有攻击性,渴望与外界交往,比较自我,有一些不切合实际的想法,对自身认识不清,同时又有很多潜能可以开发。[①] 这两个例子说明,实物分析是一种独特的研究视角。不借助这种方法,难以研究具有内隐性的兴趣爱好、自我意识及人格特征等内容。

3. 对其他研究方法进行相互验证、相互补充

在观察法、问卷法、访谈法等研究过程中,研究对象的行为表现、所填答的问卷、所提供的回答,都不一定完全可靠。但实物资料一般是在某项研究实施之前已经生产出来,无法在研究实施过程中造假,也可能是研究者自行收集的(如拍摄的照片),提供了有关场景的真实记录。因此,可以通过实物分析,与其他研究方法相互补充、相互验证。例如,在对一所民办幼儿园进行问卷调查时,研究者实施入户调查,请该园园长和教师现场填答问卷并回收,研究者顺便在各班实地观察并拍摄了一些照片。在整理该园教师的调查问卷时,发现一副园长对办公条件一题勾选的是"优秀"选项。但根据当时实地观察和在各班拍摄照片来看,该民办园租用的是写字楼的一个楼层,把原本的办公室改造成了班级教室。因室内面积有限,教师没有专用的办公室或办

---

① 王长宏.应用绘画作品分析三例唐氏综合征学生特点[J].中国校外教育:上旬,2017(4):12-13.

公场地,只在教室某一角落摆放了办公桌椅,没有电脑等现代化办公设备。这种条件,连"合格"水平都达不到。该副园长之所以在问卷中做了虚假回答,可能跟她的戒备心理有关。她把接受问卷调查当成上级检查工作,因此有意掩盖一些不足之处。如果研究者没有在该园实地考察并拍照记录,单凭问卷分析,是无法发现这种做假行为的。又如,在一项访谈研究中,有幼儿教师说她非常重视对幼儿学习过程的观察,坚持对每个孩子每周记录三个学习故事。访谈结束后,研究者翻看幼儿的成长档案,发现实际上并没有那么多份学习故事,平均每个孩子每周只有一篇。以上两个例子说明,实物可佐证利用问卷、访谈等研究方法所收集资料的真实性。

在其他研究情境中,为了系统收集研究资料,则要同时使用文献法、观察法、访谈法、实物分析法等研究方法,实物分析在这类研究中实际发挥的是相互补充的作用。例如,在《改革开放以来中国学前儿童艺术教育历史演变研究》①中,研究者综合使用了文献法、观察法、访谈法、文本分析法②等多种方法,就属于这类例子。

上面这个例子是博士论文研究,一些本科生做研究时,也有把实物分析法作为辅助方法来使用。如上所述,某本科生在研究幼儿园体育活动特色时,就综合运用了观察法、访谈法和实物分析法,观察记录了该园的体育活动,访谈了该园园长和教师,也系统分析了该园有关体育活动的实物资料——体育活动教案、体育锻炼场地和器材、体育活动照片和视频等,由此揭示该园作为体育特色幼儿园的独特之处。

(二)实物分析法的缺点

实物分析法有以下几个缺点:

1. 比较费时费力

如果一项学前教育研究以实物分析法为主要研究方法,就需要系统地收集各种实物资料,包括与研究问题相关的各种文字、音像、物品等,这个过程可以在一段时间内完成,也可能持续在研究全程中,需要耗费一定时间,甚至是大量时间。即便只收集一种文字材料,也不是一件轻松的事情。如在上述《0～3岁婴幼儿父母早期教养观念研究》中,研究者需要从网络论坛上家长发布的海量帖子中,逐条筛选与早期教养观念有关的帖文,并在电脑中分类存放,不是一两天就能完成的。同时,实物分析法要求研究者对收集到的每一件实物进行深入分析,为此也需要耗费不少的时间

---

① 王任梅.改革开放以来中国学前儿童艺术教育历史演变研究[D].南京:南京师范大学,2012.

② 这个研究中收集并分析的"文本"有儿童艺术教育教材、教案、课程文件等,以此呈现各个历史时期儿童教育的目标、内容、组织与评价等方面的特点。这个研究中提到的"文本分析法"也属于实物分析法。

和精力。例如,有本科生在《学前儿童家长入学准备观分析——基于微信公众号的数据信息》①中,通过数据挖掘技术共摘抄 2350 条入学准备相关文章评论;同时使用"微信搜一搜功能"手动摘选了入学准备相关文章阅读量靠前的文章评论,共计 869 条,两种方式摘抄的评论共计 3219 条,获得了学前儿童家长入学准备观的文字资料。对于这 3219 条评论,利用 ROST CM6.0 软件(内容挖掘工具)进行词频统计、情感分析、语义网络、共词矩阵等可视化文本分析。在呈现"家长认为的入学准备相关者""家长呈现的入学准备情感态度""家长认为的入学准备年龄""家长关注的入学准备内容"等内容时,还要对涉及的每一条具体帖文做分析,其工程量之大,一个月时间不足以完成。正是因为实物分析法比较费时费力,以其作为主要方法时,比较适用于个案研究,而非大范围或大样本的调查研究。

2. 实物的真实性、可靠性可能存在问题

作为实物分析法的主要研究资料,实物产生的背景和条件会影响其真实性、可靠性。影响实物真实性与可靠性的情况有:其一,实物的作者可能有意美化自己,制作不符合"事实"的实物资料。如自传作者可能有意无意地"美化"自己,以便使自身形象在读者眼里更加"光彩夺目"。其二,实物记录的制作者通常是社会特定人群,这些资料通常反映的是特定人群或社会机构的价值观念和行为准则,对普通人群或弱势人群的声音反映较少。其三,有的实物记录(如历史文献、传记)是后人所为,他们对有关细节表述有误,或者根据自己现在的理解对历史进行重构。②

在实际研究中也可以发现,实物的"真实性"会被其制作者或相关者影响。例如,在幼儿园收集到的幼儿绘画作品,不完全是幼儿独自创作的,往往是在幼儿教师指导下完成的(如在美术教学过程中完成),不能完全真实地反映幼儿的绘画水平。又如,以班级微信群中的文字实物资料分析家园合作成效时,常常看不到幼儿家长对子女发展问题或发展不足的反映,也很少看到幼儿教师对此类问题的反映,完全据此分析就可能认为家园合作的效果很好。事实上,这类问题可能是幼儿家长和幼儿教师通过私下沟通解决的,没有体现在班级微信群中。

3. 客观解读实物的意义并非易事

实物属于静态物品,自己不会说话,对于实物制作者的动机和意图及实物所代表的意义,需要研究者回到实物被制作和使用的文化背景中加以考查,也需要研究者调动自身的理性知识和实践知识,甚至是补充一些专业知识才能加以解读。例如,对于日本幼儿在冬天赤膊锻炼的照片,一些中国人看到后可能会认为"残忍""在虐待孩

---

①丁钰秀.学前儿童家长入学准备观分析——基于微信公众号的数据信息[本科毕业论文][D].杭州:杭州师范大学,2020.

②陈向明.质的研究方法与社会科学研究[M].北京:教育科学出版社,2000:266.

子"，但在日本许多幼儿园都会推行"裸保育"，在冬天对幼儿进行耐寒训练，认为这样会让他们的耐寒能力有所提高、体质不断增强。调查显示60％的日本家长认可"给孩子少穿点能增强免疫力"。① 这意味着研究者在分析跟自身文化背景不同的异质文化中的实物时，如果不结合其文化背景，就无法了解其真实的意义。又如，当研究者分析某个学生的作业时，发现其字迹潦草且错误很多，一开始认为其"学习态度差，能力低"，但通过对其本人、教师、家长及周围同学的访谈发现，该生近期家庭发生变故导致其心灰意冷，因此对学习产生了敷衍态度。② 这说明如果脱离实物产生的背景，就可能解读出"错误"的意义来。因此，实物分析资料应与观察资料、访谈资料同时使用，相互佐证。

对于文字形式的实物资料，研究者可以借助自身的文字阅读能力和思维能力对其意义进行判断。但对一些具体的物品，如果研究者之前没有接触过，对其缺乏生活经验（实践知识）的话，就很难解读其有关意义（如用途）。同样，如果缺乏一定的绘画评价理论，一个研究者也无法就幼儿的绘画作品分析其绘画能力。

实物分析的结果受研究者自身知识、理解能力、价值倾向等因素的影响。特定实物的意义可能会因为分析者的不同而变化；同一种实物可以在研究工作的不同阶段加以分析，且每一次分析都可以产生新的假设和理解。在分析的不同层次，一种实物可能具有不同的意义。③ 总之，客观解读实物的意义并非易事，让不同研究者对同一实物达成一致理解也存在一定困难。

三、实物的类型

可以根据不同的标准，对实物进行类型划分。

（一）官方资料与个人资料

根据实物的正式程度，分为官方资料与个人资料。④

1. 官方资料

官方资料指那些被用于比较正规、严肃的社会交往中的实物资料。这些资料记录了"文件类现实"，主要用于为公众服务，因此被认为比较正式。

---

① 佚名. 日本孩子冬季"裸跑"，这种意志锻炼靠谱吗？［EB/OL］.（2017-12-02）［2020-06-14］. https://www.sohu.com/a/208092850_655845.
② 白芸. 质的研究指导［M］. 北京：教育科学出版社，2002：168.
③ 刘晶波. 学前教育研究方法［M］. 北京：人民教育出版社，2016：221.
④ 这是美国学者林肯（Y. Lincoln）和谷巴（E. Guba）提出的实物分类方式。参见陈向明. 质的研究方法与社会科学研究［M］. 北京：教育科学出版社，2000：258-262.

　　官方资料通常包括各种由政府部门颁发的证件和文件,如结婚证、身份证、工作证、学生证、驾驶证、银行流水账单、统计资料、报纸杂志、照片或视频、历史文献等。虽然有些证件和文件是供个人使用和保存的,但是它们的生产者一定是官方机构。

　　各种证件是政府部门用来记录和证实公民特定身份、资格和任务完成情况的证据,具有法律效力。各类统计资料是国家统计部门、各级政府部门和专业机构收集并编制的统计报表和报告,可以作为验证和分析研究对象状况的证据,但在使用时对其可靠性、真实性要进行甄别。报刊资料是被某些社会机构或个人用来记录、报道或揭示社会现象或问题的,可以为研究提供丰富的二手资料,作为实物资料使用时也要加以筛选。官方拍摄的照片或视频,可以呈现相关场景、人物和事件的具体细节;但照片和视频不仅在反映社会现象,也反映拍摄者的视角与目的,其"真实性"同样有待考证,因此在使用时要结合有关文字资料,让两者相互检验。历史文献记载的是过去发生的、年代久远的事件,可以提供一个了解过去的窗口,比较适合进行历史研究,使用这类资料时要特别注意历史记载者的视角和研究者自己的视角,并对诠释过程加以反省。

2. 个人资料

　　个人资料指那些主要被用来为个人目的服务的实物资料。这些资料通常与个人生活有关,因此被认为不太正式。

　　个人资料通常包括研究对象个人书写或制作的东西,如日记、信件、自传、传记、个人备忘录、照片或视频等。

　　日记是个人思想情况的记录,反映记录者的人生观、世界观和价值观,也显示记录者所经历事情的来龙去脉,是一种相对"真实"的信息来源。个人信件显示了写信人对事情的看法及其与收信人的交往方式。但因担心隐私泄露,这两类实物的所有者一般不愿将其公布于众,所以难以获得。自传、回忆录通常记载了写作者的生活经历,比较适用于了解写作者的生活史及其所处的时代背景。但对这类资料的收集要特别注意其真实性、准确性。个人拍摄的照片和视频可能记录了其工作和生活的相关经历或过程,反映了拍摄者看世界的视角,也是其内心世界的投射。在分析照片和视频时,研究者要考虑拍摄者的动机和目的以及相关的文化背景。

(二)文本资料、作品资料与音像资料

　　根据实物的载体或存在形式,分为文本资料、作品资料与音像资料。[①]

---

　　①这是对学前研究中常用实物类别的划分方式。参见刘晶波. 学前教育研究方法[M]. 北京:人民教育出版社,2016:223-227.

1. 文本资料

文本资料主要指那些以文字、符号、图表等形式呈现出来的实物,可手写或打印在纸张上,也可以电子形式存在。

文本资料主要包括记录、教案、教学论文、工作计划与总结、规章制度、调查表、测验表、记录表等。这些文本资料根据其制作者或所有人,可进一步分类如下:

(1)园长的文本资料

园长的文本资料主要包括工作履历表、任职证明、工作证、教师资格证书、职称证书、获奖证明、工作计划与总结、听课笔记、会议笔记及园长撰写的论文、起草的规章制度等。这些文字资料能够反映园长的工作经验、工作能力,也反映该幼儿园的管理结构和管理方式。例如,园长的听课笔记,量的多少能反映该园长是否关心幼儿教师的教学情况,记录的内容则能反映该园长的教育理念和教学思想。

(2)幼儿教师的文本资料

幼儿教师的文本资料除了那些证明身份、阅历、业绩的工作履历表、任职证明、工作证、教师资格证书、职称证书、获奖证明外,还有幼儿观察记录、幼儿学习故事、教案、周计划、教学反思、听课笔记、会议笔记、科研论文等。这些资料不仅反映他们的工作经验和工作能力,也反映他们的教育理念、教学思想和教学风格。例如,幼儿教师撰写的科研论文,能够说明该教师是否有研究精神,是否在教育教学方面勇于探索,是否有所创新。

(3)幼儿家长的文本资料

幼儿家长的文本资料主要是他们为子女撰写的成长日志。这种材料不仅是幼儿学习和发展过程的记录,也是反映幼儿家长教育理念、教养方式、教育期望的材料。

(4)幼儿教师和幼儿家长共同的文本资料

幼儿教师和幼儿家长共同的文本资料主要有家园联系册和幼儿成长手册。家园联系册和幼儿成长手册是家园沟通的桥梁,是幼儿教师和幼儿家长记录幼儿发展情况并通过合作促进幼儿成长的文字记录。家园联系册以往被城乡幼儿园广泛采用,幼儿教师每周都会在上面总结幼儿的学习和发展情况,幼儿家长也会跟教师反馈他们对子女的教育期望、教育需求和教育建议。近年来,随着微信等自媒体的普及,幼儿教师每周与幼儿家长进行的沟通交流,不再使用家园联系册,而改用微信群了。有些幼儿教师每周五都会在班级微信群里总结每个幼儿的发展情况。同时,幼儿成长手册在一些城市幼儿园里使用越来越普遍。在成长手册上,有幼儿学习故事的记录,也有幼儿教师按月对每个幼儿学习发展情况的评价。幼儿成长手册每月发放给幼儿家长一次,幼儿家长需要同步总结当月子女的学习发展情况。家园联系册和幼儿成长手册,不仅记录了幼儿的学习和发展情况,也能反映家园合作的成效,能够看出家园双方是否协同促进了幼儿成长。

（5）幼儿的文本资料

幼儿的文本资料包括幼儿手写文字材料或幼儿口述但由幼儿家长帮忙记录的文字材料，以及与幼儿有关的各种调查、观察、测验表格。

幼儿的签名、学习故事记录，不仅反映他们的前书写水平，也能反映他们的兴趣点、已经掌握的知识经验和他们的困惑与问题。幼儿的口述记录，不仅是其生活过程的记录，也是他们学习和发展过程的体现，是他们成长档案的一个组成部分。

幼儿教师或其他工作人员制作的各种正式的或非正式的调查表、测验表、观察记录表等，因与幼儿有关，也可归为幼儿的文本资料。如表明健康状况的体检表，表明幼儿运动能力的拍球次数记录表、跳绳次数记录表，表明幼儿发展情况的"在园一日生活评估表"、学期发展评估表等。例如，某幼儿园每学期都要对每个幼儿的学习和发展情况进行总结，给幼儿家长提供一份"幼儿发展评估表"。在该表格中，包括身高、体重、基本动作、个性品质、行为习惯及五大领域（健康、语言、社会、科学、艺术）发展情况的评价。这些档案资料，有助于了解各年龄段幼儿发展水平或比较不同领域幼儿发展水平。

2. 作品资料

作品资料指个体创作的各种作品，包括美工作品（雕塑、泥塑、纸工、绘画、剪纸等）和环境创设作品（班级主题墙、家园联系栏、活动区等）。这类资料是以实际物品为存在形式的。具体包括以下几种：

（1）园长的作品资料

园长办公室的摆设、整个幼儿园的环境布置等，可以被视作园长的作品。办公室家具的摆设和装饰，体现了园长个人的兴趣爱好。幼儿园整个环境的绿化、美化和布局，也要由园长来统筹安排。例如，某园长比较重视传统文化教育，倡导在环境布置时体现传统文化，中国结、蜡染、青花瓷、刺绣、戏剧脸谱、书法、印章、国画、传统玩具等传统文化元素随处可见，渗透在室内外环境中，也渗透在游戏活动和教学活动之中。又如，某园长对科学教育感兴趣，持续进行了多项儿童科学教育课题研究，在其带领下，该幼儿园形成了科学教育特色。走进该幼儿园，科学发现室、科学长廊、科学活动区、种植饲养区、玩沙玩水区、走廊触摸墙等逐个映入眼帘，参观者一下子就感受到浓郁的科学氛围。

（2）幼儿教师的作品资料

班级环境布置，包括墙饰、主题墙、活动区、桌椅摆放方式、家园联系栏等，可以被视作幼儿教师的作品。幼儿园的班级环境布置，不是简单的摆放桌椅、装饰美化，从班级环境布置中还能看到幼儿教师的儿童观、教育观、课程观、环境观等教育观念。

例如,幼儿园各个班级都有几个固定区域,如角色扮演区、积木建构区、科学发现区、美工区、阅读区等。现在有些幼儿教师为了促进幼儿的自主学习,打破了这种传统做法,不在班级里固定活动区域了,而是给幼儿提供活动材料资源柜,让幼儿根据其兴趣和活动需要,从资源柜中拿取需要的材料,开展自主游戏和自主学习。这样做,不仅体现了空间布局上的变化,而且体现了这些幼儿教师教育理念的变化。又如,在设计主题墙时,有些幼儿教师不仅注重其丰富性、艺术性,更强调其应该具有互动性——呈现的材料是幼儿教师和幼儿一起收集的,内容主要是幼儿的学习过程和学习成果,且每周都有更新,每个幼儿都随时可以跟主题墙进行"交流""沟通"。总之,通过班级的环境布置,可以看出幼儿教师的各种教育观念。

(3)幼儿的作品资料

幼儿的作品资料包括幼儿创作的各种作品,如折纸、绘画、泥工等美术作品。幼儿创作的绘画作品,不仅能够反映他们的绘画水平,画面中的色彩、线条、构图等还能反映他们的性格特征、爱好和作画时的情绪。

3. 音像资料

音像资料是指通过数码相机、智能手机、录像机等设备拍摄的照片、视频或进行录音而获得的资料。这类资料可以电子形式存储在手机、优盘、移动硬盘、电脑或网络空间中,并借助手机、电脑或其他播放设备呈现出来,照片或视频截图也可以打印出来。幼儿的日常学习过程或参与重大活动的过程,可以通过照片或视频加以呈现,实现长久保存的目的。幼儿创作的积木作品、纸工作品、泥工作品等是立体的,占用空间大,无法在原地长久保存,如果拍成照片或视频,就可以长久保存并加以分析。

(三)文件与物品

根据实物是否属于文字形式,分为文件与物品。[①]

1. 文件

所谓文件,指以文字形式出现的实物。

文件通常包括人口普查报告、房产交易记录、报刊评论文章、会议记录、议程、通告、政策文本、短信、电子邮件等官方或个人的文字类实物。

不同类型的文件所提供的背景信息,有助于研究者选择特定的研究地点和研究对象,并为制订研究计划提供依据。如留守儿童的人口学数据有助于研究者确定研究的抽样地点。甚至一个城市房产交易记录、报纸上的房价走势评论文章,也能够说

---

① 马歇尔 C,罗斯曼 B G. 设计质性研究:有效研究计划的全程指导:第 5 版[M]. 何江穗,译. 重庆:重庆大学出版社,2015:197-199.

明该地外来人口的流入情况,成为在一项学前儿童入学需求研究中确定抽样地点的正当化依据。同时,会议记录、议程、通告、政策文本、短信、电子邮件等文件的使用,有助于研究者了解官方的观点、决定、价值导向和个体的观点、信念、价值观、人生观、世界观及人际关系等,为整个研究提供深入、丰富的研究信息。记录官方事件的档案资料,属于一个社会、社区或组织要存储的常规记录,为相关具体研究提供了现实信息。但利用这些档案资料时,分析和解释应当谨慎进行,要客观和恰如其分。

2. 物品

所谓物品,指其他不是以文字形式出现的实物。

物品通常包括图片、衣物、陶瓷、食物、垃圾等由个人、组织、家庭、机构、城镇或者更大的社会群体制造的各种非文字类实物。

各类物品能够提供丰富的研究信息,在研究中被广泛运用。如经典的民族志研究关注了宗教图标、衣物、住房结构、食物等多种多样的物品类实物。关注跟研究场景有关的一些物品类实物,无疑将提升所收集的全部研究资料的丰富性。例如,在一项班级常规制定与执行现状的研究中,研究者除了观察在一日生活中某个班级幼儿的常规现状,并访谈幼儿和教师对常规的认识,如果再关注一下各个区域或其他地方以墙饰形式呈现的各种常规图片或图标,对这种物化常规的分析,将增加整个研究的深度和丰富性。又如,一所幼儿园的户外环境布置、区域规划、设备和材料投放,其中蕴含着其儿童观、教育观、游戏观乃至教育信念,是有关研究中不可缺失的物品类实物。如研究安吉游戏课程时,只有实地走访其户外环境的各个部分,并观摩幼儿的活动过程,才能对其"爱""冒险""投入""喜悦""反思"的游戏理念有所体悟。[①] 需要注意的是,各种物品自己不会说话,在解释其意义时,要在其出现和被运用的文化背景中,参照观察和访谈获得的信息,谨慎做出推论。

(四)其他类型划分

除了上述分类方式,还可以对实物做如下分类:[②]

其一,按照产生时间,分为研究开始之前已经存在的实物与研究开始之后产生的实物。前者包括研究开始之前就存在的各种实物资料,如一些个人文件、官方记录和照片;后者指研究开始后根据研究需要而出现的资料,如研究者根据研究需要让研究对象每次教学后写的教学反思,研究对象所拍摄活动场景的照片、视频,或所做的观察记录等。

---

①佚名. 安吉游戏究竟怎样做?〔EB/OL〕.(2018-03-09)〔2020-06-14〕. https://www.sohu.com/a/225198399_100082994.

②陈向明. 质的研究方法与社会科学研究〔M〕.北京:教育科学出版社,2000:263-264.

其二,根据搜集资料的方式,分为偶然发现的实物与特意收集的实物。前者如对研究对象做访谈时,因其提及而获得的信件;后者如根据研究计划系统地从研究对象那里收集的信件、照片、短信或电子邮件等。

四、实物分析法的过程

一个运用实物分析法的完整研究过程,包括以下几个步骤:

(一)确定实物分析法的使用策略

研究目的决定了一项研究的内容与方法。对于一项有可能运用实物分析法的研究,最终是否要运用以及如何运用,取决于其研究目的。因此,研究者从确定研究目的和研究内容的那一刻起,就要思考自己的研究是否有必要采用实物分析法。在一些研究中,通过问卷法、访谈法、观察法已经收集到充足的第一手研究资料,就无须运用实物分析法。但在另外一些研究中,要达成研究目的,除了运用常规的研究方法收集研究资料,还需要使用实物资料。如有的研究因采用常规研究方法不具有可行性,就可尝试使用实物分析法。上述《0~3岁婴幼儿父母早期教养观念研究》就属于这种情况。

在需要使用实物资料的研究中,研究者需要进一步明确实物分析法的使用策略。这包括以下几种情况:

1. 以其他方法为主,实物分析法为辅

在这类研究中,主要通过观察法、问卷法、访谈法来收集研究资料,同时也收集一些实物资料做补充。如在《幼儿园大型器材使用现状的调查研究》[①]中,研究者运用了文献法、观察法、实物分析法,其中以观察法为主,以文献法和实物分析法为辅。对幼儿园大型器材使用现状(使用率、使用灵活性)的调查,主要是通过现场观察实现的。但在实地观察前,研究者对所调查幼儿园户外大型体育器材进行了盘点,罗列了清单,这实际上是在做实物分析。

2. 实物分析法和其他方法都为主要方法

在这类研究中,实物分析法和其他研究方法都是主要研究方法。这在硕博士论文中比较常见。如《改革开放以来中国学前儿童艺术教育历史演变研究》就属于这种情况。又如,在《发展适宜性实践理论视角下幼儿园区域活动指导策略研究》[②]中,研究者综合运用了文献法、观察法、访谈法和实物分析法。其中,观察法和访谈法的运

---

① 崔世明.幼儿园大型器材使用现状的调查研究[本科毕业论文][D].杭州:杭州师范大学,2016.
② 朱娜.发展适宜性实践理论视角下幼儿园区域活动指导策略研究[D].贵阳:贵州师范大学,2019.

用是为了摸查教师区域活动指导策略行为及其原因,实物分析法的运用是为了通过收集和分析区域活动相关文字资料(区域活动时间安排表、区域活动月目标、区域追踪观察记录等)和幼儿有关作品,更全面地掌握所调查幼儿园区域活动指导策略的现状。

3. 以实物分析法为主,其他方法为辅

在这类研究中,实物分析法是主要方法,其他研究方为辅助方法,甚至实物分析法是除了文献法之外唯一被采用的方法。例如,在《幼儿园班本课程实施现状调查研究——以杭州市 W 幼儿园为例》①中,研究者运用了文献法、访谈法、实物分析法,其中实物分析法是主要方法,文献法和观察法是辅助方法。为了了解当前幼儿园班本课程的课程内容、实施途径、教学方法等基本情况,研究者系统分析了所调查幼儿园官方公众号上 2017 年至 2019 年实施的班本课程案例,这是主要方法。至于访谈法的运用,则是为了了解幼儿教师对于幼儿园班本课程的理解与认识,及其在实施班本课程过程中遇到的问题、困惑,这是辅助方法。又如,在《学前儿童家长入学准备观分析》中,研究者通过系统收集有关微信公众号上家长发布的入学准备相关文章评论,并加以分析,完成了该项研究。该项研究除了采用实物分析法,仅采用了所有研究都避免不了采用的文献法。

(二)收集实物资料

在确定要在研究中使用实物分析法后,无论是按照哪种策略运用实物分析法,研究者都要在计划的时间内完成实物收集工作,尤其在把实物分析法作为主要或唯一研究方法时,研究者要确保全面、系统地收集到数量充足、类型多样的相关实物资料。

(三)整理、分析实物资料

在利用一段时间完成实物收集工作后,研究者要系统整理获得的各类实物资料,并进行条理化分析。在整理资料时,研究者要把自己收集到的有关实物进行类型划分,记录资料制作者或所有人的基本信息(包括姓名、性别、年龄、职称等)和收集资料的时间、地点和情境,并给每一份资料加以分类编码,为分析资料做好准备。

下面还要详细介绍实物分析的原则和方法,在此先不做过多说明。

(四)给出实物分析结论

经过对实物进行系统、条理化分析后,研究者就实现了对实物意义的解读,并由

---

①郑明娜. 幼儿园班本课程实施现状调查研究——以杭州市 W 幼儿园为例[本科毕业论文][D]. 杭州:杭州师范大学,2020.

此可以给出实物分析的结论。例如,在上述《学前儿童家长入学准备观分析》中,研究者给出的结论为:

其一,在入学准备相关者方面,家长认为幼儿园和小学及其教师,以及自身都应承担幼儿入学准备职责,甚至希望幼儿园和小学能够达成共识,爸爸和妈妈能够共同分担。

其二,在入学准备情感态度方面,家长积极参与入学准备交流,渴望了解相关知识,同时对子女的未来发展、学业成绩、自理能力、规则意识等具体方面准备状态有焦虑和担忧。

其三,在入学准备时间方面,家长比较看重5~6岁期间的入学准备,但对入学准备的连贯性、整体性认识不足;同时,家长希望有弹性入学年龄制度。

其四,在入学准备内容方面,家长关注到了入学准备的各个领域,但对各个领域具体内容的关注存在不全面、不均衡现象,甚至存在一定误区。

至此,研究者可以回顾整个研究过程,按照有关规范撰写研究报告,完成整个研究工作。

五、实物的收集原则

要想利用实物分析法做研究,研究者就必须掌握收集实物的方法。为此,研究者要把握以下几个原则:

(一)获得实物制作者或所有人的同意

人们常说,物有其主。任何一件实物,都有其制作者或所有人。在收集跟研究问题直接相关的实物时,我们首先要了解其制作者或所有人是谁,考虑如何与其取得联系并获得其同意。如果实物所有者是成年人,研究者可以通过面谈、发邮件或打电话等方式跟其本人联系,征询其意见。如果实物所有者是幼儿,研究者就要征得其监护人(教师或家长)的同意,才能着手收集属于他们的实物资料。例如,如果一项研究需要到幼儿园系统收集幼儿的绘画作品,研究者需要向家长发放同意使用的授权书,或者是当面征求园长和教师的同意。

无论是所有者还是监护人,研究者都有必要向其说明自己的研究目的,承诺对研究资料进行保密,并与其分享相关研究成果。征得同意后,要向对方表示感谢。实物制作者或所有人因担心隐私泄露或财产损失,可能拒绝出借其所拥有的实物。若如此,研究者也要表示理解和尊重,而不能强求对方同意。当然,在可能情况下,研究者可以再次申明保密和解释所做研究的意义,尽力说服对方出借实物资料。

对于网络论坛或微信公众号中面向公众开放的文本材料,虽然研究者在收集时无须逐个征求发帖者的同意,但对其来源和出处,在研究中要加以明确说明。

(二)协商获取实物的具体方式

征得实物制作者或所有人同意使用后,研究者要做的事情是与其协商获取实物的具体方式。例如,一项研究需要收集幼儿教师的教案。此时,若该教师同意,研究者可以直接把这些教案原件或电子稿拿走;若该教师不同意出借原件或电子稿,可协商通过其他方式,如拍摄照片或复印原件的方式获取教案内容。这说明获取实物的方式是多种多样的。在实际获取实物时,要根据实物的类型及所有人的意见,灵活决定具体采用哪种方式。

(三)要考虑实物的价值,收集有用的实物

在收集实物资料时,研究者要随时考虑所收集的每一件实物的用途。为了使自己目的明确,收集的实物资料相对集中,研究者需要经常问自己一些具有目的性和指向性的问题:①

其一,我为什么要收集这些物品?这些物品可以如何回答我的研究问题?

其二,这些物品如何与其他渠道(如访谈和观察)所获得的资料相互补充?它们与其他资料有何相同和不同之处?

其三,我将如何分析这些物品?我的理论分析框架是什么?

其四,我的分析可以与什么大的理论分析框架联系起来考虑?

反复思考以上问题,可以让研究者的思路时刻集中在研究问题上,还可以让研究者在收集实物资料的同时就考虑如何分析这些实物,以及分析完了可以得到什么结果,从而保证实物收集的目的性和方向性。

实物的根本用途体现在它是与研究问题直接相关的研究资料。例如,在《幼儿园大型器材使用现状的调查研究》中,一个幼儿园拥有哪些大型器材,或当前幼儿园普遍拥有哪些大型器材,是研究者首先要调查清楚的。因此,对某个幼儿园大型器材实物的盘点,就解决了这个问题。又如,在《幼儿园班本课程实施现状调查研究》中,在研究者待在幼儿园的有限调查时间中,不可能亲眼看见许多个班本课程实施案例,但如果看到的这类案例太少,又不足以揭示这个方面的现状。鉴于此,研究者充分利用

①陈向明.教师如何作质的研究[M].北京:教育科学出版社,2001:159.

了所调查幼儿园微信公号上前三年推送的几十个案例,获得了较为充足的研究资料。总之,研究者要根据自身的研究目的和研究问题,有针对性地收集各种类型的实物资料。

(四)要考虑实物的信度,收集真实的实物

在收集实物时,研究者还要注意鉴别实物的真伪。如果所收集的实物在真实性方面存在问题,以其为基础进行的研究,信度就会受到影响。例如,在幼儿园的楼梯间和走廊里,经常可以看到装裱好的幼儿绘画作品。这些作品通常不是幼儿独自创作的,而是经过教师悉心指导,甚至是手把手教的。如果研究者想通过分析幼儿绘画作品揭示其绘画能力发展的特点,就不能收集这类看起来"高大上"的作品,而要收集幼儿独自创作的作品,哪怕它们看起来有点"丑",甚至很不像样,但它们代表的是幼儿的真实绘画水平。又如,在利用网络论坛上的文字形式实物资料时,如父母的有关婴幼儿教养的帖文时,研究者要通过实际语境和内容,判断发帖者的身份,对于(外)祖父母、叔叔、姑姑、舅舅、姨妈等人发布的帖文,因其不能代表研究对象的观点,就不要收集进来。

六、实物的分析方法

运用实物分析法做研究时,收集到实物,顶多算是完成了一半研究工作,更重要的是要对实物进行分析,即解释实物的意义。实物自己不会说话,它们所具有的意义,只有通过研究者的分析和解释,才能显现出来。实物的意义解释既是一项研究活动,又是一门艺术,不能机械地按照一套固定的程序来进行。事实上,也不存在一套固定的、适用于所有情境的实物分析规则和程序。

就学前教育专业本科生在研究中运用的实物类型来看,主要有文字的和非文字的两类,即文件类实物与物品类实物。下面结合一些实例,简要介绍一下这两类实物的分析方法。

(一)文件类实物的分析方法

教育研究或学前教育研究中利用的实物资料,很多是以文字形式呈现出来的,如教师的书面评语、教师的教学反思笔记、教师撰写的教案、教师撰写的幼儿活动观察记录或学习故事、家园联系册中的评语、父母在论坛中发布的有关早期教育的帖文、家长对微信公众号上有关入学准备文章的评论、幼儿园发布在本园微信公众号上的班本课程实施案例等。

对文件类实物资料的意义解读,实际上是一种语言分析,需要利用研究者自身的

文字理解能力。"语言分析依赖概念的使用","受到语言规则的制约,是一种以规则为基础的认知方式,依靠的是人们对语言本身的理性知识"①。对于本科生而言,都具备基本的文字理解能力,通过对文件类实物进行归纳总结,都可以解读出它们蕴含的一些意义。因此,本科生在分析文件类实物时,都具有一种自然的驾驭能力。

例如,在《基于家园联系册的家园合作现状分析》②中,研究者在某幼儿园收集了小、中、大班各 30 本家园联系册,从三个方面分析了家园合作现状:一是家园合作时呈现信息的主要方式,包括借助图表呈现幼儿作品、幼儿活动照片,辅以文字描述等。对每种方式都进行了举例分析。二是家园合作的主要内容,包括交流幼儿的近期表现,交流幼儿的发展问题及解决方法,交流对幼儿的评价、要求、建议、承诺等,家长对教师的感谢、特殊要求等。对每类内容又罗列了相应的案例,或者进一步分类说明,如幼儿的发展问题包括性格问题、饮食问题、睡眠问题、分离焦虑、自理能力弱等。三是家园合作的效果,评价的维度(方面)包括教师和家长的参与程度,教师和家长的互动内容及程度,教师和家长所提供信息的有效性,教师和家长对幼儿发展问题有无后续追踪及是否解决问题等。对这四个方面的评价情况,都给出了一些具体案例,发现通过家园联系册进行的家园合作是有一定效果的。

又如,在上述《幼儿园班本课程实施现状调查研究》中,研究者利用的主要研究资料是某幼儿园前三年在其微信公众号中推送的班级教育活动实施案例,从"班本课程主要来源""班本课程内容种类""班本课程实施途径""班本课程实施方法"等维度进行了分析,呈现了班本课程的有关现状。

再如,在上述《学前儿童家长入学准备观分析》中,研究者要利用的实物资料是家长对微信公众号上有关入学准备文章的评论信息,因此采用了近年来比较流行的数据挖掘技术。在收集资料时,在清波大数据平台上检测有关微信公众号的热度,筛选出影响力进入前十的 15 个公众号,又利用 Python 爬虫工具和"微信搜一搜功能"从这些微信公众号中摘取家长关于入学准备文章的评论 3219 条。对家长评论进行分析时,则采用 ROST CM 6.0 软件对已经获取的 3219 条评论进行提炼,共筛选出 8273 个词汇,选取词频出现次数≥20 次的高频词 331 个,进行词频分析、情感分析和构建共词矩阵,并利用 NetDraw 软件绘制共词网络图,由此确定语义网络分析的基本框架。具体包括:一是就高频词汇中的角色特征词分析家长认为的入学准备相关者及其职责;二是就评论文本的情感倾向分析家长对入学准备参与状态、需求及情绪体验;三是就高频词汇中的年龄、班级特征词分析家长认为的入学准备年龄及其实际开始的入学准备时间;四是基于有关学习准备的结构模型回溯评论文本,分析家长在学

①陈向明.质的研究方法与社会科学研究[M].北京:教育科学出版社,2000:257.

②辛佳佳.基于家园联系册的家园合作现状分析[本科毕业论文][D].杭州:杭州师范大学,2016.

习准备各个维度上比较关注的内容。最后,对上述四个方面加以概括,得出了"家长认为的入学准备相关者""家长呈现的入学准备情感态度""家长认为的入学准备年龄""家长关注的入学准备内容"等四个方面的结论。

总结上述研究案例中对文件类实物的分析方法,可以发现以下共同之处:

1. 明确对文件类实物的分析维度

文件类实物本身呈现的是个别、松散的观点,对其进行条理化分析时,首先要确定其分析维度。如何使用文件类实物资料,是由研究目的和研究内容所决定的。例如在《基于家园联系册的家园合作现状分析》中,研究目的是"揭示当前基于家园联系册的家园合作现状,了解其实际的合作效果",因此,在分析家园联系册中的文字材料时,"家园合作的主要内容""家园合作的效果"就成了与此相对应的研究内容,也是其基本的分析维度。又如,在《幼儿园班本课程实施现状调查研究》中,其研究目的是"调查了解幼儿园班本课程的实施现状",其研究内容自然是"班本课程的实施现状"。为了分析这个现状,研究者自然而然地从课程来源、课程内容、课程实施途径、课程实施方法等维度开展分析。可见,顺着一项课题的研究目的和研究内容,就能够确定对文件类实物的分析维度。

除了根据研究目的和研究内容确定对文件类实物的整体分析维度外,还要借助某种专业知识确定某个分析维度的二级维度或分析框架。上述《幼儿园班本课程实施现状调查研究》中班本课程实施现状分析维度的确定,就借助了课程实施的专业知识。同样,在《学前儿童家长入学准备观分析》中,为了分析"家长关注的入学准备内容",研究者借助美国国家教育目标委员会(NEGP)提出的入学准备五个领域结构模型和我国学者对《3~6岁儿童学习与发展指南》各领域发展目标的解读,确定了这个方面的二级维度,完成了对家长评论文本的条理化分析。

2. 全面分析文件类实物的外在形式与内在实质

对文件类实物的分析,要做到由表及里,兼顾其外在形式与内在实质。

所谓外在形式,指文件类实物呈现信息的方式或外部线索。如在《基于家园联系册的家园合作现状分析》中,研究者对基于家园联系册进行家园合作呈现信息方式的分析,以及在《学前儿童家长入学准备观分析》中,研究者对家长评论文本词频、情感的分析和共词网络图、共词矩阵的绘制等,都属于对外在形式的分析。对外在形式的分析,可以借助研究者自身的大脑判断并手绘图表或借助传统的绘图工具(如EXCEL 表格、SPSS 统计软件)绘制统计图来呈现,也可以借助内容分析软件(如ROST CM、NETDRAW)进行词频、语义关系分析并绘图加以呈现。

所谓内在实质,指文件类实物呈现的实物制作者的具体观点或情绪情感。上述三个例子中,研究者除了分析文件类实物的外在形式,主要是直接分析文件类实物所呈现的具体观点,或者以外在形式为线索展开对内在实质的分析。如在《基于家园联系册的家园合作现状分析》中,对家园交流的幼儿发展问题,研究者给出了具体类型及实例。又如,在《学前儿童家长入学准备观分析》中,对在入学准备中引起家长焦虑的内容,研究者给出了具体内容及实例。这些都属于对文件类实物内在实质的分析,也是分析文件类实物时的主体部分。

3. 具体、深入地分析每一条文本资料,形成全面性认识

在分析文件类实物时,对所收集到的每一条文本资料,研究者都要加以分析。为此,对每一件实物资料(如一本家园联系册)及其中的每一条文本资料(如家长对入学准备文章的一条评论信息),研究者都要进行编码,在分析时都不能遗漏,做到具体解读。同时,对每一条文本资料,研究者都要阅读其文字表述,结合其上下文语境,深入解读其写作者要传达的观点和思想感情。最后,对在各个维度上进行的文件类实物资料的意义解读,研究者还要进行全面归纳总结,并由此达成研究目的。上述做法在《学前儿童家长入学准备观分析》中有明显体现。

(二)物品类实物的分析方法

在教育研究或学前教育研究中,除了文件类实物,诸如幼儿活动照片、教师教学视频、区域空间设置及其材料、户外大型运动器材、幼儿的各类作品(如纸工作品、泥工作品、绘画作品)等物品类实物,也多有运用。

对物品类实物资料的分析,"使用的是一种联想模式",是基于研究者自身的生活经验进行意义解读的,依靠的是研究者自身的"实践理性"①。因此,对于那些研究者在生活中使用过、接触过的实物,在解读其日常意义或表面意义时,并不困难,但要解读其背后的象征意义,如果缺乏一定的专业知识,就无法做到。如通过分析幼儿绘画作品中的色彩和线条了解其性格特征、兴趣爱好及作画时的情绪状态,研究者就必须掌握这个方面的专业理论。对那些研究者从未在生活中使用过、接触过的东西,甚至即便是用过、接触过但是属于另外一种文化背景中的东西,研究者在解读其意义时就存在一定困难。例如,菊花在不同文化中的象征意义和使用情境有异,对其隐喻要结合特定的文化背景才能知晓。② 可见,相对文件类实物,物品类实物的分析具有一定复杂性和难度。即便如此,在学前教育研究中物品类实物还是有所使用的。

---

①陈向明. 质的研究方法与社会科学研究[M].北京:教育科学出版社,2000:257.

②菊花的象征意义,在中国有高洁、长寿之意(跟君子有关),在欧洲有高尚之意(跟教皇有关),在日本有高贵之意(跟皇室有关)。但在一些文化(如中国文化、日本文化)中,白菊花多用于祭奠逝者,多用于葬礼、扫墓之时,在之外的场合不能随意送人。参见张凌云. 菊花代表什么象征意义[EB/OL]. (2018-06-25)[2020-06-13]. https://www. huabaike. com/hyjk/17149. html.

例如,在上述《幼儿园特色体育活动究竟"特"在哪里》中,研究者对所调查幼儿园体育锻炼(或体育教学、体育游戏)的照片与视频、体育活动场地和设备的照片或物品、自制体育器材的照片或物品等就进行了系统收集和分析,用作说明该幼儿园体育活动独特之处的物证。同样,在上述《幼儿园大型器材使用现状的调查研究》中,研究者对所调查幼儿园户外大型体育器材进行了盘点,在清单中罗列了其种类和数量。对这些物品类实物,研究者利用自身的生活经验就足以解读其意义,进行恰如其分的分析了。

又如,在上述《关于4~6岁幼儿色彩偏好的实物分析研究》中,研究者要了解不同年龄、不同性别幼儿的色彩偏好,只要对幼儿在绘画作品中使用的颜色做分类统计,并对其使用比例做差异性检验(卡方分析),就可以达成研究目标。这类研究属于对物品类实物表面意义的解读,只要对颜色有基本辨别能力(不是色弱或色盲),又懂一点基本的统计知识,都能做到。

再如,在《4~6岁儿童正向情感在绘画中的表现特征研究》[①]中,对于收集到的300幅《我最高兴的事》主题绘画作品,从人物关系、情景、情感标记物、构图、色彩和造型等六个维度(包括内容表达和形式表达)分析了其中的正向情感表现特征。进行这种分析时,研究者首先要了解何谓"正向情感"——"高兴情感",还要了解哪些事物与"高兴情感"有关。如幼儿在作品中运用的情感标记物——实物标记、内容标记与寓意标记,各自对应什么东西,研究者在分析前必须有所了解。具体为:实物标记指幼儿画出一些面部表情、花草树木、建筑物、太阳、云朵、星星等具体实在的物体来直接表达自己高兴的情感;内容标记指幼儿画出与个人生活相关的事件来营造愉悦氛围间接表达自己高兴的情感,如奔跑着抢球、小朋友在游乐场玩耍等内容;寓意标记指幼儿画出一种具有隐喻特征的事物抽象地表达自己高兴的情感,如一棵硕果累累的大树、一架很大的新式飞机、一幢很高的大厦等。同样,在《应用绘画作品分析三例唐氏综合征学生特点》中,研究者若想通过对三名唐氏综合征学生"房—树—人"作品的分析,了解其人格特征,就必须对绘画作品中的"房子""树木""人"的象征意义[②]有所了解,因此需要掌握基本的"房—树—人"心理分析理论。在这两个例子中,因对物品类实物的分析,不仅涉及其表面意义,还深入到其背后的象征意义,研究者必须掌握相应的专门知识。

另外,对于那些研究者从未使用过、接触过,甚至从未通过任何媒介(书籍、网络、

---

①储晓宇.4~6岁儿童正向情感在绘画中的表现特征研究[D].宁波:宁波大学,2019.

②在"房—树—人"绘画作品中,"人"代表绘画者,可以据此分析其人格特征;"树木"代表绘画者的事业(学业),可以据此分析其事业发展程度或学业水平;"房子"代表家庭,可以据此分析其和家庭的关系及家庭在其心目中的地位。

电视等)有所了解的物品类实物,哪怕做最简单的分析(如分析用途),研究者也常常一筹莫展,无法做出正确分析。例如,对于下面图片中显示的物品(见图 8-1),请一些学前教育专业本科生来做简单的实物分析——"猜猜它是干什么用的?"他们给出了各种各样的答案,但几乎没有人猜中其实际设计用途。当然,对于这类物品,学前教育研究者在实际研究中很少使用,一般也不会采用。

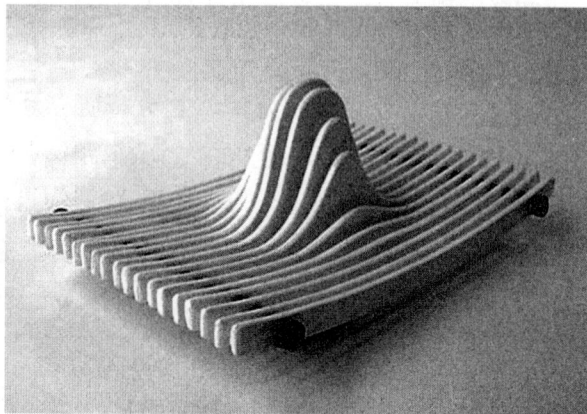

图 8-1　榨汁器①

总结上述研究案例中对物品类实物的分析方法,可以发现以下共同之处:

1. 利用生活经验解读物品类实物的日常意义或表面意义

如上述《幼儿园特色体育活动究竟"特"在哪里》《幼儿园大型器材使用现状的调查研究》《关于 4～6 岁幼儿色彩偏好的实物分析研究》等三个案例,就属于这类情况。这是一般人都能胜任的物品类实物分析方式。

2. 借助专门知识解读物品类实物的象征意义

如上述《4～6 岁儿童正向情感在绘画中的表现特征研究》《应用绘画作品分析三例唐氏综合征学生特点》两个案例,就属于这类情况。只要在物品分析前,研究者学习掌握必需的专门知识,也能完成这种实物分析研究。

3. 按照合理的维度对物品类实物进行有条理的全面分析

如在上述《4～6 岁儿童正向情感在绘画中的表现特征研究》中,研究者对幼儿绘画作品的分析,是按照内容表达(包括人物安排、情境选择、情感标记物运用)和形式表达(包括构图安排、色彩选择、造型运用)等维度,进行了条理化的全面分析。

---

①佚名. 让人茅塞顿开的创意设计 7(301—350)——设计人员必看[EB/OL]. (2012-03-14)[2020-06-13]. http://www.doc88.com/p-894907618269.html.

4. 结合物品制作者或使用者的文化背景解读其实际意义

对于跟研究者所处文化不同的另一种文化中出现的物品类实物,解读其意义时,应该先了解其生产或存在的文化背景。

5. 通过"猜测—验证"方式解读陌生实物的意义

对于完全陌生的物品类实物,研究者也不是毫无作为的,一般可以通过"假设—验证"的方式,在一定程度上或完全解读其真实意义。对于一件陌生的物品类实物,研究者不见得能立即进行解释,而只能根据物品本身的特征,先假设其具有什么意义,再利用有关专业知识逐步论证,最终解释出一定意义。例如,考古学家挖开一座古墓后,对其中随葬品的分析,一开始就是进行假设,再对假设进行逐步论证,从而说明这是一座什么年代的墓葬,其主人是谁,其出土文物的文化价值是什么。

在对一件陌生的物品类实物进行"假设—验证"时,研究者需要思考以下问题:[①]

其一,这件实物是谁制作的? 制作目的是什么?

其二,它是如何制作的? 是在什么情况下制作的?

其三,它是如何被使用的? 谁在使用它? 为什么使用它? 使用后有什么结果?

其四,这件实物记载了什么? 省略了什么? 什么被制作者认为是理所当然的?

其五,使用者为了理解这件实物需要知道什么?

对上述榨汁器进行用途分析时,一些学前教育专业本科生给出的答案有:"它是个书架,可以把书放在上面。""它是用来放光盘或碟片的。""它是用来放盘子或碗的。""它是个刀架,可以把厨房的刀具架在上面。"这些答案,都关注了这个物品比较突出的构造特征——一条条栅板之间有缝隙,中间有突起,但栅板还是构成了一定的平面空间。可能是针对这些特征,有本科生想着把一些扁平的东西往上面搁置,因此说它是用来放书的、放盘子的、放碟片的。如果仅做这些分析并猜测它的用途,肯定是猜不中的,因为这些猜测忽略了它的其他构造特征,如这些扁平栅板下面有弧形,两端是往上翘的,并不平稳,用来放碗碟、书、碟片等,显然不合适。此外,这个突起是用来干什么的? 突起下面有空间吗? 这个构造特征如果被忽略的话,就无法猜中制作者的意图了。这个图片是通过百度从网络上搜到的,它的答案是"榨汁器",是用来榨取果汁的。回顾这个过程,如果参照上面四个问题中的第二个和第三个,就会发现,这些本科生在做分析时,忽略了物品的使用后果,忽视了物品的核心构造特征。

---

① 这是美国学者 Hammersley 和 Atkinson 提出的分析实物时要思考的问题。参见陈向明. 教师如何作质的研究[M]. 北京:教育科学出版社,2001:150-151.

事实上,不接触这个物品的实物,仅凭图片来看的话,研究者无法判断其实际尺寸大小,增加了分析难度。反之,如果在这个物品的下面放置一个碗碟类的容器,甚至旁边还有一个切成两半的橙子,在补充这些信息后,研究者建立这些实物之间的联系,猜中其实际功能的可能性就大大提高了。同时,如果让这些本科生猜测它的用途前,有人告诉他们"这是一件创意设计物品",很多人就不会按照一般生活经验假设它的用途了。因此,上述第四和第五个问题提示研究者在分析物品类实物时,还要搜集与之有关的外围信息,在相互关照和印证中完成意义解读过程。

思考与练习

1. 何谓实物分析法?
2. 实物分析法有什么优点? 有什么缺点?
3. 实物有哪些基本类型? 每种类型包括哪些具体的实物?
4. 实物分析法的基本过程分为几步? 每个步骤的主要任务是什么?
5. 收集实物时要遵循的基本原则有哪些? 每个原则的基本要求是什么?
6. 怎么分析文件类实物? 具体方法有哪些?
7. 怎么分析物品类实物? 具体方法有哪些?

研究案例

辛佳佳.基于家园联系册的家园合作现状分析[本科毕业论文][D].杭州:杭州师范大学,2016.

8-1　基于家园联系册的家园合作现状分析

第九章　行动研究

案例导入

　　行动研究是针对教育实践问题进行的研究。在实施行动研究时,通常以一线园长和幼儿教师为研究主体,所研究的是日常教育实践中亟待解决的具体问题。因其有两三个研究阶段(螺旋循环)而耗时较长。因此,本科生在做毕业论文时,往往不具备从事行动研究的条件,较少有人采用过这种方法。

　　曾经有本科生想在毕业论文研究中探讨"以幼儿为主体的幼儿园游戏评价策略",拟在毕业实习的两三个月内通过行动研究来完成,但最终未能按照开题时的设想完成研究工作,其实际提交的论文题目为《提高大班幼儿建构游戏能力的实践探索》[①]。在该毕业论文中,虽然仍然宣称实施了"行动研究",但也只是通过观察了解大班幼儿建构游戏的现状和问题,并针对存在的问题尝试从几个方面(合理使用材料、培养合作意识、事先确定游戏主题、合作设计搭建图纸等)进行培养建构游戏能力的初步尝试,并在回顾实践过程基础上总结了提升大班幼儿建构游戏能力的经验。虽然该研究过程具有一定的行动研究特征,如在日常教育实践(大班建构游戏)中研究某个具体问题(培养大班幼儿的建构游戏能力),但其并没有较为完善的研究计划,没有对各种培养策略的探讨设定研究步骤和进程,整体上也没有按照"螺旋循环"进行持续探讨,因而并不是一项规范的行动研究。

　　该生原定"以幼儿为主体的幼儿园游戏评价策略研究"之所以未能如期完成,原因在于:一是她自身对"以幼儿为主体的游戏评价"理解还不透彻,没有掌握有关的指导思想,因此对如何把这种理论落实到游戏实践中有困惑;二是所实习幼儿园日常的游戏评价还是以幼儿教师为主进行的,她作为实习教师并不能左右这个现实;三是毕业实习时间太短,她预判无法在此期间落实开题报告的研究设想,因此换了毕业论文选题。

　　上述案例说明,行动研究有其规范和适用条件。对于本科生来说,即便没有机会在做毕业论文时运用行动研究,也要先了解其基本规范,待走上幼儿园工作岗位后再尝试运用这种研究类型。

---

①袁欣慧.提高大班幼儿建构游戏能力的实践探索[本科毕业论文][D].杭州:杭州师范大学,2018.

本章主要介绍行动研究的基本规范,包括行动研究的含义、优缺点、基本类型、代表模式、一般过程、基本原则和具体方法。

学习目标

1. 了解行动研究的含义、优缺点、基本类型和代表模式;
2. 掌握行动研究的一般过程及每个步骤的基本任务;
3. 掌握行动研究的基本原则和具体方法,并能在实际研究中加以运用。

学习内容

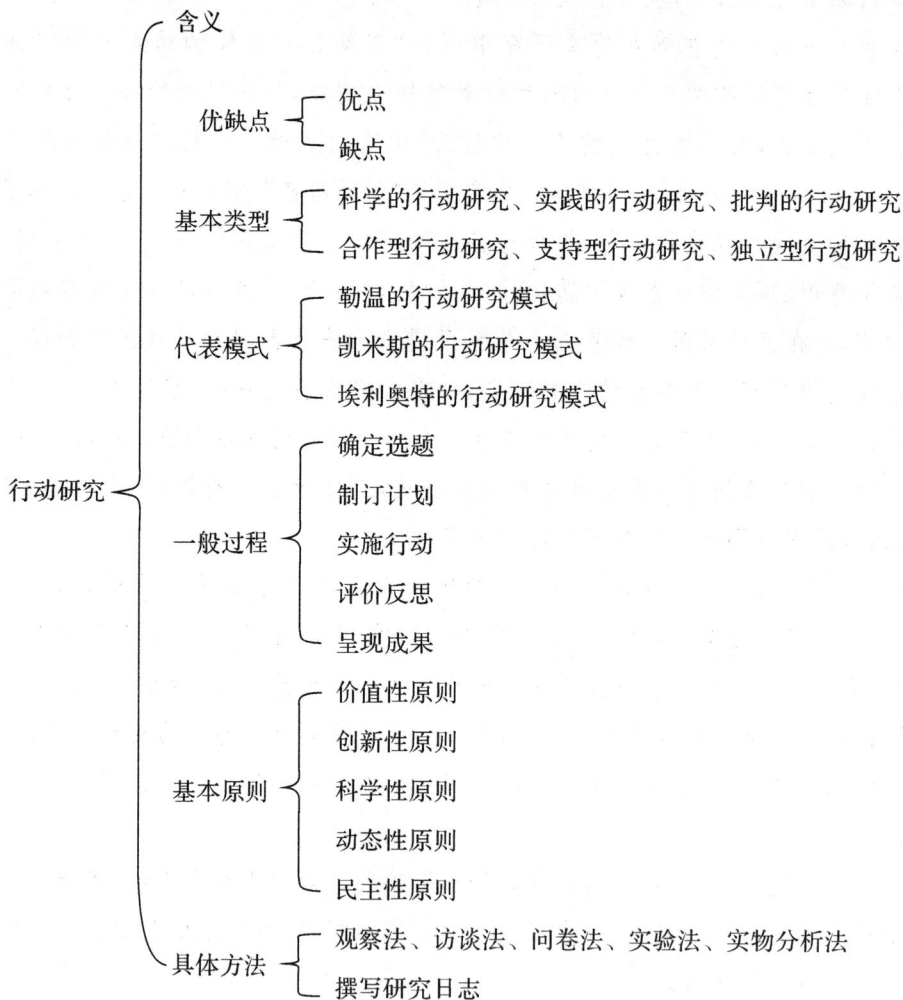

一、行动研究的含义

行动研究是一线教师与教育管理人员、专职教育研究人员密切配合,针对具体的教育实践问题,运用各种可能的研究方法进行探讨,并最终寻求问题解决、推动教育工作改进为宗旨的一种教育研究活动。①

行动研究的英文表述是"Action Research",意味着是"行动"＋"研究"。行动研究架起了科学研究和教育实践之间的桥梁,使科学研究工作和日常教育实践合二为一。行动研究是一种综合性的教育研究活动,而非一种单纯的研究方法。在行动研究过程中,根据研究需要,研究者可以灵活选用各种具体研究方法,如文献法、观察法、问卷法、访谈法、实验法、实物分析法等。

行动研究源于美国。一般认为,它有两个来源:其一,源于一项社会改革活动。1933 年至 1945 年,美国联邦政府印第安人事务局局长科利尔(J. Collier)在研究如何改善印第安人和非印第安人的关系时,尝试让科学家和实践者合作进行研究。他认为研究结果应该为实践者服务,研究者应该鼓励实践者参与研究,在实践中解决他们的问题。他把这种实践者在行动中为解决自身问题而参与其中的研究称为"行动研究"。其二,源于社会心理学研究活动。20 世纪 40 年代,美国社会心理学家勒温(K. Lewin)与他的学生一起研究不同人种间的人际关系时,非常关注社会冲突的实践背景,因而尝试与黑人、犹太人合作进行研究。这些实践者以研究者的姿态,在研究中积极地反思和改变自己的境遇。1946 年,勒温把这种结合了实际工作者智慧和能力的研究称为"行动研究"。②

1953 年,美国哥伦比亚大学师范学院院长考瑞(S. Corey)在《改进学校实践的行动研究》中,第一个系统地把行动研究纳入教育研究中,并提出"所有教育研究工作由应用研究的人来担任,其研究成果才有意义"③。经他倡导,行动研究开始进入教育领域,教师、学生、辅导人员、行政人员、家长等与教育实践密切相关的人员,都被吸纳进了学校教育研究之中。随后,行动研究开始进入世界各国的教育研究领域,运用范围日益扩大。

---

①刘晶波.学前教育研究方法[M].北京:人民教育出版社,2016:389.

②郑金洲.行动研究指导[M].北京:教育科学出版社,2004:221.

③COREY S. Action research to improve school practices. New York: Bureau of Publications, Teachers College, Columbia University, 1953.

二、行动研究的优缺点

行动研究既有优点，又有缺点。

（一）行动研究的优点

行动研究具有以下优点：

1. 有助于教育实践问题的解决和改进

行动研究重在为教育实践问题的解决提供服务，而非发展或建构理论。行动研究本身就是"行动"＋"研究"，其"行动"的含义指"教育实践"，是在教育实践过程中做的研究，其根本目的是解决教育实践中令人困惑不解的现实问题。例如，幼儿的挑食（偏食）现象是非常普遍的，如何解决这一问题，幼儿教师可以开展行动研究寻求适宜的解决对策。这一问题的解决有助于幼儿养成良好的饮食习惯，做到膳食均衡，为生长发育提供更好的物质基础。

同样，在《运用音乐活动改善新入园幼儿分离焦虑的行动研究》[1]、《教育戏剧应用于幼儿园安全教育的行动研究》[2]、《幼儿园小班生活常规教育的行动研究》[3]、《中国传统节日融入幼儿园教学活动的行动研究》[4]等研究中，研究者所面对的都是幼儿园教育实践中直接存在的问题。通过这些研究总结出的行之有效的策略与方法，有助于解决和改进这些具体的教育实践问题，提高相应的教育质量，为幼儿的学习和发展创造更好的条件。

2. 使实践者成为教育研究的主体

在传统观念中，人们通常把研究工作看成是高校教师或各研究机构人员的工作，认为一线园长和幼儿教师是教育实践工作者，不必从事教育研究工作，或者，他们只是帮助专职研究人员做一些辅助性工作，如发放、回收问卷，接受观察或访谈等。就连一些园长和幼儿教师自己也认为，他们的本职就是做幼儿园教育实践工作，只要把幼儿园管理好或把班级带好就行了，不会主动从事研究工作。但在行动研究过程中，因所研究的是教育实践中直接存在的问题，且这些问题通常是实践者最先发现或意识到的，他们最有发言权，也最有研究兴趣，并愿意主动投入到研究中去，因而不可避

①吴佳莉，张杨. 运用音乐活动改善新入园幼儿分离焦虑的行动研究[J]. 中国特殊教育，2019（8）：94-96，93.

②王悦怡. 教育戏剧应用于幼儿园安全教育的行动研究[D]. 济南：山东师范大学，2019.

③翟淑翠. 幼儿园小班生活常规教育的行动研究[D]. 天水：天水师范学院，2019.

④任佳慧. 中国传统节日融入幼儿园教学活动的行动研究[D]. 洛阳：洛阳师范学院，2019.

免地成为研究的主体。

在上述案例中,诸如培养幼儿的适应能力、提高幼儿的安全意识、养成幼儿的生活常规、把传统节日教育融入日常教学过程等,对其实施研究都离不开实际的教育实践过程。作为一线幼儿教师,最适合研究这类问题。总之,因行动研究问题的特殊性,实践者成为这种研究的主体,就是一件自然而然的事情了。

3. 研究过程具有动态性、灵活性

行动研究的进程包括"计划—行动—考察—反思"等环节,且这个进程不断循环往复。研究者根据解决某个教育实践问题的需要,制订研究计划并付诸行动一段时间后,就要通过观察、问卷调查、测验等手段考察问题的解决程度,对行动效果进行评价,反思行动效果不佳的原因,从而调整行动方案,制订"新计划",启动下一轮行动研究。这种边行动、边研究、边调整的做法,说明行动研究是一个不断进行研究、获得反馈、动态调整的过程,具有动态性。同时,在行动研究过程中,为了适应研究对象的个体差异和研究过程中出现的新变化,研究者对所使用的教育策略或活动流程可以做灵活调整,具有一定的灵活性。

例如,在上述改进幼儿挑食问题的行动研究中,某幼儿教师设想通过全班幼儿一起种植、采摘和品尝蔬菜的形式,让一些不吃某类蔬菜的幼儿产生突破,开始能够接受该种蔬菜。如采摘胡萝卜后,幼儿教师在当天中午就请全班幼儿品尝劳动成果,每个人都要吃一点。该活动进行以后的几天,该教师通过对进餐活动的观察发现,这种方法可以让部分幼儿有所改变,但不能让以前不吃胡萝卜的所有幼儿都有改变。为什么还有少数幼儿拒吃胡萝卜?通过反思,该教师发现:其一,饮食习惯是长期养成的,不可能通过一次品尝活动就能彻底改变以前的习惯;其二,幼儿之间有个体差异,有的习惯改起来快,而有的改起来慢。于是,该教师再次制订新的计划,尝试用其他方法改变那些幼儿拒绝吃胡萝卜的问题。如改变烹饪方法,把胡萝卜剁成馅儿包包子或包饺子,让幼儿发现胡萝卜也很美味;介绍胡萝卜的营养价值,从认知层面改变幼儿对胡萝卜的认识,使其愿意吃胡萝卜;等等。

4. 多种研究方法得到综合运用

在行动研究过程中,根据研究具体问题的需要,研究者可以选择适合的研究方法,甚至综合运用多种研究方法。在一项行动研究中,往往不会拘泥于某种单一方法,使用的方法非常多样。例如,在上述改善幼儿挑食问题的行动研究中,为了搞清楚幼儿挑食的现状——具体表现和原因,研究者需要借助调查问卷或访谈提纲对家长进行调查,也需要在幼儿进餐时观察他们,甚至要对幼儿进行访谈。在把握幼儿挑食类型与成因后,研究者可以提出若干种解决挑食问题的策略或方法,并将其运用到日常的饮食活动中去。在这些研究环节就使用了问卷法、访谈法、观察法、实验法等。

这充分体现了行动研究方法的多样性特征。

(二)行动研究的缺点

上述优点都是针对"理想"的行动研究模式而言的,对于实际实施的行动研究,不可避免地存在一些问题。行动研究具有以下缺点:

1. 研究范围小,对变量缺乏控制,研究结果推广性不强

行动研究是一种在小范围内探索、改进和解决教育实践问题的研究活动。行动研究通常针对具体教育实践问题展开,研究范围是幼儿教师所在的班级,或者是幼儿园的某个年级(如小班、中班或大班),或者是某一个幼儿园。这决定了其研究对象的样本量往往不大。同时,其研究情境是一种日常、真实、自然、动态的教育实践过程,难以对各种变量进行充分控制,其内、外效度均难以充分保障。因此,行动研究的结果可靠性不足,推广价值不大。

2. 教育实践者的观念、能力影响行动研究的成效

行动研究使"教师即研究者"成为现实,且一线园长和幼儿教师成了行动研究的主体。在这种情况下,负责或参与行动研究的园长和幼儿教师的既有教育观念与理论、教育实践能力和科学研究能力,对行动研究的过程与结果具有决定性的影响。如果幼儿教师在一项园本课程开发的行动研究中,对基本的课程概念、课程开发模式、课程实施途径与方法缺乏必要了解,他(她)就可能无法顺利实施该项研究。如某位幼儿教师一直纠结于"项目活动"和"班本课程"的区别,也没有搞清楚两者的关系,因此很排斥在本班主题活动中采用项目活动的形式。如果园长和幼儿教师缺乏必要的科学研究方法训练,不了解实验研究的基本规范,就可能在行动研究中进行一些几乎没有任何控制的"实验",其研究结果的可靠性就无法得到保障。

三、行动研究的基本类型

根据不同的标准,可以对行动研究做相应的类型划分。

(一)科学的行动研究、实践的行动研究与批判的行动研究

就欧美国家行动研究的发展历程看,在不同的历史时期,行动研究的侧重点及采用的方法技术有所不同,实际形成的行动研究类型也有所不同。根据研究侧重点及所采用方法技术的不同,可以把行动研究分为以下三种类型:[1][2]

---

①刘良华. 校本行动研究[M]. 成都:四川教育出版社,2002:219-227.
②陈向明. 教育研究方法[M]. 北京:教育科学出版社,2013:362-364.

1. 科学的行动研究

科学的行动研究，又称技术的行动研究、实验性行动研究，指研究者采用比较严格的科学方法（如实验法）探讨教育实践问题，或验证有关理论假设的行动研究。与一般意义上的实验研究一样，科学的行动研究同样重视相关的研究技术，如建立研究假设，控制取样误差和研究变量，确保测量的信度和效度，规范数据统计与分析方法，撰写严谨的实验研究报告等。因此，科学的行动研究实际上就是某种实验研究或准实验研究。这种研究的规模可大可小，可能是小规模的实验研究，也可能是较大规模的实验研究。

第一代教育行动研究的倡导者勒温（K. Lewin）所做的行动研究，就是这种采用实验法的行动研究。勒温特别重视行动假设、计划、寻找事实、实施、对行动结果的监控等，比较典型地体现了用科学方法解决社会问题的研究理想，也因而被称为"实验主义者"。

实施科学的行动研究时，通常是专职研究者邀请一线教师共同来研究某个教育问题，但这些问题可能与一线教师自身的实践兴趣根本无关。使用一些研究方法或研究技术探讨外来的专职研究者提出的研究问题，其目的在于验证其他地方提出的理论假设的应用性能。这种研究虽然也能促进教育实践的改进和教育实践者的相关理解，但教育实践者在研究过程中往往服从或依赖外来专家的判断，而不是自己对教育实践进行真实分析和思考。正是由于重视运用"科学方法"研究外来专职研究者提出的问题，有些学者认为科学的行动研究简直算不上行动研究。不过，科学的行动研究背后的理论假设源于实证主义，实证主义的某些研究策略在行动研究中实际上至今一直在发挥作用。

2. 实践的行动研究

由于科学的行动研究过于强调研究的技术规范而不关注实际的教育实践问题（如课堂教学），一度遭受批评。第二代教育行动研究的倡导者斯滕豪斯（L. Stenhouse）①由此主张"实践的行动研究"，提出了"教师成为研究者"（Teachers as researchers）和"研究成为教学的基础"（Research as a basis for teaching）的口号。与斯滕豪斯的主张一样，他的同事埃利奥特（J. Elliott）提倡"改进学校实践的行动研究"②，

①斯滕豪斯（L. Stenhouse, 1926—1982）是英国课程理论家，课程开发的"过程模式"提出者。1967—1970年，斯滕豪斯领导的"人文课程研究"中心小组，是英国的教育行动研究中心，他因而成为继勒温之后行动研究的另一位代表人物。
②ELLIOTT J. Action research for educational change[M]. Milton Keynes：Open University Press，1991：30-31.

美国学者肖恩(D. Schon)提倡"反思性实践者"(Reflective Practitioner)①。可见,实践的行动研究就是关注"实践"的行动研究。这里的"实践"是一种"反思性实践"。在实践的行动研究中,教育实践者自己要对教育实践过程进行反思和判断。此时,教育理论并不控制教育实践者的思维,而是为教育实践者提供某种解释,使他们接受某种启示而更好地理解自己的实践,形成自己的实践智慧。虽然实践的行动研究倡导者反感科学的行动研究对理论和"科学的方法"的过分倚重,但他们也并不绝对排斥"假设—验证"的"科学方法"。

实践的行动研究指研究者为解决教育实践问题而进行的研究。这种行动研究看重研究者个人对实践的反思以及由反思产生的理解。实践的行动研究的目的不是验证某种理论假设,也不是建立某种理论,而是解决研究者自己面临的具体实践问题。在开展研究时,不仅可以采用通过调查、实验等研究方法收集的数据资料,也可以采用日记、照片、访谈录音等实物资料。中小学教师(包括幼儿园教师在内)所实施的行动研究,基本都是这种实践的行动研究。

3. 批判的行动研究

在"人文课程研究"中心小组中,斯滕豪斯的同事凯米斯(S. Kemmis)倡导批判的行动研究。在凯米斯看来,无论是科学的行动研究,还是实践的行动研究,都有需要改进的地方。这表现为:科学的行动研究的主要问题是过于强调技术规范而忽视了对课堂教学中真实问题的研究;实践的行动研究的主要问题是过于关注课堂教学中的具体教学细节问题而无法从整体学科教学的高度或整体教育原理的高度来解决问题。由此,凯米斯认为,对科学的行动研究和实践的行动研究都要加以批判,使科学的行动研究更关注真实的日常教育实践,使实践的行动研究从学科教学新观念或教育原理的高度来超越具体细节问题而进入整体的教育变革。可见,批判的行动研究与科学的行动研究、实践的行动研究并非是并列关系。

批判的行动研究指研究者对自己的教育实践进行批判性反思的行动研究。在这种行动研究中,研究者需要用批判的眼光解释自己的教育实践及其问题,关注教育实践背后经常起作用的那只"看不见的手"——教育观念、教育理论、教育制度等。研究者在解释自己的教育实践时,要主动揭示既有教育观念、理论或其他意识形态对教育实践的影响,并对它们保持某种警觉和批判的态度,从而对教育实践展开"批判性解释"。同时,研究者除了"解释",还要"付诸行动",即不仅用不同的方式"解释"教育实践,还要用不同的方式"改变"教育实践,使教育实践中的具体问题能够得到解决。可见,批判的行动研究既关心教育实践者"理解"的提升和"实际问题"的解决,也关注与

---

①SCHON D. The reflective practioner: how prorsddionals think in action[M]. New York: Basic Books,1983:14-18.

之相关的社会环境、制度、观念对教育实践者的限制或控制,重视"将行动研究作为更大范围的改革运动",而不局限于某个方面教育实践(如课堂教学)的改进。

上述三种类型分别强调了行动研究的不同侧面:第一种类型强调的是行动研究的科学性;第二种类型强调的是行动研究对教育实践的改进功能;第三种类型强调的是行动研究的批判性。一般说来,不同的研究者在进行行动研究时对上述侧重点的划分是比较明确的,但是,有时研究者们也可能在一项研究中同时顾及不同侧面。

(二)合作型行动研究、支持型行动研究与独立型行动研究

在学前教育领域的行动研究中,参与人员主要是由教育实践者(一线教师和园长)和专家(高校教师、研究机构人员)构成的。根据这两类人员合作情况及实际所发挥作用的不同,可以把行动研究分为以下三种类型:①

1. 合作型行动研究

在合作型行动研究中,教育实践者与专家一起合作,共同开展行动研究。在确定研究问题、制订与执行研究计划、回顾与撰写研究报告等各个环节,教育实践者和专家共同参与,一起协商,是最理想的行动研究模式。例如,在改进幼儿偏食行为的行动研究中,幼儿园的一线幼儿教师从一开始就可以邀请高校学前教育专业的有关教师参与进来,在行动研究的全程中进行通力协作,直至完成整个研究。又如,某个幼儿园在建设某项园本课程时,发现单靠本园园长和幼儿教师的力量不足以开展此项研究,就邀请了某高校学前教育专业的教师和研究生一起参与研究,共同进行课程开发。这些都属于合作型行动研究。

2. 支持型行动研究

在支持型行动研究中,教育实践者在行动研究过程中发挥主要作用,专家以顾问身份参与研究过程,在教育实践者遇到问题时给予指导和帮助,但不会全程参与研究。例如,在上述改进幼儿挑食行为的行动研究中,幼儿园的园长和幼儿教师们在选题价值论证和个别研究方法运用方面存在困惑,就请某位高校学前教育专业教师作为课题组研究顾问,参与了选题论证和研究方案论证两个环节。得到专家的详细指导,该项研究得以顺利进行。

又如,当前幼儿园在做园本课程建设时,第一步工作是编写园本课程方案。有些幼儿园的园本课程方案撰写了十几稿,在内部也论证了十多次,可园长们依然心里没底儿,不知道是否已经完善了。此时,最好邀请高校学前教育专业擅长课程研究的教师来指导一下,参与课程方案的论证,这样可以避免在园本课程建设上走弯路。换言

---

①郑金洲.行动研究:一种日益受到关注的研究方法[J].上海高教研究,1997(1):23-27.

之,教育实践者独立开展某项行动研究遇到问题或瓶颈时,最好找有关专家来提供支持与指导。专家的支持和协助,可以使行动研究更加顺利。

3. 独立型行动研究

在独立型行动研究中,教育实践者针对教育实践中某个亟待解决的问题,自己制订研究计划并加以执行,经过两三个研究循环,待基本解决该实践问题时,进行回顾和经验总结,完成该项行动研究。这种模式的基本特点是教育实践者在独立从事研究,全程没有专家参与。使用这种模式时,需要教育实践者具有一定的研究能力,掌握各种研究方法的使用规范及撰写研究报告的基本规范。

实际上,现在一线幼儿教师大多数具有本科学历,在职前教育阶段接受过一定的科学研究训练,掌握了从事科学研究的基本规范。在这种情况下,面对本班教育实践中的某个具体问题,是可以独立开展行动研究的。例如,对幼儿那些具有普遍性的挑食问题、争抢问题,可以面向全班开展相应的行动研究;对个别幼儿的攻击行为、阻抗行为、游离行为,也可以开展个案行动研究。

四、行动研究的代表模式

在欧美国家行动研究发展过程中,不同学者提出的行动研究环节与进程不尽相同,形成了相应的研究模式,其中,比较有代表性的有以下三种模式:

(一)勒温的行动研究模式

20世纪40年代,勒温曾用"步子"(steps)、"圆环"(circle)、"螺旋循环"(spiral of cycles)等隐喻说明行动研究的一般过程。他提出的行动研究过程表示为"计划—行动—考察"等几个基本步骤。勒温认为,合理的社会管理总处于这样一种由多个步骤组成的"螺旋"进程中,而"螺旋"中的每一个"圆环"总是包含了计划、行动以及对行动结果的考察。[①] 勒温提出"螺旋循环"是行动研究的最初模式。

(二)凯米斯的行动研究模式

20世纪80年代,凯米斯对勒温的"螺旋循环"稍作改造,形成了"计划—行动—考察—反思—新计划—新行动—新考察—新反思……"的螺旋式上升进程,被称为"凯米斯程序"(见图9-1)。勒温的"步子"经凯米斯调整后,"计划—行动—考察—反思……"成了行动研究过程的经典表述。很多人接受的行动研究,就是这种"计划—行动—考察—反思"研究进程。

---

①陈向明. 教育研究方法[M]. 北京:教育科学出版社,2013:362-364.

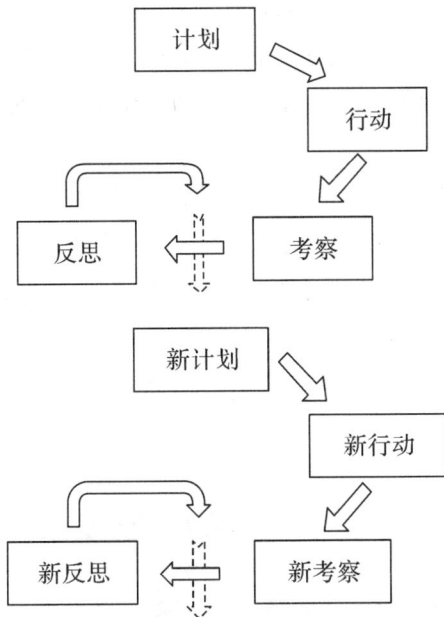

图 9-1　凯米斯的行动研究模式

跟勒温最初提出的行动研究模式相比,"凯米斯程序"增加了一个"反思"步骤。当一个循环结束与下一个循环开始时,研究者经过反思,对"计划"做一定的调整。因此,"反思"既是一个螺旋圈的结束,又是过渡到另一个螺旋圈的中介。经过反思,可以更好地制订适应具体情境的新计划。

"凯米斯程序"体现了行动研究的一些典型特征:一是强调了"在行动中研究"。突出了教育实践者(幼儿教师和园长)的地位,抛弃了传统的远离教育实践的研究方式。二是说明行动研究是一个持续性的探索过程,"计划—行动—考察—反思—新计划……"是无止境的。三是"考察"体现了对"资料收集"的重视,通过经验资料的收集和统计分析,确保行动研究过程的合法性。四是"反思"鼓励教育实践者主动参与,形成反思意识,为"教师成为研究者"提供了途径和方法。五是"螺旋循环"的结构形象地表达了行动研究既持续研究又不断改进教育实践的发展历程。[①]

(三)埃利奥特的行动研究模式

埃利奥特虽然基本接受了"凯米斯程序",但他认为该程序有三个明显的问题:一是它易于使人相信其中的"基本主题"在后续研究中固定不变;二是它的"考察"仅仅是"收集证据";三是它的实施进程是直线式的。由此,埃利奥特对"凯米斯程序"进行

———————————

[①]刘良华.校本行动研究[M].成都:四川教育出版社,2002:165-167.

了三个改变：一是允许"基本主题"变动和转化；二是"考察"应该包括分析而不仅仅是
"收集证据"，而且"分析"与"收集证据"在后续研究中会反复出现而不仅仅出现在研
究开始阶段；三是行动计划的实施往往并不容易，在没有充分考察实施效果前不能直
接进入反思阶段。①②

　　经过对"凯米斯程序"的修正和补充，埃利奥特提出了至少包括三个循环的行动研
究新模式（见图 9-2）。在埃利奥特的行动研究模式中，每个循环包含：确定最初设
想；通过查找与分析事实对设想进行考察；经过考察认为基本合理的话，就制订总体
计划，同时考虑打算进行几个行动步骤；接着先实施第一个行动步骤，且对其实施情
况及效果进行监控；通过收集和分析证据资料，考察实施失败的原因及影响，在此基
础上修正总体设想，并对总体计划进行修改，启动下一个循环。

五、行动研究的一般过程

　　如同采用某种（些）研究方法完成的一般研究一样，在一项完整的行动研究中，拟
定研究问题、制订研究计划、收集研究资料、整理分析资料、形成研究结论、撰写研究
报告等研究步骤也有所体现。但上述行动研究模式表明，行动研究本身具有多样性
和复杂性，不同研究者主张和实际采用的行动研究步骤与进程不完全一致。

　　就实际开展的行动研究来看，"凯米斯程序"被研究者广为接受，那种"计划—行
动—考察—反思—新计划—新行动—新考察—新反思—……"的步骤及螺旋循环研
究进程，在一般的行动研究中都有呈现。埃利奥特提出的具有三个以上循环的阶梯
式程序对研究者也有广泛影响，现在比较规范的行动研究通常进行两个以上的螺旋
循环（两轮研究以上）。如在《运用音乐活动改善新入园幼儿分离焦虑的行动研究》
中，研究者就设计并实施了四轮行动方案。③ 不管研究者实际实施了几个螺旋循环的
行动研究，每个螺旋发展圈都包括"计划""行动""考察""反思"等四个相互联系、相互
依赖的步骤。因此，虽然行动研究受具体课题情境影响，没有统一明确的模式或步
骤，但行动研究的一般过程仍然可以根据一般研究的基本过程及行动研究的经典步
骤大致确定下来。

　　可以从以下几个方面把握行动研究的一般步骤：④

---

　　①ELLIOTT J. Action research for educational change[M]. Milton Keynes：Open University Press，
1991：70.

　　②刘良华. 校本行动研究[M]. 成都：四川教育出版社，2002：167.

　　③吴佳莉，张杨. 运用音乐活动改善新入园幼儿分离焦虑的行动研究[J]. 中国特殊教育，2019（8）：
94-96，93.

　　④宁虹. 教育研究导论[M]. 3 版. 北京：北京师范大学出版社，2018：250-258.

循环 1　　　　　　循环 2　　　　　　循环 3

```
┌──────────────┐
│ 确定最初设想 │
└──────────────┘
        │
┌──────────────┐
│     考察     │
│（查找事实与分析）│
└──────────────┘
        │
┌──────────────┐
│   总体计划   │
├──────────────┤
│  行动步骤 1  │────┐
├──────────────┤    ┌──────────────┐
│  行动步骤 2  │    │   实施行动   │
├──────────────┤    │    步骤 1    │
│  行动步骤 3  │    └──────────────┘
└──────────────┘
        │
┌──────────────┐
│ 监控行动与效果 │
└──────────────┘
        │
┌──────────────┐        ┌──────────────┐
│     考察     │───────▶│ 修正总体设想 │
│（解释实施失败的│        └──────────────┘
│  原因及影响）│                │
└──────────────┘        ┌──────────────┐
                        │  修改后的计划 │
                        ├──────────────┤
                        │  行动步骤 1  │────┐
                        ├──────────────┤    ┌──────────────┐
                        │  行动步骤 2  │    │   实施行动   │
                        ├──────────────┤    │    步骤 2    │
                        │  行动步骤 3  │    └──────────────┘
                        └──────────────┘
                                │
                        ┌──────────────┐
                        │ 监控行动与效果 │
                        └──────────────┘
                                │
                        ┌──────────────┐        ┌──────────────┐
                        │     考察     │───────▶│ 修正总体设想 │
                        │（解释实施失败的│        └──────────────┘
                        │  原因及影响）│                │
                        └──────────────┘        ┌──────────────┐
                                                │  修改后的计划 │
                                                ├──────────────┤
                                                │  行动步骤 1  │────┐
                                                ├──────────────┤    ┌──────────────┐
                                                │  行动步骤 2  │    │   实施行动   │
                                                ├──────────────┤    │    步骤 3    │
                                                │  行动步骤 3  │    └──────────────┘
                                                └──────────────┘
                                                        │
                                                ┌──────────────┐
                                                │ 监控行动与效果 │
                                                └──────────────┘
                                                        │
                                                ┌──────────────┐        ┌──────────────┐
                                                │     考察     │───────▶│ 修正总体设想 │
                                                │（解释实施失败的│        └──────────────┘
                                                │  原因及影响）│
                                                └──────────────┘
```

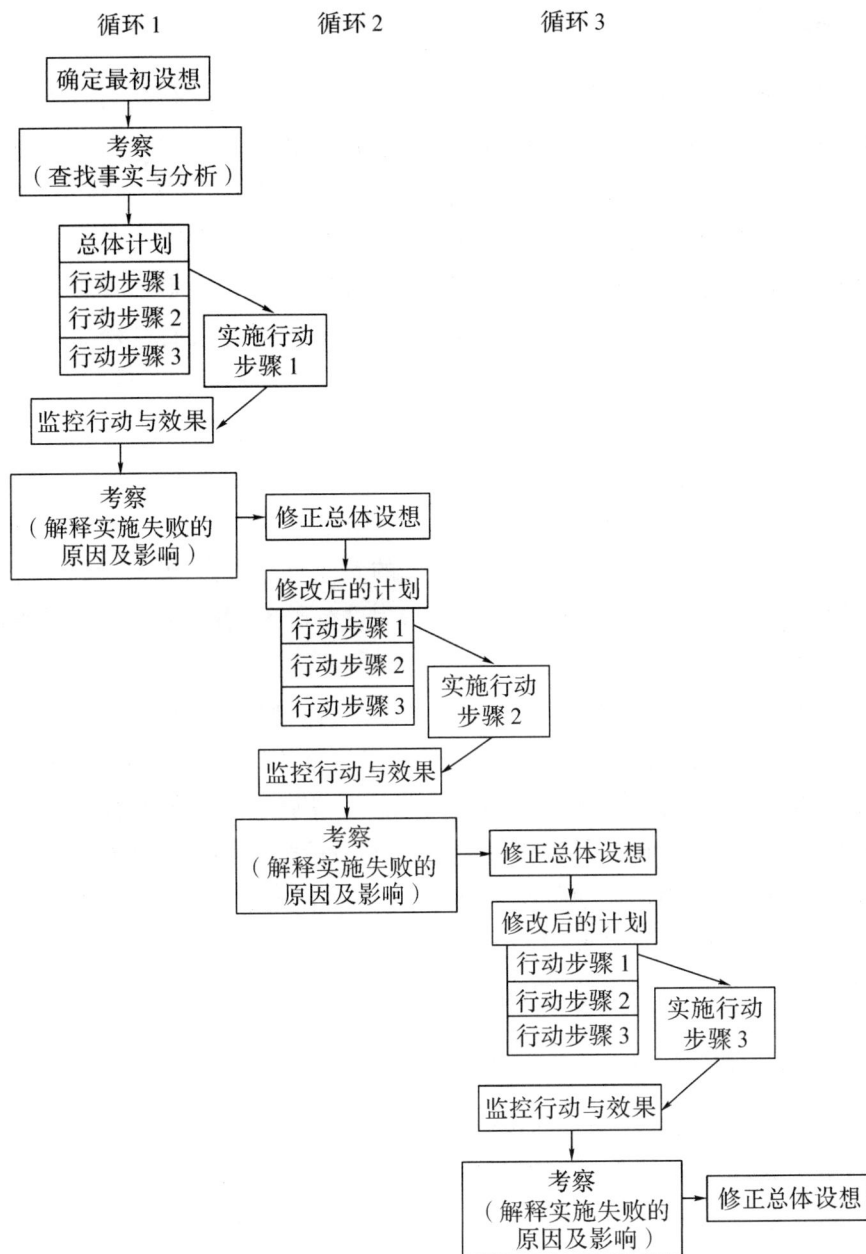

图 9-2　埃利奥特的行动研究模式①②

①刘良华.校本行动研究［M］.成都:四川教育出版社,2002:168.

②宁虹.教育研究导论［M］.3 版.北京:北京师范大学出版社,2018:251.

(一)确定选题

行动研究的问题来自日常教育实践。对于广大教育实践者而言,日常教育实践中会遇到各种各样的问题。究竟哪个问题需要研究,而且是可以通过行动研究进行的,研究者一开始就要对此加以思考。正因为如此,我国一些研究者认为,行动研究实际上应该始于对教育实践问题的"预诊"①或"勘察"②。"预诊"或"勘察"的主要目的在于分析问题和确定问题。为此,研究者要思考的是:这是个什么问题? 这个问题是怎么产生的? 这个问题有必要加以解决吗? 这个问题可以通过行动研究来解决吗? 例如,某幼儿教师有一天在本班看到了一个"抢椅子"事件:两个幼儿在争抢同一把椅子,班里其他幼儿在呐喊助威。当时在场的保育员从他们手中夺走了椅子,才使争抢事件暂时得到平息。为此,该教师首先分析抢椅子的原因:一是本班塑料椅子颜色不一,高低不同,新旧不一(外部原因);二是本班独生子女幼儿有强烈的占有欲(内部原因)。这种现象使该教师联想到本班幼儿的其他争抢行为,如抢玩具、抢图书、抢位置等,因此决定对这种时常发生的抢椅子行为进行干预,着手开展了一项培养幼儿养成良好行为习惯(不争抢)的行动研究。③

对自己感兴趣的教育实践问题,是否要确定为行动研究的选题,研究者要从创新性、价值性、可行性等角度加以诊断。对于那些通过查阅资料或咨询经验丰富的同事就能获得答案的问题、对于那些促进本班幼儿学习发展和改进教育教学没有明显意义的问题、对于那些当前缺乏研究条件无法实地开展研究的问题,都不适合作为行动研究的选题。因此,在确定行动研究问题时,研究者不仅要充分考察和了解自己正在面临的教育实践问题,还有必要与同事、专职研究人员或专业人员进行交流对话,也有必要查阅有关文献,从各个角度加以认识和论证。

(二)制订计划

研究计划是开展行动研究的蓝图,应该包括研究的总体计划和每一个具体行动步骤的计划。总体计划要明确研究的总目标和阶段性目标,每一个具体行动的内容与实践安排。研究者在做计划时,要以大量的教育实践发现和调查结果为前提,从解决教育实践问题需要出发,盘点各种有关的知识、理论、方法、技术、条件及其综合情况,从而全面深入地认识面临的教育实践问题,掌握解决这些问题的策略与方法。

无论是总体计划,还是每一个行动步骤的计划,都应该紧紧围绕所要解决的问题

①王坚红.学前儿童发展与教育科学研究方法[M].北京:人民教育出版社,1991:163.
②袁振国.教育研究方法[M].北京:高等教育出版社,2000:214.
③佚名."抢椅子"事件发生后——培养幼儿养成良好行为习惯的行动研究[EB/OL].(2007-07-03)[2020-06-28].http://www.fyeedu.net/info/69141-1.htm.

进行。研究者要思考的是：问题解决到什么程度？达到什么效果？拟采用哪些具体策略和方法？行动研究的大致步骤和时间如何安排（开展几个循环的研究）？等等。

例如，在上述有关"抢椅子"事件的行动研究中，在分析和明确了问题后，该教师提出了解决问题的主要思路：一是引导幼儿自我反省，让他们学会换位思考，理解别人，能想到"也许他比我更需要"；二是培养幼儿自己解决问题的能力，教师尽量减少直接干预，多给幼儿提供机会，让他们自己去寻找解决"纠纷"的方法；三是让幼儿在一日活动中体验到同伴间一起学习、游戏的快乐，创造一种和谐的环境氛围，同时使他们理解哪些行为是不恰当的，从而更自觉、更主动地改变那些不良行为。根据这个思路，该教师又拟定了解决问题的教育方案：一是跟争抢椅子的幼儿进行聊天谈心，既了解其争抢原因，又让他们意识到自己行为的不当；二是组织集体讨论，共同探讨解决争抢问题的方法，达成班级共识；三是调整本班椅子，排除争抢椅子的客观因素；四是组织本班幼儿玩"抢椅子"游戏和讲有关争抢的故事（《明明为什么哭了》），让幼儿体验行为后果，进行换位思考，产生情感体验。在该案例中，清楚呈现了解决问题的思路、行动方案及具体的策略方法。

（三）实施行动

实施行动包括执行计划和考察分析两个同时进行的研究工作。行动研究是动态、持续的。在具体的研究情境中，常常是一边行动，一边考察，一边调整，把教育行动指向问题的解决。

1. 执行计划

行动研究的根本目的是通过行动解决教育实践中的具体问题。因此，把计划付诸行动，是行动研究的核心步骤。在上述培养幼儿养成良好行为习惯的行动研究中，该教师利用两周时间，把自己制订的教育方案逐步落实到教育实践过程中，组织了聊天谈心、集体讨论、调整椅子、情感体验等四种活动。

在执行计划时，研究者需要把握两个方面：首先，行动是有目的、有系统、按计划进行的，不能盲目行动；其次，行动又是灵活的、能动的，在动态生成的行动研究过程中，研究者并非一定按原计划行事，而要根据实际情况的变化，逐步认识问题，不断修正计划、调整计划。[①] 总之，研究者按照计划实施行动时，既要有目的性和计划性，又要有灵活性和能动性。

事实上，在行动研究过程中，研究者在逐渐加深对所研究问题的了解和认识。当研究者对问题的认识逐渐明确，不断接受行动过程中各项信息的反馈及其他参与者

---

①陶保平. 学前教育科研方法[M]. 修订版. 上海：华东师范大学出版社，2006：233-234.

的评价和建议后,就可以在执行行动计划时有所修改和调整。

2. 考察分析

在行动研究过程中,伴随着研究计划的执行过程,研究者要同时对这个过程进行考察分析。考察内容包括行动背景、行动过程、行动结果等三个基本方面;考察手段和方法是多样的,没有特定的程序和技术,诸如观察、访谈、问卷调查、实物分析等各种有效方式均可采用;考察主体是多元的,研究者(教育实践者)、幼儿、家长及相关人员都可以从自身视角提供反馈信息,从而全面、深入地认识问题;考察标准则是要尽可能做到系统、全面、客观。

对于实际执行研究计划的教育实践者,最常用的考察手段就是对行动过程做观察记录。在上述有关“抢椅子”事件的行动研究中,该教师在落实了既定教育方案后,发现本班幼儿没有再出现争抢椅子现象,并意识到“争抢”的错误,逐渐学会了谦让和理解别人,争抢现象明显减少;而且本班幼儿在遇到争执时能用一些简单的方法自行解决。就该研究而言,争抢问题基本解决,幼儿养成了相应的良好习惯,说明研究初见成效。

(四)评价反思

评价反思可以在行动研究某一个螺旋循环结束时进行,也可以在整个行动研究结束时进行。

对于一个螺旋循环的评价反思,其主要任务是对研究目标、内容、方法、步骤等进行反复审查和评定,确定问题解决的成效,找出问题没有解决或者没有彻底解决的原因,然后有针对性地制订新的研究计划,启动下一个螺旋循环(研究阶段)。

评价反思的内容包括两个方面:一是对所研究的问题给出结论,分析行动研究是否达成了预定研究目标,对研究成效进行检验;二是对行动研究的计划、策略及具体步骤进行分析、反思和批判,揭示研究过程中遇到的问题和限制,为制订下一个螺旋循环的研究计划做准备。这两个方面互为因果,不可分割。

在上述有关“抢椅子”事件的行动研究中,经过为期两周的行动研究,问题就基本得到解决,属于特例。事实上,行动研究中面对的问题往往是非常复杂的,通常不能通过一个螺旋循环(研究阶段)就能基本解决。例如,在改进幼儿挑食问题的行动研究中,幼儿教师要解决的幼儿挑食问题就属于复杂问题,受到多种因素的影响,且存在明显的个体差异。所以,幼儿教师的某一次研究计划——通过种植、品尝活动让幼儿开始接受胡萝卜,并没有让所有幼儿改变这种挑食行为。该教师就对这次行动过程进行了评价反思,并再次制订了新的研究计划,启动下一个螺旋循环的研究工作。

在行动研究结束时,研究者还要对整个研究过程进行反思与评价。

(五)呈现成果

在一项行动研究基本完成时,研究者要对整个研究过程进行整理,并以适当形式呈现研究成果。在一般性研究中,通常以研究论文、研究报告、专著等形式呈现研究成果。行动研究的最终目的是解决教育实践问题,因此其研究成果的呈现可以采用更加丰富的形式。除了研究论文、研究报告等文字成果外,还可以借助活动展示、研究前后的实况记录(照片、视频)的比较等形式证明研究成效。

例如,在上述改进幼儿挑食问题的行动研究中,为了呈现研究效果,研究者可以通过论文与同行分享改进幼儿挑食行为的可行策略,也可以通过进餐活动现场展示本班幼儿的良好进餐习惯,还可以通过研究前后进餐活动的视频,说明本班部分幼儿的挑食问题是如何得到解决的。

六、行动研究的基本原则

在实施行动研究时,要遵循以下基本原则:

(一)价值性原则

行动研究的价值体现在其能够解决教育实践问题或改进教育实践现状。一项行动研究必须具有一定的应用价值。为此,要做到:

其一,在选题时,尽可能选择那些在教育实践中普遍存在但一直未得到妥善解决的问题。这些问题可能来源于幼儿身心发展、游戏组织、幼儿园教学、幼儿园课程开发、幼儿园班级管理、幼儿园环境创设等各个方面。

其二,确保研究结果具有一定的应用价值,通过行动研究提出的教育实践途径、方法与策略,可以在同类教育情境中加以推广和应用,能够经得起教育实践的检验,同时参与行动研究的教育实践者的教育观念有改进,教育实践能力有提高,整体专业素养有提升。

(二)创新性原则

虽然行动研究的问题来源于日常教育实践,但并非教育实践中的每一个问题都需要开展行动研究。一项行动研究一定要具有创新性。为此,要做到:

其一,在选题时,要选择那些在社会发展过程中新涌现的教育实践问题,或者选择那些为了落实新的教育理念、新的课程改革精神而需要探讨的教育实践问题。

其二,在制订行动计划时,对于教育实践问题的解决思路、策略和方法要有所创新,不能人云亦云,老生常谈,从而确保通过一定时期的行动研究能够提出解决教育实践问题的新思路、新策略、新方法。

(三)科学性原则

行动研究也是科学研究,与教育实践者日常从事的教育实践工作有所不同。一项行动研究必须具有一定的科学性。为此,要做到:

其一,参与行动研究的教育实践者要了解行动研究的一般规范,要了解教育研究的一般规范,包括确定选题、撰写研究报告及各种常用研究方法的使用规范。

其二,在确定行动研究问题时,对问题有准确定位和清楚表述,确保行动研究有一定的目标指向。

其三,在确定行动研究目标时,要有一定的理论基础,并在理论基础上建立一定的研究假设,并通过行动研究验证其是否成立。

其四,对行动研究过程有一定的控制,包括研究对象的选取、研究变量的确定、研究工具的选择、研究数据的统计分析、研究结果的解释等,都要尽可能按照科学研究的规范进行操作。

(四)动态性原则

行动研究是按照螺旋循环持续进行的,具有动态生成性。为此,要做到:

其一,为行动研究规划较长的研究时间,使其具有两至三个研究循环。

其二,灵活、能动地执行研究计划时,通过对行动过程的考察及时收集各项反馈信息,修正或调整由于干扰所引起的各种偏差。

其三,充分揭示影响行动效果的各种因素,分析行动失败的原因,并据此调整下一轮的研究计划。

(五)民主性原则

行动研究的参与者众多,除了教育实践者自己承担的独立型行动研究,在合作型行动研究和支持型行动研究中,参与人员常常包括教育实践者、教育管理人员和专职研究者。在这些人员协同进行行动研究的过程中,一定要具有民主性。为此,要做到:

其一,是否启动一项针对教育实践问题的行动研究,要看作为研究主体的教育实践者是否有兴趣和内在动力,他们要处于积极主动状态,而非受外力强迫处于消极被动状态。

其二,在各种人员协同进行的行动研究中,各个参与者都能充分发挥自身优势,相互之间取长补短,进行平等合作,同心协力推进研究过程。

其三,在各种人员协同进行的行动研究中,在传统意义上被视为"权威""专家"的专职研究者,要充分尊重教育实践者的发言权,鼓励他们的创新精神,肯定他们提出的新思路、新策略和新方法,并通过民主讨论使其更具有科学性、合理性。

七、行动研究的具体方法

行动研究被引入国内时,一度被称为"行动研究法",在近年来仍然被一些人称为"行动研究法"。但欧美行动研究的倡导者们虽然提出了广为人们接受的行动研究步骤与流程,却没有提出属于行动研究的特有方法。因为没有自身的特有方法,行动研究才被质疑究竟算不算研究方法。

在开展行动研究时,有以下比较常用的研究方法与较为独特的研究方式:

(一)在行动研究中较常用的研究方法

因不受研究范式①的制约,在行动研究中,对具体研究方法的运用十分灵活。无论是定性研究方法,还是定量研究方法,只要能够解决研究问题,对达到行动目标有帮助,研究者都可以拿来使用。但有一些研究方法在行动研究中使用的频率比较高,主要有观察法、访谈法、问卷法等。② 此外,实验法、实物分析法在行动研究中也有运用。

(二)在行动研究中较独特的研究方式

除了上述常规研究方法在行动研究中被运用外,撰写研究日志——记录研究者自己每天的研究实践及对其进行的反思,是一种伴随行动研究全程的重要方法。在行动研究中,撰写研究日志不仅是收集和分析资料的方法,还具有多方面的意义:一是它为教育实践者所熟识,比较简单可行;二是它可以记录多方面的资料,包括那些通过观察、访谈和对话收集到的资料;三是它可以随时记录下研究者的灵感和偶发事件,反省每天的研究结果,对原始资料做解释性评论;四是它可以对研究者自己的身份和使用的方法进行反思,增加对自我的了解;五是在研究日志中记录的思想可以发展为理论框架,凭借这个框架可以进一步收集资料和分析资料。③ 对于撰写日志这种方式,研究者在实施行动研究时,可尝试加以运用。

---

①"范式"一词由库恩在1968年提出,指的是常规科学所赖以运作的理论基础和实践规范。它是从事某一特定科学研究的所有成员共同遵从的世界观和行为方式,代表该共同体成员所共有的信念、价值、技术等构成的整体。参见陈向明. 质的研究方法与社会科学研究[M]. 北京:教育科学出版社,2000:378.

②刘晶波. 学前教育研究方法[M]. 北京:人民教育出版社,2016:398.

③陈向明. 质的研究方法与社会科学研究[M]. 北京:教育科学出版社,2000:457-458.

思考与练习

1. 何谓行动研究?

2. 行动研究有什么优点? 有什么缺点?

3. 行动研究有哪些基本类型?

4. 在欧美行动研究发展过程中,出现了哪些行动研究模式? 它们各自的研究步骤与进程是什么?

5. 行动研究的一般过程分为哪几步? 每个步骤的主要任务是什么?

6. 行动研究的基本原则有哪些? 每个原则的基本要求是什么?

7. 在行动研究中,常用的一般方法有哪些? 比较独特的研究方式是什么?

研究案例

案例 9-1

佚名."抢椅子"事件发生后——培养幼儿养成良好行为习惯的行动研究[EB/OL].(2007-07-03)[2020-06-28].http://www.fyeedu.net/info/69141-1.htm.

案例 9-2

吴佳莉,张杨.运用音乐活动改善新入园幼儿分离焦虑的行动研究[J].中国特殊教育,2019(8):94-96,93.

第十章 学前教育研究论文撰写

案例导入

在本科毕业论文答辩时,答辩专家组的教师经常会指正下面几类问题:

其一,标题表述。主要有:标题与其研究的内容不匹配;标题语义重复、表述累赘;标题使用概念与正文使用概念不统一;实际的调查范围只是一个城市,甚至只是一个幼儿园,但没有通过副标题指明取样范围等。

其二,摘要撰写。主要有:摘要大肆铺陈,搬来了正文中介绍研究背景的内容,但仅简单交代了一下研究意义,没有交代实际研究概况;摘要虽然字数适当,但其表述随意,不具有精确性,无法准确传达正文中的研究内容;摘要仅概述了部分研究内容,无法全面传达正文中的研究内容等。

其三,关键词给定。主要有:给定的关键词比较随意,使用的是"民间词汇",甚至是个人"捏造"的词汇;给定的关键词不是一个简短的概念,而是一个个短句;给定的关键词是一般性的词汇(如现状、问题、对策等);给定的关键词仅有两个,数量不足等。

其四,参考文献著录。主要有:缺失必要的信息(如缺失作者名、出版地、起讫页码等);文献类型标识代码用错;标点符号用错等。

其五,篇章架构安排。主要有:不是概述研究理论背景和发展趋势,而是把独立的文献综述材料整个照搬过来[①];各个部分顺序错乱(如把"建议"放在"结论"之前)等。

对于上述几类问题,答辩专家组的教师会一一给出具体的修正建议。

本科生虽然是科学研究工作的"新兵",但是开始提笔撰写研究论文时,对于各项撰写规范,就应该已经系统掌握好了,而不是在毕业论文答辩时还出现上述问题。

[①]以杭州师范大学为例,本科生在完成毕业论文研究时,要先后完成外文翻译、文献综述、正文撰写等任务。其中,文献综述是独立于毕业论文正文的一份材料。但有些本科生受研究生毕业论文影响,在毕业论文中又呈现了"文献综述"的内容。这样做的部分原因在于有些指导教师没有搞清楚本科毕业论文和研究生毕业论文的要求,一定要求他(她)所指导的本科生在毕业论文中放入"文献综述"内容。这种现象值得商榷。

　　本章主要介绍撰写研究论文的各项基本规范,包括期刊论文和毕业论文的基本组成部分,打标题、撰写摘要、给定关键词、撰写正文、绘制图表、注释和著录参考文献等各项论文撰写规范,以及调查研究、观察研究、实物分析研究、实验研究等各类研究论文的成文方式。

学习目标

1.了解研究论文的基本组成部分;

2.掌握研究论文撰写的各项基本规范;

3.掌握研究论文的常见成文方式。

学习内容

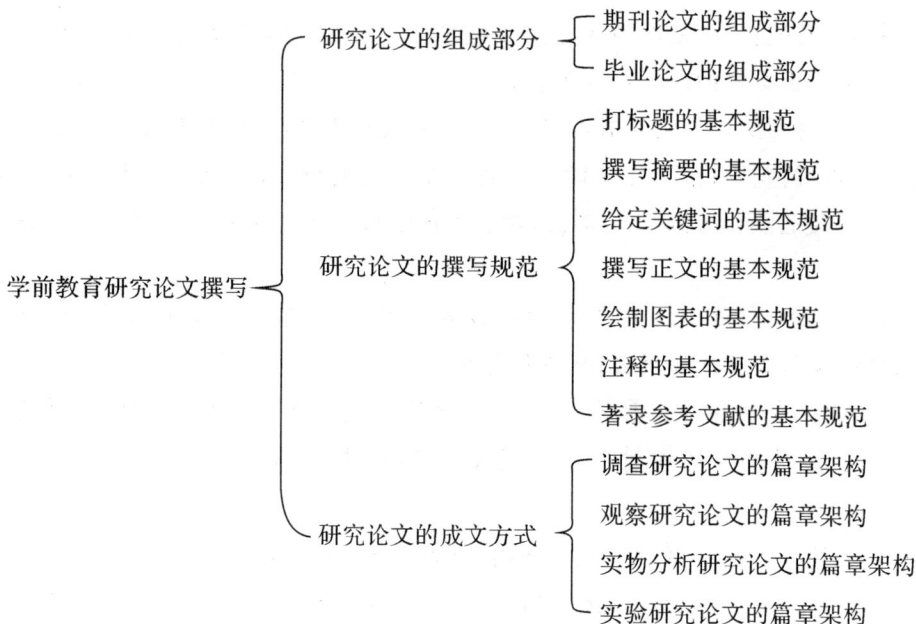

学前教育研究论文撰写
- 研究论文的组成部分
  - 期刊论文的组成部分
  - 毕业论文的组成部分
- 研究论文的撰写规范
  - 打标题的基本规范
  - 撰写摘要的基本规范
  - 给定关键词的基本规范
  - 撰写正文的基本规范
  - 绘制图表的基本规范
  - 注释的基本规范
  - 著录参考文献的基本规范
- 研究论文的成文方式
  - 调查研究论文的篇章架构
  - 观察研究论文的篇章架构
  - 实物分析研究论文的篇章架构
  - 实验研究论文的篇章架构

一、研究论文的组成部分

研究论文主要是指期刊论文、会议论文和毕业论文等。就其组成部分来看,会议论文和期刊论文基本相同,而毕业论文与它们略有不同。对于本科生而言,都要撰写毕业论文,也有可能在学术期刊发表论文,且在毕业论文研究过程中,要大量研读期刊论文。因此,对期刊论文和毕业论文的组成部分,应有所了解。

(一)期刊论文的组成部分

就学术期刊发表的论文来看,其基本组成部分包括:

1. 标题

标题即论文的题目。这是每篇论文必不可少的组成部分。

2. 摘要

摘要是概述论文主要内容(包括研究目的、内容、方法、结论与建议等)的一段文字。

例如,《幼儿家长食品安全意识和防范能力现状调查——以浙江省杭州市为例》①的摘要如下:

摘要:研究以浙江省杭州市幼儿家长为对象,通过自制问卷调查其食品安全意识和防范能力的现状,揭示存在的问题并提出建议。研究发现:幼儿家长普遍关注食品安全事件和食品安全知识,但不太了解食品安全法规及其具体标准;重视对子女的食品安全教育,但对部分垃圾食品的防控较松,对子女进行食品安全教育的方法较单一。研究建议:有关部门应开展面向幼儿家长的食品安全培训,而幼儿家长应主动提高食品安全意识和防控能力,以多种适合幼儿年龄特点的方式进行食品安全教育。

这段摘要介绍了该研究的研究对象、研究方法、研究目的、研究内容、研究结论和研究建议。

3. 关键词

关键词又称主题词,是与论文研究问题或内容有关的主要概念。

---

① 潘佳,王喜海.幼儿家长食品安全意识和防范能力现状调查——以浙江省杭州市为例[J].教育导刊:下半月,2017(7):82-85.

在上述《幼儿家长食品安全意识和防范能力现状调查——以浙江省杭州市为例》中,其关键词如下:

关键词:幼儿家长;食品安全;安全意识;防范能力

罗列了直接相关的四个主要概念。

4. 作者

作者指研究论文的撰写者。期刊论文中的作者信息,包括作者署名和单位署名。也就是说,除了作者的名字,还有作者单位的名称。对于作者,一般要介绍其年龄、性别、民族、单位、职务、职称、学历和研究方向等个人信息。

例如,在《我国高中生自费出国留学意愿调查研究——基于7个城市的抽样调查数据》这篇调查报告中,除了在标题下面呈现刘杨、孔繁盛、钟宇平三个作者的名字,还在摘要和关键词下面有"作者简介"这个组成部分,介绍各个作者所在的单位及具体身份。前一部分属于作者署名,后面这个"作者简介"部分就相当于"单位署名"。

我国高中生自费出国留学意愿调查研究①
——基于7个城市的抽样调查数据
刘　扬　孔繁盛　钟宇平

摘要:对我国7个城市的高中生自费出国留学的抽样调查发现:我国高中生的自费出国留学意愿比较强烈,四成以上学生表示有不同程度的留学意愿;美、法、英等发达国家依然是学生留学意愿的主流方向,同时亚洲新兴工业化国家也成为留学热点目的国;经济管理及其他一些社会科学类专业受欢迎,而理工科类特别是基础理科专业则未受青睐;国外不同的文化体验、新的知识与技能、不同教育方式以及就业等是出国留学的主要"拉动"因素;我国国际文化交流、教育方式以及入学机会等方面的不足是出国留学的主要"推动"因素。

关键词:高中生;自费出国留学;"拉动"因素;"推动"因素

作者简介:刘扬,北京航空航天大学高等教育研究所副研究员(北京100191);孔繁盛,悉尼大学教育与社工学院访问教授;钟宇平,香港中文大学教育学院 教授

①刘扬,孔繁盛,钟宇平. 我国高中生自费出国留学意愿调查研究——基于7个城市的抽样调查数据[J]. 教育研究,2012(10):59-63.

5. 正文

正文是期刊论文的主体部分。包括从一篇论文的导论或前言开始的第一段话，直至最后一段话，也就是参考文献之前的这些内容。

6. 参考文献

在论文中，如果引用了他人的观点、数据、公式或图表等，要标明文献的出处。呈现文献出处的内容，就是所谓的参考文献。在每一条参考文献中，一般要呈现作者、书名（标题）、出处（期刊名称或出版社名称）、发表或出版时间（期刊的年、卷、期信息或著作的出版年份）、期刊论文起讫页码或引用著作观点所在页码等版权信息。

7. 题目、作者、摘要、关键词的外文翻译

为了便于进行学术交流，还要把期刊论文中的作者、摘要、关键词等信息翻译成外文（通常是英文）。

（二）毕业论文的组成部分

就本科毕业论文来看，其基本组成部分包括标题、中文摘要与关键词、英文摘要与关键词、目录、正文、参考文献、附录、致谢等。

与期刊论文相比，标题、中文摘要与关键词、英文摘要与关键词、正文等是两者共有的组成部分，目录、附录、致谢则是毕业论文特有的组成部分。

1. 目录

把论文正文部分的标题汇总起来，就形成了目录。在目录中，既显示标题的内容，又显示该标题所在的页码信息。在本科毕业论文目录中，通常只呈现一至三级标题的信息。具体可见本章研究案例部分的毕业论文《幼儿教师学习品质观现状调查》①。

目录一般呈现三级标题，但并非所有部分都要罗列到三级标题。是否呈现三级标题，要跟正文相对应，正文中有，就呈现，正文中没有，就不需要呈现。

2. 附录

对于一些不宜放入正文中，但对于毕业论文有参考价值的内容，或方便他人阅读的工具性资料，如调查问卷、访谈提纲、观察记录表、图片、编写程序、原始数据附表等，往往放在毕业论文的后面。这些内容，称为附录。

毕业论文《幼儿对幼儿园常规认知的研究》的附录如下：②

---

①舒沁.幼儿教师学习品质观现状调查［本科毕业论文］［D］.杭州：杭州师范大学,2015.

②何金玲.幼儿对幼儿园常规认知的研究［本科毕业论文］［D］.杭州：杭州师范大学,2013.

附录1　访谈提纲^①

一、上课时要举手发言(教育活动)

1. 为什么上课时要举手发言?

2. 如果上课时不举手发言,会怎么样?

3. 能不能上课时不举手发言,而直接说呢?

4. 是谁规定上课时要举手发言?

附录2　辅助访谈提纲的图片(见图10-1)^②

图 10-1　上课时要举手发言

3. 致谢

　　作者简述自己撰写毕业论文的体会,并对指导教师以及相关人员表示感谢的文字,称为致谢。致谢部分,虽文字不多,但不可缺少。如毕业论文《幼儿教师学习品质观现状调查》的"致谢",主要内容是回顾研究者自己的学习经历,尤其是毕业论文的写作过程,对自己论文的指导教师和其他在毕业论文写作过程中给予支持和帮助的人(其他教师、同学和父母等)表示感谢。

---

①在该毕业论文中,还有针对生活活动、游戏活动各一条常规的访谈提纲。

②在该毕业论文中,还有辅助生活活动、游戏活动各一条常规访谈提纲的图片。

上述附录中所呈现的,主要是该本科生做毕业论文研究时所使用的访谈工具,包括访谈提纲和辅助访谈的一些图片。

二、撰写研究论文的基本规范

在撰写论文时,打标题、撰写摘要、给出关键词、撰写正文、绘制图表、注释和著录参考文献等都有一些基本规范。

(一)打标题的基本规范

标题是论文的眉目。研究者在给研究论文打标题时,要注意以下基本要求:

1. 眉目传神,简短明确

无论是期刊论文,还是毕业论文,标题的文字表述都要做到眉目传神,忌讳大而空。标题还要表述得简短、明确,字数一般不宜超过 20 个汉字。

(1)衔接幼小课程,贯彻课改——杭州市滨江区部分幼儿园与小学幼小课程衔接的调查研究

(2)调整路线,把握航向——幼儿上兴趣班学习的现状和相关建议

(3)幼儿园特色体育活动究竟"特"在哪里——以杭州某体育特色幼儿园为例

(4)怎样讲好幼儿故事——基于幼儿教师视角的讲故事技巧研究

(5)关于幼儿好奇心发展的调查研究

(6)中班幼儿角色游戏中教师指导行为观察研究

(7)当前小学实施幼小衔接工作现状调查研究

就上述毕业论文标题①看,有些标题的文字表述就显得大而空。例如,在《衔接幼小课程,贯彻课改——杭州市滨江区部分幼儿园与小学幼小课程衔接的调查研究》这个标题中,主标题的"贯彻课改"这种说法就比较空泛,就其研究目的和研究内容而言,实际上跟所谓的"课程改革"可能没有什么关系。即便是在课程改革的大背景下实施了该项调查研究,其意义也上升不到"贯彻课改"这个层次。因此,这种词汇或字眼就属于大而空的表述。副标题部分因部分文字语义重复,导致表述累赘,整个标题字数也超标。具体来看,"幼小课程衔接"中的"幼"即幼儿园,"小"即小学,已经表达了这两种教育机构了,在这个概念前面再出现"幼儿园""小学"这些概念,就是明显的累赘表述,是一种不必要的语义重复。

又如,在《调整路线,把握航向——幼儿上兴趣班学习的现状和相关建议》这个标

---

① 这些都是杭州师范大学学前教育专业本科生的毕业论文标题。

题中,主标题部分的文字表述同样存在大而空的问题,"调整路线""把握航向"这种话说得很大,但上兴趣班本身只是教育实践中的一个组成部分,对这个方面的调查研究能够起到的作用不过是揭示存在的问题,并对问题的解决提供一些建议。即便完成了这项调查研究,其实际发挥的作用也未必达到"调整路线、把握航向"这个层次,话说得有点大了。副标题的表述也不够简洁,同样存在语义重复问题。幼儿上兴趣班去干什么呀?不就是去学习吗?既然表述了"上兴趣班",就没有必要再提"学习"两个字了。另外,一项调查研究的主要内容就是揭示存在的问题并提出对策建议,如果题目中出现了"现状调查"这样的字眼,就没必要再呈现"建议""对策"这些字眼了,可以直接表述为"幼儿上兴趣班现状调查研究"。

2. 涵盖研究内容与研究方法

一个表述恰当的标题,应该能够涵盖论文的研究内容和研究方法这两个方面的信息,且要做到表述简短、明确。例如,《幼儿园特色体育活动究竟"特"在哪里——以杭州某体育特色幼儿园为例》《怎样讲好幼儿故事——基于幼儿教师视角的讲故事技巧研究》《幼儿好奇心发展的调查研究》《中班幼儿角色游戏中教师指导行为观察研究》《当前小学实施幼小衔接工作现状调查研究》等标题,就是较好的例子。具体而言,在《幼儿园特色体育活动究竟"特"在哪里——以杭州某体育特色幼儿园为例》这个标题中,主标题表明的是其研究内容,副标题表明的是其研究类型,即所做的是个案研究。在《幼儿好奇心发展的调查研究》和《教师游戏指导行为观察研究》这两个标题中,同样呈现了研究内容和研究方法这两个方面的主要信息。

3. 必要时,用副标题进行补充说明

为了给题目加以补充说明,或为了强调论文所研究的某一个侧面等,可加注副标题。例如,在《儿童教育与本能:压抑抑或激发——读〈本能的缪斯——激活潜在的艺术灵性〉有感》①一文中,为了指明所探讨问题的缘起,就添加了一个副标题。在儿童教育中如何对待儿童生而具有的一些本能?是压抑它,还是激发它?对这个问题的探讨,可以从多个角度进行。但作者对这个问题的思考主要是在阅读中获得了一些启示,读了挪威教授布约克沃尔德的书《本能的缪斯》后有感而发,禁不住提笔撰写了一篇论文。因此,通过这个副标题想表明问题探讨的角度。

又如,在《农村学龄前留守儿童语音能力发展研究——以安徽省肥西县为例》②一文中,作者为了指明调查取样范围,添加了副标题。

---

①王喜海.儿童教育与本能:压抑抑或激发——读《本能的缪斯——激活潜在的艺术灵性》有感[J].全球教育展望,2011(12):37-46.

②李慧敏,邵一鸣.农村学龄前留守儿童语音能力发展研究——以安徽省肥西县为例[J].安徽大学学报(哲学社会科学版),2018(6):108-117.

再如,在《教育大数据应用于学业预警的设计研究——以农村留守儿童学业预警为例》①一文中,作者为了指明自己研究的具体内容,也添加了副标题。

以上打标题的基本要求,也适用于正文中各个部分的小标题。正文中的各个小标题同样要做到表意时眉目传神,能概括下面段落的主要内容;同时,文字表述也要简短、明确,一般不超过 15 个字。

(二)撰写摘要的基本规范

因摘要类型不同,其撰写规范也有所不同。

1. 摘要的基本类型

摘要有以下三种基本类型:

(1)报道性摘要。报道性摘要旨在呈现论文的内容梗概,包括研究对象、研究方法、研究目的、研究内容、研究结论和研究建议等。

例如,《大一学生网络应用行为调查研究——以南京高校为例》这篇调查报告的摘要如下:②

[摘要]随着计算机和互联网的快速发展,大学生已成为网络应用的主要群体。论文以南京市四所高校的 772 名大一学生为对象,采用问卷调查的方法,在 2011 年(大一下学期)对他们的网络应用(信息技术)的总体状况、网络学习行为、网络娱乐与交往行为以及手机应用行为等进行了系统调研。研究发现:大学生的网络拥有、接入条件都已具备且非常便捷;互联网已成为大学生生活中不可或缺的重要部分,且娱乐性是目前吸引大学生使用互联网的重要动力之一;大学生在上网时间方面呈现出多元化特征;大学生对自身信息技术水平的自我评价颇高;网络学习已逐步成为大学生的重要学习方式之一,他们是开放教育资源(网络课程、精品课程、名校公开课等)的积极使用者,但高校教师的信息技术水平和信息技术应用深度都有待提高和加强;在信息技术对学习的作用方面,大学生的态度比较保守,大学生在交往、娱乐和生活上对网络的依赖要远远高于在学习上的依赖。

上述摘要主要介绍了该研究的研究对象、研究方法、研究目的、研究内容和研究结论。具体包括:研究对象是南京四所高校的 772 名大一学生;研究方法为问卷调查法;研究目的是系统调研大一学生的网络应用现状;研究内容是大一学生的网络学习

---

①赵雪梅,赵可云.教育大数据应用于学业预警的设计研究——以农村留守儿童学业预警为例[J].教育发展研究,2018(12):64-71.

②梁林梅,赵建民.大一学生网络应用行为调查研究——以南京高校为例[J].电化教育研究,2013(1):41-46.

行为、网络娱乐行为与交往行为、手机应用行为等;研究结论即摘要中"研究发现"后面的这部分文字表述的内容,对研究内容的每个方面都做了概括。这就是一个报道性摘要的例子。

借助报道性摘要,读者即便不阅读论文的正文,也能了解其主要内容。这种摘要适用于科学研究报告(论文)、毕业论文。

(2)指示性摘要。指示性摘要对论文内容进行某种提示或描述,它只简要介绍论文研究的问题或概括性地表述研究目的,旨在点题;而对研究方法、研究结果和研究建议不做描述,因而没有实质性的内容,不能呈现论文的梗概。这种摘要适合于综述、泛论文章。

例如,《谁来评? 评什么? 怎么评? ——幼儿园游戏评价研究综述》这篇文献综述论文的摘要如下:①

> [摘要]围绕"谁来评""评什么""怎么评"三个方面,本研究对已有幼儿园游戏评价文献进行了整理与分析,旨在把握研究脉络与进展,指导幼儿园游戏评价实践,明确幼儿园游戏评价研究方向。

这段摘要文字,旨在概要介绍研究内容和研究意义。具体而言,其研究内容体现在"围绕'谁来评''评什么''怎么评'三个方面,本研究对已有幼儿园游戏评价文献进行了整理与分析"这句话,研究意义体现在"旨在把握研究脉络与进展,指导幼儿园游戏评价实践,明确幼儿园游戏评价研究方向"这句话。

又如,在上述《儿童教育与本能:压抑抑或激发——读〈本能的缪斯——激活潜在的艺术灵性〉有感》一文中,其摘要如下:

> [摘要]挪威学者布约克沃尔德对艺术本能在儿童艺术能力乃至整体发展中的作用进行了深入研究,由此发现缪斯式学习是人类童年早期最自然的学习方式,儿童文化是人类童年早期最适宜的发展背景;从学校文化与儿童文化的冲突中,布约克沃尔德发现由于儿童发展背景转变导致的学习窒息,并由此揭示儿童入学后艺术本能被压抑的现实,进而通过教育实验和系统思考寻求激发儿童艺术本能的可能路径。布约克沃尔德有关艺术本能和儿童教育的深刻见解,对于我们怎样看待本能与儿童教育问题提供了启示。

上述内容从介绍布约克沃尔德有关艺术本能的研究内容,引出该篇论文探讨的角度,以及这篇论文的研究意义。这个例子体现的是在泛论性论文中使用指示性摘要的例子。

---

① 赵婧,王喜海.谁来评? 评什么? 怎么评? ——幼儿园游戏评价研究综述[J].早期教育(教科研版),2016(7/8):3-6.

（3）报道—指示性摘要。报道—指示性摘要是前两种摘要的折中形式，以报道性摘要形式表述论文中信息价值较高的部分，而以指示性摘要形式表述论文的其余部分。对于研究内容较多、涉及面较广的论文，采用这种摘要既可突出重点和典型，使重要信息得以充分体现，又可对一般情况进行提示，有利于读者阅读。

例如，在本科毕业论文《中班幼儿角色游戏中教师指导行为观察研究》中，其摘要如下：[①]

> [**摘要**]角色游戏是幼儿自然游戏的一种，是幼儿期特有的、最典型的游戏。幼儿园角色游戏的顺利开展，离不开教师的有效指导。其中，教师对角色游戏的准备、指导和评价方式恰当与否，对幼儿在角色游戏中的参与情况会产生一定的影响。本研究以杭州市某幼儿园中班教师为对象，对她们指导本班幼儿角色游戏的行为进行了三周观察，并在此基础上系统总结其角色游戏准备、角色游戏指导、角色游戏评价等方面的经验。

在这段摘要中，前一部分文字是用"指示性摘要"形式撰写的，包括"角色游戏是幼儿自然游戏的一种，是幼儿期特有的、最典型的游戏。幼儿园角色游戏的顺利开展，离不开教师的有效指导。其中，教师对角色游戏的准备、指导和评价方式恰当与否，对幼儿在角色游戏中的参与情况都会产生一定的影响"这些文字内容，旨在点明研究的意义；后一部分文字，则是用"报道性摘要"形式撰写的，包括"本研究以杭州市某幼儿园中班教师为对象，对她们指导本班幼儿角色游戏的行为进行了三周观察，并在此基础上系统总结其角色游戏准备、角色游戏指导、角色游戏评价等方面的经验"这些文字内容，旨在介绍该研究的对象、内容和方法等。

2. 摘要的撰写规范

无论是期刊论文，还是本科毕业论文，都属于科学研究成果，因此可以采用报道性摘要的形式，通过概述研究对象、研究方法、研究目的、研究内容、研究结论和研究建议等内容，扼要地呈现论文的主要内容。

期刊论文的摘要字数由各个期刊自行规定；本科毕业论文的中文摘要 150～200 字即可，一般不要超过 300 个汉字。

英文摘要的内容则要与中文摘要相一致。

因字数有限定，在概述论文的主要内容时，就要做到有详有略，既全面呈现论文的内容，又做到重点突出。

---

① 郭欢. 中班幼儿角色游戏中教师指导行为观察研究［本科毕业论文］［D］. 杭州：杭州师范大学，2014.

例如,在《幼儿教师对"以游戏为基本活动"看法的访谈研究》中,其摘要如下:①

[摘要]本研究以一线幼儿教师为对象,通过访谈了解其对"以游戏为基本活动"这条教育原则的理解和认识。结果发现:1.幼儿教师普遍了解游戏对幼儿发展和幼儿园教育的重要作用;2.幼儿教师对这条原则的理解存在一定差异;3.幼儿教师始终把这条原则渗透在幼儿园一日生活之中;4.幼儿教师普遍认为贯彻执行这条原则有利于教师与幼儿共同发展;5.在贯彻这条原则遇到问题时,教师都会采取一些有效策略去解决问题。

在上述摘要中,介绍研究对象、研究方法和研究内容时,进行了略写;介绍研究结论时,则进行了详写,做到了有详有略,突出重点。一般来说,在报道性摘要中,对于研究对象、研究方法和研究内容这三个方面的信息,可以略写,用一句话进行简单交代即可;对于研究结论和研究建议等内容,因其属于一项研究中比较有价值的信息,是摘要中要重点呈现的内容,需要进行详写。

(三)给定关键词的基本规范

在给定关键词时,研究者要注意以下基本要求或技巧:

1. 选用公用公知的词

关键词是对全文起支柱作用的词。关键词应为公用公知的词和学术术语。对于初学者而言,容易把一些一般性的词汇,或者一些个性化概念当作关键词呈现在论文中。

例如,某研究者在"关于××的现状调查和对策思考"中,把"现状""调查""对策"等选作了关键词。但这些词属于一般性词汇,且不对整个研究起支柱作用。在调查研究中通常都涉及现状、问题、对策等基本内容,这些词并不能使该研究与其他研究区别开来。因此,不宜选用这些词汇作为关键词。但该项调查的具体内容,假定是调查幼儿"上兴趣班"现状,此处的"兴趣班"就能够使该研究与别的研究区别开来,就属于对该研究起支柱作用的词。同样,假定是调查幼儿"玩玩具"现状,此处的"玩具"也能够使该研究与其他研究区别开来,也起到支柱作用,适合选为关键词。

又如,在幼儿园的某些班级中,存在一类独来独往、不参与集体活动、不主动与同伴交往的儿童,假如对他们进行研究,应该用什么概念指称呢?目前,使用的词汇有"边缘儿童""游离儿童",但"边缘儿童"的使用率高,就属于公用公知的词,就要选用这个词汇。一句话,在描述研究现象或指称研究对象时,研究者尽可能采用其他研究

①王月雯.幼儿教师对"以游戏为基本活动"看法的访谈研究[本科毕业论文][D].杭州:杭州师范大学,2013.

者,尤其是多数研究者正在使用的词汇,而不能随意捏造词汇。

2. 选用专业术语

还有一种情况要注意的是,在指称研究对象或研究现象时,研究者使用的是具有个人色彩的词汇,而非专业术语。换言之,他(她)自己想了一个概念来指称研究对象或研究现象,而没有选用公用公知的词。例如,把上述提到的那种独来独往、不参与集体活动、不主动与同伴交往的儿童,称为"不合群儿童"。这样做是不合适的。虽然说用"不合群儿童"指称这类儿童也具有一定的合理性,但毕竟其他研究者已经使用了"边缘儿童"来指称他们,此处的"边缘儿童"就是公用公知的,比"不合群儿童"更为合适;否则,如果用"不合群儿童"作为关键词去某个数据库检索文献的话,就会发现,可能检索不到相关论文。这并非没有这个方面的研究文献,而是由于选择的关键词不合适。

3. 控制关键词数量

关键词数量一般为3~6个。中文关键词以分号隔开。

例如,在《中小学生亲子沟通方式调查研究》①中,作者确定的关键词有"中小学生""亲子沟通方式""生活满意度""学业发展"等,一共有四个。又如,在上述《儿童教育与本能:压抑抑或激发——读〈本能的缪斯——激活潜在的艺术灵性〉有感》中,关键词有"本能""儿童文化""游戏""学习方式"等,也是四个。

4. 同步翻译成英文

每一个英文关键词必须与中文关键词相对应。例如,在上述《儿童教育与本能:压抑抑或激发——读〈本能的缪斯——激活潜在的艺术灵性〉有感》中,其英文关键词如下:

Key words:artistic instinct,children's culture,game,learning style

该期刊论文的英文关键词一共也是四个,与中文关键词一一对应。英文关键词以逗号隔开。

5. 从研究对象和研究内容两个方面确定关键词

对于一项研究而言,使其与其他研究有所区别的地方,在于其研究对象和研究内容。因此,可以分析一下某项研究的这两个方面,由此确定3~6个关键词。例如,在上述《幼儿教师对"以游戏为基本活动"看法的调查研究》中,作者确定的关键词为"幼儿教师""游戏""基本活动",其中,第一个关键词与研究对象有关,后两个关键词与研

①陈敏丽,凌霄. 中小学生亲子沟通方式调查研究[J]. 教育研究与实验,2013(3):85-89.

究内容有关。又如,在《学前教育专业男生专业认同感现状调查》①中,作者确定的关键词有"学前教育""男生""专业认同感",其中前两个关键词与研究对象有关,后一个关键词与研究内容有关。再如,在《在园幼儿家长玩具观调查研究》②中,作者确定的关键词有"在园幼儿家长""玩具观""开发智力"等,第一个与调查对象有关,后两个与调查内容有关。研究者在拟定关键词时,可以借鉴这种思路,从研究对象与研究内容两个方面确定一些概念作为关键词。

(四)撰写正文的基本规范

正文是期刊论文或毕业论文的主体部分。对于初学者来说,了解正文的组成部分和撰写规范,有助于呈现比较规范的研究成果。

1. 正文的组成部分

正文有三个组成部分。

(1)导论(introduction)。导论又称引言或导言。导论宣示一项研究的"来龙",说明研究意义、目的、主要研究内容、范围及要解决的问题等。

(2)本论(body)。本论是论文的本体部分,是论文的"核心"。本论详细呈现研究的主要内容和成果,对每一部分内容及其结论都要进行深入分析和周密论证。本论一般由各级标题、段落文本、图、表格和注释等组成。

(3)结论(conclusion)。结论又称结语或结尾。结论集中反映一项研究的总体结论或观点,阐明其"去脉"。

2. 正文撰写规范

就期刊论文和毕业论文的通用规范来说,在文字表述方面,要做到文笔流畅,用语准确,层次清晰,论点清楚;在学术方面,要做到论据准确,论证完整严密,有独立的观点和见解,具备学术性、科学性和一定的创新性。这是论文撰写的一般规范。

在实际行文时,尽可能呈现上述导论、本论和结论三个组成部分。其撰写具体要求如下:

(1)导论撰写要求。在导论部分,一般要概要介绍课题研究的现实背景、理论背景、研究目的、研究内容、研究意义、研究视角或切入点等,可以用"前言""引言""绪论""研究缘起""问题提出"等词汇或短句作为标题,也可以不加标题而直接用一两段话呈现。

例如,在上述《儿童教育与本能:压抑抑或激发——读〈本能的缪斯——激活潜在

---

① 胡晓勇. 学前教育专业男生专业认同感现状调查[本科毕业论文][D]. 杭州:杭州师范大学,2013.

② 陈素萍. 在园幼儿家长玩具观调查研究[J]. 学前教育研究,2006(10):41-43.

的艺术灵性〉有感》中,作者在论文开始呈现了如下一段文字:

> 儿童有无本能?本能在儿童发展中有何作用?儿童教育应当怎样对待儿童的本能?在《本能的缪斯——激活潜在的艺术灵性》一书中,挪威奥斯陆大学的音乐学教授让—罗尔·布约克沃尔德不仅肯定了艺术本能的存在,描述它在人类音乐能力发展过程中的表现、作用,而且剖析了音乐教育中错误对待儿童艺术本能的种种现象,并指出通过音乐教育激发儿童艺术本能的可能做法。布约克沃尔德有关艺术本能与儿童音乐教育的深刻见解,促使深思我们当下的儿童教育问题,厘清有关认识。

这段话就是该篇论文的导论,它没有标题。通过这段话,作者介绍了该篇论文的研究目的与意义(思考儿童教育和儿童本能的关系,厘清有关认识)、研究内容(艺术本能的定义、作用及表现,儿童教育错误对待儿童本能的表现)和研究切入点(从阅读一本书开始思考儿童教育的相关现实问题)。

又如,在上述《谁来评?评什么?怎么评?——幼儿园游戏评价研究综述》中,第一段如下:

> 游戏是幼儿最喜欢的活动,也是最适合其成长需要、最符合其年龄特征的活动。游戏不仅是幼儿园一日生活的重要组成部分,而且是幼儿园的基本活动。为了解幼儿园游戏的开展成效,必须进行评价。但就幼儿园游戏实践看,虽然游戏活动必须日日组织,但对其实施成效的评价却没有及时跟进,即便有教师想评价幼儿园游戏的成效,也苦于不知道怎样进行系统评价。这意味着,幼儿园游戏评价的理论研究与实践研究均应加强。鉴于此,围绕"谁来评""评什么""怎么评"三方面,本研究对幼儿园游戏评价的国内文献进行了梳理,以期把握研究进展,既为幼儿园游戏评价实践提供指导,又为幼儿园游戏评价研究提供借鉴。

这一段话就是这篇论文的导论,也没有标题,主要是介绍该篇文献综述的研究背景、研究目的和研究意义。

(2)本论撰写要求。在本论部分,研究者要详细呈现一项研究的研究对象、研究方法与过程、研究结果与分析、研究建议等。在期刊论文或毕业论文中,"研究方法"(包括研究对象、具体研究方法和研究过程)"研究结果与分析""研究建议"等内容都属于本论部分,也通常会使用这些词汇或短句做标题。例如,在上述《幼儿对幼儿园常规认知的研究》中,"二、研究的对象和方法""三、结果与分析""四、对幼儿园常规教育的建议"等三个部分,就是其本论部分。

在本论部分,要呈现的关键内容是一项课题的研究内容或某个论题的研究内容。

若是单主题性的期刊论文,通常把具体内容加以归纳概括,形成标题。一般有几个方面的具体内容,就会使用几个标题。例如,在上述《儿童教育与本能:压抑抑或激发——读〈本能的缪斯——激活潜在的艺术灵性〉有感》中,作者在本论部分使用了"一、艺术本能及其作用、表现""二、儿童教育何以压抑儿童的艺术本能""三、儿童教育如何激发儿童的艺术本能"三个标题,这也是该篇论文所探讨的三个具体内容。

(3)结论撰写要求。在结论部分,要集中呈现一项研究的研究结论或总体观点,并指明后续研究的方向。结论部分可以用"结语""结束语"等标题来表明,也可以不用标题表明。

例如,在上述毕业论文《中班幼儿角色游戏中教师指导行为观察研究》中,作者明确使用了"研究结论"这一标题,并从游戏前、游戏过程、游戏后三个方面总结了教师的角色游戏指导策略。

又如,在上述期刊论文《儿童教育与本能:压抑抑或激发——读〈本能的缪斯——激活潜在的艺术灵性〉有感》中,作者在论文末尾呈现了如下一段文字:

> 综上所述,面对我国的儿童教育,我们还需要对现行的教育体制进行全面检视,对于当下无视儿童先天本能、忽视维护儿童发展的生态平衡、轻视儿童自然学习方式和学习能力的种种做法,要深入揭示其症结,并思索其救治药方。

这一段实际是该篇论文的结论,但并未采用"结语""结论"这样的标题。

(五)绘制图表的基本规范

在撰写期刊论文和毕业论文时,对资料的归纳总结或对数据的统计分析,会以图或表的形式呈现。在呈现图、表时,有一些格式上的规范。

1. 图表的放置位置

在期刊论文或毕业论文中出现统计图、统计表时,都要居中放置,这样,不仅文本看起来美观,而且也便于读者阅读。

2. 图表的标题位置

无论是统计图,还是统计表,都要有标题。图和表的标题,放置位置不同,图的标题在图下面,表的标题在表上面。图和表的标题都要居中放置。

对于那些初学写作,还没有扎实掌握论文写作规范的部分本科生,在呈现统计图时经常会出现以下问题:

其一,统计图中出现了两个标题。例如,在《幼儿玩玩具现状调查研究》这篇毕业论文中,部分统计图就存在这个问题(见图 10-2)。[1]

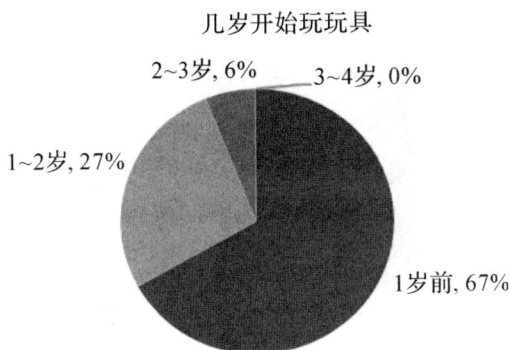

图 10-2　幼儿开始玩玩具的年龄

　　在图 10-2 中,除了下面的标题"幼儿开始玩玩具的年龄",在上面还存在一个标题——"几岁开始玩玩具",同时出现了两个标题。按照统计图标题的放置规范,下面这个标题是没有问题的,但上面的标题则是多余的。"几岁开始玩玩具"这个小标题是利用统计软件制作统计图时自动生成的,默认一律在上面呈现。在期刊论文或毕业论文中呈现统计图时,不能原封不动地照搬过来,而要做一定的编辑修改,删除统计软件绘制的统计图标题,再在其下面制作一个标题。

　　其二,把统计图的标题放在了统计图上面。有些本科生在撰写毕业论文时,不管是统计图,还是统计表,一律把标题放在了上面。对于统计图而言,这是不规范的做法,要加以避免。

3. 图表的序号标记

　　图表的序号,一律采用阿拉伯数字。要用阿拉伯数字连续编号,如"图 1""图 2""图 3"或"表 1""表 2""表 3"等。

4. 图表的格式规范

　　对于统计图而言,除了关注其放置位置,包括其整体位置和标题的放置位置,还要关注其呈现的信息是否完整。在一些本科生的毕业论文中,统计图中缺失必要信息,也是比较常见的问题。

　　如在上述《幼儿玩玩具现状调查研究》中,有一个图就缺失了必要的信息(见图 10-3)。

　　图 10-3 是一个柱状图,要呈现家长为幼儿购买玩具的各种原因所占百分比。在该图中,坐标轴缺少标目,包括物理量(名称或符号)和相应的单位。标目应该与被标

---

①吴冰超.幼儿玩玩具现状调查研究[本科毕业论文][D].杭州:杭州师范大学,2013.

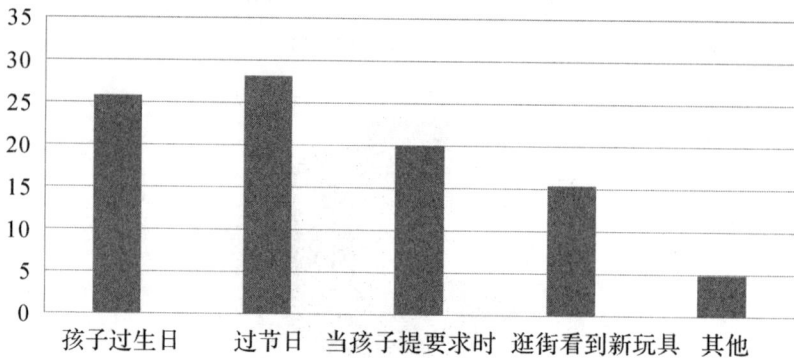

图 10-3　家长为幼儿买玩具的原因

注的坐标轴平行,居中排在坐标轴与标值的外侧。

对于统计表而言,无论是在期刊论文中,还是在毕业论文中,一律使用三线表。

但是在一些期刊发表的论文中仍然采用的是卡线表,尤其是前些年的期刊普遍存在这个问题。

如在期刊论文《我国高中生自费出国留学意愿调查研究——基于 7 个城市的抽样调查数据》中,所有表格都是卡线表(见表 10-1)。

表 10-1　出国留学的吸引力

	最小值	最大值	平均值	标准差	N
接触多元文化	1	6	5.40	0.955	12586
扩宽个人视野	1	6	5.38	0.981	12585
体验国外生活	1	6	5.26	1.063	12580
更多先进科技的产生和应用	1	6	5.17	1.074	12571
灵活多样的教育教学方式	1	6	1.13	1.103	12562
接触最新知识	1	6	5.12	1.107	12542
学成回国有更好的成就前景	1	6	5.03	1.219	12562

需要提醒的是,要规范使用"三线表",一定要牢记它通常只有三条线,即顶线、底线和栏目线。但在必要时,也会在表头部分使用辅助线。如在上述期刊论文《中小学生亲子沟通方式调查研究》中,其表头部分就使用了一条短的横线作为辅助线(见表 10-2)

表 10-2　不同职业的父母在沟通方式量表上的得分

职业(n)	沟通方式(M±SD)	
	对话定向	服从定向
教师(73)	3.96±0.60	2.86±0.67
医生(33)	3.94±0.69	2.77±0.54
公务员(42)	3.92±0.51	2.81±0.76
工程师(26)	3.88±0.60	2.89±0.75
其他企事业单位(159)	3.38±0.60	2.98±0.65
外来务工人员(53)	3.57±0.53	3.16±0.63

(六)注释的基本规范

下面从注释类型、注释名称、注释序号三个方面,扼要介绍一下注释参考文献的基本规范。

1. 注释的类型

无论在期刊论文中,还是在毕业论文中,都存在两种不同类型的注释:其一,引用了他人的观点、统计数据或图表时所标注的注释;其二,有些内容需要加以解释,但又无法在正文中进行表述时所标注的注释。

例如,在下面的段落中,作者标注了两种不同的注释。[1]

2. 学前儿童道德品质形成与发展特点

学前儿童道德品质的形成,是道德认识、道德情感、道德意志、道德行为相互作用的统一发展过程。综合来看,学前儿童道德品质的发展具有如下特点:

(1)学前儿童的道德认识水平低,道德知识贫乏,道德判断片面

从出生开始,在与他人共同生活的过程中,学前儿童开始遵守一些道德准则,并获得了一些具体、简单、粗浅的道德认识。3 岁左右的儿童,开始对周围的人和事做出道德评价:这是好的,那是坏的;这是应该做的,那不是应该做的;你应该这样,你不应该那样。[1]但整体来看,学前儿童的道德认识水平较低,其道德知识不多,所掌握的通常是一些与自己的直接经验或具体事物相联系的道德知识与要求,且其对道德准则的理解较为片面,所做道德判断也不够客观。如三四岁的儿童会认为把玩具、图书等东西让给同伴就是

---

[1]岳亚平.学前教育原理[M].北京:高等教育出版社,2014:179.

"好孩子"，五岁左右的儿童会认为"帮妈妈洗碗时不小心摔破 5 个碗的孩子"比"因偷食物吃而摔破 2 个碗的孩子"更坏一点。事实上，直至学前末期，儿童还处于"他律性阶段"②，因不具有内在的道德标准，再加上自我中心和现实主义倾向，进行道德判断时关注的是行为的结果而不是意图。③

─────────────

①刘晓东.儿童教育新论[M].2 版.南京：江苏教育出版社，2008：239.

②按照皮亚杰对儿童道德发展阶段的划分，0～5 岁为无律性道德阶段，5～10 岁为他律性道德阶段，10 岁以后是自律性道德阶段。

③王振宇.学前儿童发展心理学[M].北京：人民教育出版社，2004：259.

在上述例子中，第二条注释是为了对特定观点进一步加以解释，第三条注释是为了说明所引用观点的文献出处。具体来看，在第二条注释中，对于"他律性阶段"的含义，作者想做解释，就以注释形式进行了补充说明。在第三条注释中，为了说明"事实上，直至学前末期，儿童还处于'他律性阶段'，因不具有内在的道德标准，再加上自我中心和现实主义倾向，进行道德判断时所关注的是行为结果而不是意图"这个观点的出处而添加注释进行说明。

2. 注释的名称

根据注释呈现位置的不同，其名称也有所不同。

（1）脚注。脚注采用页末注，即在引用的地方写一个标号，把注文放在加注那一页的下端。毕业论文中的注释一般采用脚注形式。

（2）尾注。尾注采用篇末注，把全部的注文集中在论文正文后面。期刊论文中的注释一般采用尾注形式。

3. 注释的序号

在脚注中，一般采用"每页重新编码"的方式，根据所引用观点出现的先后排列参考文献的顺序。根据使用习惯，可采用单独的阿拉伯数字（如 1，2，3……），或添加了方括号、圆圈的阿拉伯数字（如[1]、[2]、[3]……或①、②、③……），作为参考文献的序号。但使用较多的是加方括号的阿拉伯数字形式来表述序号。

在正文引用观点处标记序号时，要采用上标形式。脚注和尾注中每条参考文献的排序与正文中引用观点的排序一一对应。

（七）著录参考文献的基本规范

对于各种类型的参考文献，在著录时呈现什么信息，使用什么标点符号，中华人民共和国国家质量监督检验检疫总局、中国国家标准化管理委员会颁布了《信息与文

献 参考文献著录规则》(GB/T 7714—2015)，给出了具体规定。①

其中，参考文献类型及其标识代码如下：

参考文献类型	普通图书	会议论文	报纸文章	期刊文章	学位论文	报告	标准	专利	汇编	档案	舆图	数据集	数据库	计算机程序	电子公告	其他
文献类型标识代码	M	C	N	J	D	R	S	P	G	A	CM	DS	DB	CP	EB	Z

文献的载体类型及其标识代码如下：

文献的载体类型	纸张	磁带	磁盘	光盘	联机网络
载体类型标识代码	免	MT	DK	CD	OL

标识符号及用法如下：

. 用于题名项、析出文献题名项、其他责任者、析出文献其他责任者、连续出版物的"年卷期或其他标识"项、版本项、出版项、连续出版物中析出文献的出处项、获取和访问路径以及数字对象唯一标识符前。每一条参考文献的结尾可用"."号。

: 用于其他题名信息、出版者、引文页码、析出文献的页码、专利号前。

, 用于同一著作方式的责任者、"等""译"字样、出版年、期刊年卷期标识中的年和卷号前。

; 用于同一责任者的合订题名以及期刊后续的年卷期标识与页码前。

// 用于专著中析出文献的出处项前。

( ) 用于期刊年卷期标识中的期号、报纸的版次、电子资源的更新或修改日期以及非公元纪年的出版年。

[ ] 用于文献序号、文献类型标识、电子资源的引用日期以及自拟的信息。

/ 用于合期的期号间以及文献载体标识前。

①中华人民共和国国家质量监督检验检疫总局,中国国家标准化管理委员会.信息与文献 参考文献著录规则:GB/T 7714—2015[S].北京:中国标准出版社,2015:1-20.

　　　－　用于起讫序号和起讫页码间。

　　无论是期刊论文,还是毕业论文,研究者在著录参考文献时均要按照这一国家标准进行操作。下面根据上述国家标准,对传统的印刷型文献和现在广为采用的电子资源的著录规范做简要说明。

1.印刷型文献的著录规范

　　印刷型文献是传统文献,也是常用的参考文献,具体包括专著类文献、专著中析出文献、连续出版物中析出文献、专利文献等。对于这些文献,研究者要了解并掌握它们各自的著录规范。

　　(1)专著类文献的著录规则

　　专著指以单行本或卷册(在限定期限内出齐)形式出版的印刷型或非印刷型出版物,包括普通图书、古籍、学位论文、会议文集、汇编、标准、报告、多卷书、丛书等。其著录格式如下:

　　[序号]主要责任者.题名:其他题名信息[文献类型标识].版本项(第1版不著录).其他责任者.出版地:出版者,出版年:页码.

　　各种专著类文献著录规范举例如下:

　　①普通图书

　　　[1]陈登原.国史旧闻:第1卷[M].北京:中华书局,2000:29.

　　　[2]陈奇.中药药理研究方法学[M].3版.北京:人民卫生出版社,2006:141-148.

　　　[3]北京市政协民族和宗教委员会,北京联合大学民族与宗教研究所.历代王朝与民族宗教[M].北京:民族出版社,2012:112.

　　　[4]钱学森.创建系统学[M].太原:山西科学技术出版社,2001:序2-3.

　　　[5]冯友兰.冯友兰自选集[M].2版.北京:北京大学出版社,2008:第1版自序.

　　　[6]PEEBLES P Z①, Jr. Probability, random variable, and random signal principles[M].4th ed. New York:McGraw Hill,2001:112.

　　　[7]昂温G,昂温P S.外国出版史[M].陈生铮,译.北京:中国书籍出版社,1988:179-193.

　　　[8]哈里森,沃尔德伦.经济数学与金融数学[M].谢远涛,译.北京:中

---

　　①欧美人的姓名采用姓在前、名在后的形式,姓全部著录,字母全大写,名缩写为首字母,缩写名后省略缩写点(缩写字母之间有空格);用汉语拼音书写的人名,也是姓在前、名在后,姓全大写,名用全称,只第一个字母大写(双字节名中间不用连接号"－"),名也可以缩写,取每个汉字拼音的首字母。

国人民大学出版社,2012:235-236.

②古籍

[1]顾炎武.昌平山水记:京东考古录[M].北京:古籍出版社,1992:150.

[2]王夫之.宋论[M].刻本.金陵:湘乡曾国荃,1865(清同治四年).

③档案

[1]中国第一历史档案馆,辽宁省档案馆.中国明朝档案总汇[A].桂林:广西师范大学出版社,2001.

④学位论文

[1]王坤.细菌生物膜的形成和研究注射用双黄连对细菌生物膜的影响[D].长春:长春中医药大学,2009:105①.

[2]唐绍清.稻米蒸煮和营养品质性状的 QTL 定位[D].杭州:浙江大学,2007:16.

[3]CALMS R B. Infrared spectroscopic studies on solid oxygen[D]. Berkeley：University of California, 1965.

⑤会议论文

[1]牛志明,斯温兰德,雷光春.综合湿地管理国际研讨会论文集[C].北京:海洋出版社,2012.

[2] YUFIN S A. Geoecology and computers:proceedings of the Third International Conference on Advances of Computer Methods in Geotechnical and Geoenvironmental Engineering, Moscow, Russia, February 1-4, 2000 [C]. Rotterdam:A. A. Balkema,2000.

⑥汇编

[1]中国职工教育研究会.职工教育研究论文集[G].北京:人民教育出版社,1985.

⑦标准

[1]国家药典委员会.中华人民共和国卫生部药品标准 中药成方制剂 第 19 册:WS3-B-3717-98[S].北京:化学工业出版社,1998:231.

[2]全国信息与文献标准化技术委员会.信息与文献都柏林核心元数据

---

①对引自学位论文中的文献信息,在著录参考文献时,最好呈现其所在页码信息。

元素集:GB/T 25100—2010[S].北京:中国标准出版社,2010:2-3.

⑧报告

[1]冯西桥.核反应堆压力管道与压力容器的 LBB 分析[R].北京:清华大学核能技术设计研究院,1997.

[2]World Health Organization. Factors regulating the immune response:report of WHO Scientific Group[R]. Geneva:WHO,1970.

(2)专著中析出文献的著录规则

专著中析出的文献,指从各种类型专著中析出的具有独立篇名的文献。其著录格式如下:

[序号]析出文献主要责任者.析出文献题名[文献类型标识]//专著责任者.专著题名:其他题名信息.版本项.出版地:出版者,出版年:析出文献的页码.

各种专著中析出文献著录实例列举如下:

①古籍中析出文献

[1]周易外传:卷 5[M]//王夫之.船山全书:第 6 册.长沙:岳麓书社,2011:1109.

②普通图书中析出文献

[1]程根伟.1998 年长江洪水的成因与减灾对策[M]//许厚泽,赵其国.长江流域洪涝灾害与科技对策.北京:科学出版社,1999:32-36.

[2]陈晋镳,张惠民,朱士兴,等①.蓟县震旦亚界研究[M]//中国地质科学院天津地质矿产研究所.中国震旦亚界.天津:天津科学技术出版社,1980:56-114.

[3]马克思.政治经济学批判[M]//马克思,恩格斯.马克思恩格斯全集:第 35 卷.北京:人民出版社,2013:302.

[4]WEINSTEIN L,SWERTZ M N. Pathogenic properties of invading microorganism[M]//SODEMAN W A,Jr. SODEMAN W A. Pathologic physiology:mechanisms of disease. Philadelphia:Saunders,1974:745-772.

③论文集中析出文献

[1]贾东琴,柯平.面向数字素养的高校图书馆数字服务体系研究[C]//中国图书馆学会.中国图书馆学会年会论文集:2011 年卷.北京:国家图书馆

---

①著者有三名以上者,要列出前三名,后用“,等”(,et al)。

出版社,2011:45-52.

[2]尤小梅,李远志,李婷,等.春砂仁的保健功能及春砂仁食品的研究与开发[C]//2010年广东省食品学会年会论文集.广州:广东食品学会,2010:146-149.

(3)连续出版物中析出文献的著录规范

连续出版物指通常有年卷期号或年月日序号,并计划无限期连续出版发行的印刷或非印刷形式出版物。连续出版物中析出文献指从连续出版物中析出的具有独立篇名的文献。其著录格式如下:

[序号]析出文献主要责任者.析出文献题名[文献类型标识].连续出版物题名:其他题名信息,年,卷(期):页码.

各种连续出版物中析出文献著录实例列举如下:

①期刊中析出文献

[1]DES MARAIS D J,STRAUSS H,SUMMONS R E,et al. Carbon isotope evidence for the stepwise oxidation of the Proterozoic environment[J]. Nature,1992,359:605-609.

[2]CAPLAN P. Cataloging internet resources[J]. The public access computer systems review,1993,4(2):61-66.

[3]袁训来,陈哲,肖书海,等.蓝田生物群:一个认识多细胞生物起源和早期演化的新窗口[J].科学通报,2012,57(34):3219.

②报纸中析出文献

[1]丁文详.数字革命与竞争国际化[N].中国青年报,2000-11-20(15).

[2]张田勤.罪犯DNA库与生命伦理学计划[N].大众科技报,2000-11-12(7).

(4)专利著录规范

专利指受专利法保护的技术或方案。其著录格式如下:

[序号]专利申请者或所有者.专利题名:专利号[文献类型标识].公告日期或公开日期[引用日期].

各种专利著录举例如下:

[1]刘刚.木瓜保健茶:CN1631192A[P].2005-06-29.

[2]邓一刚.全智能节电器:200610171314.3[P].2006-12-13.

[3]张凯军.轨道火车及高速轨道火车紧急安全制动辅助装置:201220158825.2[P].2012-04-05.

2. 电子资源的著录规则

电子资源指以数字方式将图、文、声、像等信息存储在磁、光、电介质上，通过计算机、网络或相关设备使用的记录有知识内容或艺术内容的信息资源，包括电子公告、电子图书、电子期刊、数据库等。普通图书、学位论文、会议论文、报告、期刊论文、报纸文章、专利等都可以电子资源形式存在。

(1)电子普通图书、电子学位论文、电子会议论文

电子普通图书、电子学位论文、电子会议论文著录格式如下：

[序号]主要责任者. 题名：其他题名信息[文献类型标识/文献载体标识]. 出版地：出版者，出版年：引文页码(更新或修改日期)[引用日期]. 获取和访问路径. 数字对象唯一标识符.

上述电子普通图书、电子学位论文、电子会议论文著录举例如下：

①电子普通图书

[1]同济大学土木工程防灾国家重点实验室. 汶川地震灾害研究[M/OL]. 上海：同济大学出版社，2011：5-6[2013-05-09]. http://apabi. lib. pku. edu. cn/usp/pku/pub. mvc? pid＝book. detail&metaid＝m. 20120406-YPT-889-0010.

[2]中国造纸学会. 中国造纸年鉴：2003[M/OL]. 北京：中国轻工业出版社，2003[2014-04-25]. http://www. cadal. zju. edu. cn/book/view/25010080.

[3]FAN X，SOMMERS C H. Food irradiation research and technology [M/OL]. 2nd ed. Ames，Iowa：Blackwell Publishing，2013：25-26[2014-06-26]. http://onlinelibrary. wiley. com. doi：10. 1002/9781118422557. ch2/summary.

②电子学位论文

[1]杨保军. 新闻道德论[D/OL]. 北京：中国人民大学出版社，2010[2012-11-01]. http://apabi. lib. pku. edu. cn/usp/pku/pub. mvc? pid＝book. detail&metaid＝m. 20101104-BPO-889-1023&cult＝CN.

[2]马欢. 人类活动影响下淮河流域典型区水循环变化分析[D/OL]. 北京：清华大学，2011：27[2013-10-14]. http://www. cnki. net/kcms/detail. aspx? dbcode＝CDFD&QueryID＝. 0&CurRec＝11&dbname＝CNFD-LAST2013&filename＝1012035805. nh&uid＝WEEvREc-wSIHSIdTT-GJhYIJRaEhGUXFQWVB6SGZXeisxdmVhV3ZyZkpoUnozeDE1b0paM0NmMjZiQ3p4TUdmcw＝.

③电子会议论文

[1]陈志勇.中国财税文化价值研究:"中国财税文化国际学术研讨会"论文集[C/OL].北京:经济科学出版社,2011[2013-10-14].http://apabi.lib,pku.edu.cn/usp/pku/pub.mvc? pid ＝ book.edtail&metaid ＝ m.20110628-BPO-889-0135&cult＝CN.

(2)电子档案、电子标准、电子报告、电子专利、电子公告

电子档案、电子标准、电子报告、电子专利、电子公告著录格式如下:

[序号]主要责任者.题名:其他题名信息[文献类型标识/文献载体标识].(更新或修改日期)[引用日期].获取和访问路径.数字对象唯一标识符.

电子档案、电子标准、电子报告、电子专利、电子公告著录举例如下:

①电子档案

[1]北京市人民政府办公厅.关于转发北京市企业投资项目核准暂行实施办法的通知:京政办发〔2005〕37号[A/OL].(2005-07-12)[2011-07-12].http://china.findlaw.cn/fagui/p_1/39934.html.

[2]教育部办公厅.关于开展幼儿园"小学化"专项治理工作的通知:教基厅函〔2018〕57号[A/OL].(2018-07-05)[2019-08-14].http://www.moe.gov.cn/srcsite/A06/s3327/201807/t20180713_342997.html.

②电子标准

[1]国家环境保护局科技标准司.土壤环境质量标准:GB15616—1995[S/OL].北京:中国标准出版社,1996:2-3[2013-10-14].http://wenku.baidu.com/vie2/b950a34b767f5acfa1c7cd49.html.

③电子报告

[1]中国互联网络信息中心.第29次中国互联网络发展现状统计报告[R/OL].(2012-01-16)[2013-03-26].http://www.cnnic.net.cn/hlwfzyj/hlwxzbg/201201/P020120709345264469680.pdf.

[2]中华人民共和国国务院新闻办公室.国防白皮书:中国武装力量的多样化运用[R/OL].(2013-04-16)[2014-06-11].http://www.mod.gov.cn/affair/2013-04/16/content_4442839.htm.

[3]汤万金,杨跃翔,刘文,等.人体安全重要技术标准研制最终报告:7178999X-2006BAK04A10/10.2013[R/OL].(2013-09-03)[2014-06-24].http://www.nstrs.org.cn/xiangxiBG.aspx? id＝41707.

④电子专利

[1]西安电子科技大学. 光折变自适应光外差探测方法：01128777. 2[P/OL]. 2002-03-06[2002-05-28]. http：//211. 152. 9. 47/sipoasp/zljs/hyjs-yx-new. asp？recid＝01128777. 2&leixin＝0.

[2]TACHIBANA R，SHIMIZU S，KOBAYSHI S，et al. Electronic watermarking method and system：US6915001[P/OL]. (2005-07-05)[2013-11-11]. http：//www. google. co. in/patents/ US6915001.

⑤电子公告

[1]萧钰. 出版业信息化迈入快车道[EB/OL]. (2001-12-19)[2002-04-15]. http：//www. creader. com/news/20011212/200112190019. html.

[2]李强. 化解医患矛盾需釜底抽薪[EB/OL]. (2012-05-03)[2013-03-25]. http：//wenku. baidu. com/view/47e4f206b52acfc789ebc92f. html.

[3] BAWDEN D. Origins and concepts of digital literacy[EB/OL]. (2008-05-04)[2013-03-08]. http：//www. soi. city. ac. uk/～dbawden/digital％20literacy％20chapter. pdf.

(3)电子著作中析出的文献

电子著作中析出文献的著录格式如下：

[序号]析出文献主要责任者. 析出文献题名[文献类型标识/文献载体标识]. 析出文献其他责任者//专著责任者. 专著题名：其他题名信息. 版本项. 出版地：出版者，出版年：析出文献的页码[引用日期]. 获取和访问路径. 数字对象唯一标识符.

电子著作中析出文献的著录举例如下：

[1]ROBERSON J A，BURNESON E G. Drinking water standards，regulations and goals[M/OL]// American Water Works Association. Water quality & treatment：a handbook on drinking water. 6th ed. New York：McGraw-Hill，2011：1. 1-1. 36[2012-12-10]. http：//lib. myilibrary. com/Open. aspx？id＝291430.

[2]楼梦麟，杨燕. 汶川地震基岩地震动特征分析[M/OL]//同济大学土木工程防灾国家重点实验室. 汶川地震震害研究. 上海：同济大学出版社，2011：011-012[2013-05-09]. http：//apabi. lib. pku. edu. cn/usp/pku/pub. mvc？pid＝book. detail&metaid＝m. 20120406-YPT-889-0010.

(4)电子连续出版物中析出的文献

电子连续出版物中析出文献著录格式如下：

［序号］析出文献主要责任者. 析出文献题名［文献类型标识/文献载体标识］. 连续出版物题名：其他题名信息，年，卷（期）：页码［引用日期］. 获取和访问路径. 数字对象唯一标识符.

电子连续出版物中析出文献著录举例如下：

①电子期刊中析出文献

［1］李炳穆. 韩国图书馆法［J/OL］. 图书情报工作，2008，52（6）：6-12［2013-10-25］. http://www. docin. com/p-400265742. html.

［2］武丽丽，华一新，张亚军，等. "北斗一号"监控管理网设计与实现［J/OL］. 测绘科学，2008，33（5）：8-9［2009-10-25］. http://vip. calis. edu. cn/CSTJ/Sear. dll? OPAC_CreateDetail. DOI：10. 3771/j. issn. 1009-2307. 2008. 05. 002.

［3］陈建军. 从数字地球到智慧地球［J/OL］. 国土资源导刊，2010，7（10）：93［2013-03-20］. http://d. g. wanfangdata. com. cn/Periodical_hunandz 201010038. Aspx. DOI：10. 3969/j. issn. 1672-5603. 2010. 10. 038.

［4］FRESE K S，KATUS H A，MEDER B. Next-generation sequencing：from understanding biology to personalized medicine［J/OL］. Biology，2013，2（1）：378-398［2013-03-19］. http://www. mdpi. com/ 2079-7737/2/1/378. DOI：10. 3390/biology2010378.

②电子报纸中析出文献

［1］傅刚，赵承，李佳路. 大风沙过后的思考［N/OL］. 北京青年报，2000-01-12（2）［2005-09-28］. http://www. bjyouth. com. cn/Bqb/20000412/GB/4216%5ED0412B1401. htm.

［2］余建斌. 我们的科技一直在追赶：访中国工程院院长周济［N/OL］. 人民日报，2013-01-12（2）［2013-03-20］. http://paper. people. com. cn/rmrb/html/2013-01/12/nw. D110000renmrb_ 20130112_5-02. htm.

［3］刘裕国，杨柳，张洋，等. 雾霾来袭，如何突围［N/OL］. 人民日报，2013-01-12（2）［2013-11-06］. http://paper. people. com. cn/rmrb/html/2013-01/12/nw. D110000renmrb_20130112_2-04. htm.

三、研究论文的成文方式

对于本科生撰写的期刊论文或毕业论文，在其研究过程中，通常以某种研究方法为主。根据所采用的主要研究方法，可以把研究大致分为调查研究、观察研究、实物分析研究、实验研究等。无论是哪种类型的研究，其研究成果都要以研究论文（研究报告）的形式呈现出来。因此，对于初学撰写研究论文（研究报告）的研究者来说，应该研究一下各类研究论文的组成部分，了解其基本的成文方式。

对于期刊论文和毕业论文的基本组成部分，前面已经提到，在此不再赘述。

无论采用哪种方法做研究，在撰写研究论文或研究报告时，其主体部分都是正文。对于正文的撰写规范和要求，前面也已经提到，在此也不再赘述。

在此，呈现一些研究论文或毕业论文的正文实例，让大家了解其基本组成部分。

（一）调查研究论文的篇章架构

调查研究旨在了解某个方面的发展现状，在研究方法的选择上，通常以问卷法或访谈法为主，也可能两种方法都会使用。如某项调查研究，可能以问卷法为主，以访谈法为辅。可以从期刊论文和本科毕业论文两个方面了解一下这类论文的正文组成部分。

1. 调查类期刊论文的篇章架构

就期刊论文来看，上述《我国高中生自费出国留学意愿调查研究——基于7个城市的抽样调查数据》的正文包括"一、研究的政策背景和问题提出""二、研究方法""三、研究发现""四、研究结论"等组成部分；上述《中小学生亲子沟通方式调查研究》的正文包括"一、方法""二、结果""三、讨论""四、结论"等组成部分（在该篇论文中，虽然没有使用"问题提出"或"调查背景"这种措辞的小标题，但正文开始的第一段话，事实上就是"导论"部分，介绍了该项调查研究的背景和目的）；《"我就是想当班长"——关于幼儿园"小班长"现象的调查研究》的正文包括"一、研究的缘起""二、研究方法""三、研究结果""四、关于幼儿园'小班长'现象的讨论分析"等组成部分①；《优质家庭环境的特点：对高入学准备水平幼儿家长的访谈研究》的正文包括"一、前言""二、优质家庭环境的特征""三、综合分析与建议"等组成部分②。

2. 调查类本科毕业论文的篇章架构

就毕业论文来看，《幼儿双休日活动安排情况调查研究》的正文包括"一、问题提出""二、研究方法""三、研究结果与分析""四、结论及建议"等组成部分③；上述《幼儿教师学习品质观现状调查》的正文包括"一、研究缘起""二、研究对象与方法""三、研

---

①王海英."我就是想当班长"——关于幼儿园"小班长"现象的调查研究［J］.上海教育科研,2003(7):71-74.

②孙蕾,邰宇,于涛.优质家庭环境的特点：对高入学准备水平幼儿家长的访谈研究［J］.东北师大学报(哲学社会科学版),2009(5):196-201.

③屠琼箫.幼儿双休日活动安排情况调查研究［本科毕业论文］［D］.杭州：杭州师范大学,2012.

究结果与分析""四、讨论""五、建议"等组成部分；上述《幼儿对幼儿园常规的认知研究》的正文包括"一、研究缘起""二、研究的对象和方法""三、结果与分析""四、研究结论""五、对幼儿园常规教育的几点建议"等组成部分；《3～6岁幼儿衣服偏好研究》的正文包括"一、问题提出""二、研究方法""三、研究结果和分析""四、结论""五、建议"等组成部分①。

综上所述，在调查研究论文中，正文通常由"一、问题提出""二、研究方法""三、研究结果与分析""四、结论""五、建议"等基本部分组成。

(二)观察研究论文的篇章架构

通过对研究对象行为表现的系统观察，可以了解其发展的特点与水平或一般过程与规律。在学前教育研究中，有大量对幼儿或教师的行为观察研究。可以从期刊论文和本科毕业论文两个方面，了解一下这类论文的正文组成部分。

1. 观察类期刊论文的篇章架构

就期刊论文看，《社会退缩幼儿与教师互动特征的研究》的正文包括"1 引言""2 研究过程""3 研究结果""4 讨论""5 结论"等组成部分②；《3～5岁幼儿交往策略的观察研究》的正文包括"一、问题的提出""二、研究方法""三、研究结果""四、研究结论""五、讨论与建议"等组成部分③；《3～6岁幼儿在建构游戏中的合作行为观察研究》的正文包括"一、问题的提出""二、研究方法""三、研究结果与分析""四、讨论""五、建议"等组成部分④。

2. 观察类本科毕业论文的篇章架构

就毕业论文来看，上述《中班幼儿角色游戏中教师指导行为观察研究》的正文包括"一、问题提出""二、研究方法""三、研究结果与分析""四、结论"等组成部分；《教师对幼儿的激励方式观察研究》的正文包括"一、问题提出""二、研究方法""三、研究结果与分析""四、讨论""五、建议"等组成部分⑤；《中班集体教学中教师应对幼儿违规行为的指导方式》的正文包括"一、问题的提出""二、研究方法""三、研究结果与分析""四、研究结论"等组成部分⑥。

①楼佩英.3～6岁幼儿衣服偏好的研究[本科毕业论文][D].杭州:杭州师范大学,2014.
②李娜,张福娟,叶平枝.社会退缩幼儿与教师互动特征的研究[J].中国特殊教育,2008(11):64-68.
③庞建萍.3～5岁幼儿交往策略的观察研究[J].上海教育科研,2008(7):93-94.
④徐秋霞,王喜海.3～6岁幼儿在建构游戏中的合作行为观察研究[J].教育导刊:下半月,2014(9):21-25.
⑤张海婷.教师对幼儿的激励方式观察研究[本科毕业论文][D].杭州:杭州师范大学,2014.
⑥刘婷婷.中班集体教学中教师应对幼儿违规行为的指导方式[本科毕业论文][D].杭州:杭州师范大学,2016.

综上所述，在观察研究论文中，正文通常由"一、问题提出""二、研究方法""三、研究结果与分析""四、讨论""五、结论""六、建议"等基本部分组成。

（三）实物分析研究论文的篇章架构

在学前教育研究中，有些研究是以实物分析法为主要研究方法的，有些研究以其他方法为主，但以实物分析法辅助。在学前教育研究中，可以采用的实物类型包括图片、音像资料、文字资料、物品等，但图片（包括绘画作品）和文字资料较为常用。可以从期刊论文和本科毕业论文两个方面了解一下这类论文的正文组成部分。

1. 实物分析类期刊论文的篇章架构

就期刊论文来看，《关于4～6岁幼儿色彩偏好的实物分析研究》的正文包括"一、引言""二、研究对象与过程""三、研究结果""四、分析与讨论""五、结论"等组成部分①；《自闭症儿童与正常儿童房树人图画对比研究》的正文包括"一、引言""二、对象与方法""三、结果分析""四、总结与展望"等组成部分②；《应用绘画作品分析三例唐氏综合征学生特点》的正文包括"1 问题的提出""2 研究对象与方法""3 结果与分析""4 结论""5 建议"等组成部分③。

2. 实物分析类本科毕业论文的篇章架构

就毕业论文来看，《0～3岁婴幼儿父母早期教养观念研究——以"杭州19楼论坛孩爸妈聊天室"中的父母为研究对象》的正文包括"一、研究缘起""二、研究方法""三、研究结果与分析""四、讨论""五、结论"等组成部分④；《当前园本课程开发现状、问题及解决对策——基于浙江省40个园本课程案例》的正文包括"一、问题提出""二、研究方法""三、研究结果与分析""四、讨论""五、建议"等组成部分⑤；《基于家园联系册的家园合作现状分析》的正文包括"一、研究缘起""二、研究方法""三、研究结果与分析""四、结论"等组成部分⑥；《学前儿童家长入学准备观分析——基于微信公众号的数据信息》的正文包括"一、问题提出""二、研究方法与过程""三、研究结果与分析"

①曾彬，韩露. 关于4～6岁幼儿色彩偏好的实物分析研究[J]. 教育与教学研究，2014(11)：123-125，129.

②黄晓洁，包呼格吉乐图. 自闭症儿童与正常儿童房树人图画对比研究[J]. 语文学刊，2016(5)：160-162.

③王长宏. 应用绘画作品分析三例唐氏综合征学生特点[J]. 中国校外教育：上旬刊，2017(4)：12-13.

④叶恩惠. 0～3岁婴幼儿父母早期教养观念研究——以"杭州19楼论坛孩爸妈聊天室"中的父母为研究对象[本科毕业论文][D]. 杭州：杭州师范大学，2013.

⑤施靓. 当前园本课程开发现状、问题及解决对策——基于浙江省40个园本课程案例[本科毕业论文][D]. 杭州：杭州师范大学，2013.

⑥辛佳佳. 基于家园联系册的家园合作现状分析[本科毕业论文][D]. 杭州：杭州师范大学，2016.

"四、结论和建议"等组成部分①。

综上所述,在实物分析研究论文中,正文通常由"一、问题的提出""二、研究方法""三、研究结果与分析""四、讨论""五、结论""六、建议"等基本部分组成。

(四)实验研究论文的篇章架构

实验研究能够验证变量间的因果关系。当人们要了解一种教育教学方法是否有效,或者在不同情境下的幼儿身心发展特点时,就需要运用实验法。很多本科生觉得实验研究太难了,因此不敢轻易尝试。其实,只要掌握了实验研究的基本规范,采用实验法做研究并不难。可以从期刊论文和本科毕业论文两个方面了解一下这类论文的正文组成部分。

1. 实验类期刊论文的篇章架构

就期刊论文来看,《角色训练对幼儿助人行为影响的实验研究》的正文包括"一、问题的提出""二、研究方法""三、实验结果""四、讨论""五、结论"等组成部分②;《游戏对幼儿自我控制能力影响的现场实验研究》的正文包括"1 问题的提出""2 研究方法""3 结果与分析"等组成部分③;《大班幼儿自信心培养的实验研究》的正文包括"一、问题提出""二、研究方法""三、结果与分析""四、讨论"等组成部分④。

2. 实验类本科毕业论文的篇章架构

就毕业论文来看,《大班幼儿在公平 vs 偏爱情境下的分配喜好实验研究》的正文包括"一、问题提出""二、研究方法""三、研究结果与分析""四、讨论""五、结论""六、研究反思"等组成部分⑤。

综上所述,在实验研究论文中,正文通常由"一、问题的提出""二、研究方法""三、研究结果""四、讨论""五、结论"等基本部分组成。

思考与练习

1. 期刊论文有哪几个基本组成部分?

---

①丁钰秀.学前儿童家长入学准备观分析——基于微信公众号的数据信息[本科毕业论文][D].杭州:杭州师范大学,2020.

②李幼穗,王晓庄.角色训练对幼儿助人行为影响的实验研究[J].天津师大学报(社会科学版),1996(5):26-29.

③但菲.游戏对幼儿自我控制能力影响的现场实验研究[J].心理科学,2001,24(5):616-617.

④杨丽珠,王娥蕊.大班幼儿自信心培养的实验研究[J].学前教育研究,2002(4):40-42.

⑤周全.大班幼儿在公平 vs 偏爱情境下的分配喜好实验研究[本科毕业论文][D].杭州:杭州师范大学,2019.

2.本科毕业论文有哪几个基本组成部分？

3.打标题的基本要求有哪些？

4.摘要有哪些基本类型？在撰写期刊论文和毕业论文时，通常呈现哪种摘要？撰写这种摘要时，有哪些基本要求？

5.给定关键词的基本要求与技巧有哪些？

6.正文由哪几部分组成？撰写每一部分的具体要求有哪些？

7.绘制图表的基本规范有哪些？

8.在什么情况下需要添加注释？注释有哪几种？注释的序号如何标注？

9.在著录参考文献时，各种文献类型的标识代码是什么？各种文献载体的标识代码是什么？各种标记符号的具体用法是什么？

10.专著包括哪几类文献？专著中各类文献著录格式的具体要求有哪些？

11.各类专著中析出文献著录格式的具体要求有哪些？

12.各类连续出版物中析出文献著录格式的具体要求有哪些？

13.专利著录格式的具体要求有哪些？

14.各类电子资源（文献）著录格式的具体要求有哪些？与对应的印刷型文献相比，有什么区别？

15.阅读一些2015年后的期刊论文和毕业论文，分析其各类文献的著录格式是否规范。如果有不规范之处，存在什么问题？

16.调查研究论文的正文通常包括哪几个基本组成部分？

17.观察研究论文的正文通常包括哪几个基本组成部分？

18.实物分析研究论文的正文通常包括哪几个基本组成部分？

19.实验研究论文的正文通常包括哪几个基本组成部分？

毕业论文研究案例

舒沁.幼儿教师学习品质观现状调查［本科毕业论文］［D］.杭州：杭州师范大学，2015.

10-1　幼儿教师学习品质观现状调查

参考文献

[1] COREY S. Action research to improve school practices[M]. New York: Bureau of Publications, Teachers College, Columbia University, 1953.

[2] ELLIOTT J. Action research for educational change[M]. Milton Keynes: Open University Press, 1991.

[3] SCHON D. The reflective practioner: how professionals think in action[M]. New York: Basic Books, 1983.

[4] SHARMAN C, CROSS W, VENNIS D. 观察儿童: 实践操作指南: 第 3 版 [M]. 单敏月, 王晓平, 译. 上海: 华东师范大学出版社, 2008.

[5] 白芸. 质的研究指导[M]. 北京: 教育科学出版社, 2002.

[6] 陈向明. 教师如何作质的研究[M]. 北京: 教育科学出版社, 2001.

[7] 陈向明. 教育研究方法[M]. 北京: 教育科学出版社, 2013.

[8] 陈向明. 质的研究方法与社会科学研究[M]. 北京: 教育科学出版社, 2000.

[9] 范明林, 吴军. 质性研究[M]. 上海: 格致出版社, 上海人民出版社, 2009.

[10] 高尔 M M, 博格 R W, 高尔 J J. 教育研究导论: 第 6 版[M]. 许庆豫, 等译. 南京: 江苏教育出版社, 2012.

[11] 高妙. 学前教育研究方法导论[M]. 北京: 高等教育出版社, 2019.

[12] 格朗兰德 G, 詹姆斯 M. 聚焦式观察: 儿童观察、评价与幼儿园课程[M]. 梁慧娟, 译. 北京: 教育科学出版社, 2017.

[13] 郭力平. 学前儿童心理发展研究方法[M]. 上海: 上海教育出版社, 2002.

[14] 侯素雯, 林建华. 幼儿观察与指导这样做[M]. 上海: 华东师范大学出版社, 2014.

[15] 里德尔-利奇 S. 观察: 走进儿童的世界[M]. 潘月娟, 王艳云, 译. 北京: 北京师范大学出版社, 2008.

[16] 里奇曼 M. 方法的逻辑: 教育研究中的质性研究: 第 3 版[M]. 张园, 译. 北京: 北京师范大学出版社, 2017.

[17] 刘晶波. 学前教育研究方法[M]. 北京: 人民教育出版社, 2016.

[18] 刘良华. 校本行动研究[M]. 成都: 四川教育出版社, 2002.

[19] 马歇尔 C, 罗斯曼 B G. 设计质性研究: 有效研究计划的全程指导: 第 5 版

[M]. 何江穗,译. 重庆:重庆大学出版社,2015.

[20] 宁虹. 教育研究导论[M]. 3 版. 北京:北京师范大学出版社,2018.

[21] 裴娣娜. 教育研究方法导论[M]. 合肥:安徽教育出版社,1995.

[22] 宋天. 学前教育科学研究方法[M]. 天津:南开大学出版社,2018.

[23] 陶保平. 学前教育科研方法[M]. 修订版. 上海:华东师范大学出版社,2006.

[24] 王坚红. 学前儿童发展与教育科学研究方法[M]. 北京:人民教育出版社,1991.

[25] 威尔斯马 W,于尔斯 S G. 教育研究方法导论:第 9 版[M]. 袁振国,主译. 北京:教育科学出版社,2010.

[26] 袁振国. 教育研究方法[M]. 北京:高等教育出版社,2000.

[27] 张燕,邢利娅. 学前教育科学研究方法[M]. 北京:北京师范大学出版社,1999.

[28] 郑金洲. 行动研究指导[M]. 北京:教育科学出版社,2004.